ミルトン・エリクソンの

催眠の現実

臨床催眠と間接暗示の手引き

ミルトン・H・エリクソン
アーネスト・L・ロッシ
シーラ・I・ロッシ

横井勝美＝訳

Ψ金剛出版

Hypnotic Realities

The Induction of Clinical Hypnosis and Forms of Indirect Suggestion

Milton H. Erickson, Ernest L. Rossi, Sheila I. Rossi

Japanese translation rights arranged with
John Wiley & Sons International Rights, Inc.
through Japan UNI Agency, Inc., Tokyo

われわれ人間とその統合環境に関連して，同時かつ個別に自己の
内部において個人の全体的機能の理解が進むことに捧げます。

ミルトン・H・エリクソン

この本の中で説明された人間の潜在能力を強化するアプローチを，
さらに探求する臨床医や研究者に捧げます。

アーネスト・L・ロッシ

個人的成長と専門的能力の開発をするために，催眠療法を通じて
学んでいるすべての人々に捧げます。

シーラ・I・ロッシ

謝辞

私たちの友人･同僚であるロクサンヌ･エリクソン，クリスティー･
エリクソン，ジョン・ヘデンバーグ，ジャック・A・オリバー，
ロバート・ピアソン，ケイ・トンプソンからの
援助に感謝の気持ちを捧げます。

序文

ミルトン・エリクソンが行うワークショップに出席する機会がなかった多くの人々にとって、そしてこれからも機会がない多くの人々にとって、この本がその重要な機会の代わりとなります。催眠療法家だけでなく、一般に心理療法家ならば，本書を読み，学ぶことで得るものがあるはずです。なぜなら、エリクソンはなにはともあれ一人の心理療法家でしたし、エリクソンのやり方 **modus operandi** は臨床催眠の枠を超越しているからです。学会会員も研究者たちも、当面は、この本から思考と研究の糧を見つけ出して、忙しくなると思います。

私がミルトン・エリクソンと初めて遭遇したのは、一九五四年か一九五五年のシカゴでの「臨床と実験催眠学会 the Society for Clinical and Experimental Hypnosis」の総会でした。彼と出会ったとき、彼は、仲間の小さなグループとホテルのロビーで雑談していました。私は、その人を見たことはありませんでしたし、さらに写真さえも見たことがありませんでした。しかし、不思議なことに、そのとき、私は話の聞き取れない距離からエリクソンを見ていたのですが、この人がミルトン・エリクソンだと思った人が、実際そうだったのでした。私は、何度も、このことを後から思い出しました。おそらく、私はどこかで、エリクソンがポリオに罹ったことがあると聞いていたので、杖をついていたことが、彼を見分ける手がかりになったのかもしれません。私には確信がありませんでしたが、私はちょっとした手掛かりだったと考えています。彼の著作を徹底的に研究したことで――そういう意味では、私はミルトンと以前に、数回出会っていましたが、著作によって、私は、彼の人としての独自性を評価し始めていました。これらの著作によって、彼という人となりが、私に伝わっていたと思います。しかも、彼が他の人と対話していたとき、その特徴がはっきり示されていたので、私は、直接、彼の人となりを経験しました。

　後年、私は、心が通じるごく少数の人に、エリクソンを交えて会合を持ちました。そこでデモンストレーションを観察し、セラピーを観察しました。そして催眠だけでなく他のことについても、エリクソンと話す機会を持ちました。さらに言うと、その何年か後には、私は、伝説的人物である「ミスター・ヒプノシス」の肩書きを、与えられた理由は何か、確かめる機会がありました。私は、ラルフ・スレーター、フランツ・ポルガーなど四〇年代と五〇年代に活躍した有名なステージ催眠術師の活動を見たことがありました。その人たちは自らを「アメリカで一番の催眠術師」、「世界一素早い催眠術師」などと自称して、自らの素晴らしい才能を嫌になるほど絶賛しました。そうです、素晴らしく芸達者な人たちでした。しかし、催眠術師としては、ミルトン・エリクソンに対して僅かな時間、上回っていましたが、より静かで、気取らないのはエリクソンの方でした。

　多くのプロが、その後、エリクソンをまねようとしたことは、意外でありません。公平に見て、何人かは何とかそれらしくなりましたが、これまで誰も本当のところ成功していません。いくつかの理由は、ここでの仕事を読むことで明らかになります。いくつかは、それでもわからないままでしょう。著者らの仕事が要求される範囲に及んでおらず、上手く伝えることができないなら、それは必ずしも、文章を通してだけで十分に教えることができるとは限らないからです。さらにつけ加えると、おそらく、著者側に何か問題があって、教えることができないので、著者らと読者が、これを受け入れられないのだ、と考えています。

　それを最もはっきりさせるのが、セッションの場なので、患者、あるいは被験者に言うことだけではなく、いかに話すか、いつ話すか、そしてどこで話すかが、特に臨床、治療の場では、催眠を有効利用することにおいて、そのすべてがとても重要な要因となります。さらに、断片的にではなく全体の中で、催眠療法的な相互作用を見ることで、そして全体の中でユーティライゼーションという作業を見ることで、さらに一歩先に、間違いなく行けることが明らかになります。これによって、魔法を単に使用するというのではなく、暗示とさらに広い催眠を使うことができるようになります。

　しかしながら、その作業でわかるように、エリクソンは言語的コミュニケーションに練達していたというだけではありません。非言語的コミュニケーションにも同じように熟達しています。それは、セッションでは実際、正当には評価しませんし、評価できない面になります。これは不幸なことですが、確かに著者側の不注意ではなく、避けられないことです。彼のキャリアの中で、一九五九年にメキシコシティーで非言語的コミュニケーションを行ったデモンストレーションは、忘れられないものでした。そのとき、言葉でのコミュニケーションが不可能な被験者に、エリクソンは催眠をかけて、いろいろな催眠現象をデモンストレーションしました。エリクソンはスペイン語を、被験者は英語を話せませんでした。最初から最後まで、コミュニケーションは、パントマイムだけで、完全に言葉を使わないで行われました。

　私は、およそ一五、六年前にミルトン・エリクソンとした経験を通して、非言語的コミュニケーションの効果を個人的に証言できます。ここで、私の知る限りにおいて、少なくとも正式には、私はこれまでエリクソンによって、催眠をかけられたことがないことをはっきりさせておく必要があると考えています。フィラデルフィアで、ミルトン・エリクソンのやり方を理解することを目的とした特別セミナーを、私たちのグループは催しました。ある朝、食卓で彼と二人きりで座って、彼の左側でいくぶん斜めになって向き合っていました。記憶を呼び戻すと、ほとんど私だけが話していました。自分の考えにある程度、没頭して私が話していたとき、私はミルトンの片手が不思議な身振りを反復していることを、周辺視で漠然と理解し始めました。一瞬、私はこれを理解できませんでした。その後、ますます意識していくと、二つのことが、間を置かずに起きました。自然に、私の右手が動いて、テーブルの上にあったコーヒーポットを取り、持ち上げ始めました。これで私は、ミルトンがコーヒーをほしいと思っていたことを理解しました。その時点において、ここでの作業に対して専門用語を使って言うと、今ではわかりきったことですが、コップにコーヒーを注いでほしい、というエリクソンの非言語的な要求がはっきりと身振りに表現されていたので、私の「意識」はその行動を引き継いで、その行為を完了したのでした。私がやがて学習したように、関連する問題を教えたり、質問に答えたりする彼好みの方法がこの種のことでした。そしてまた、それが個人の被暗示性、被催眠性を巧妙にテストする彼のやり方でした。それは言うならば、彼らしさを維持する方法でもありました。この段落の始めで、私はミルトン・エリクソンから、「正式に」催眠を掛けられたことはないと言いました。実際、もし「正式な誘導」というなら、催眠のさまざまなテキストに何度も述べられている通常の古典的・半古典的技術のうちのいずれかが使用されたことを意味しています。本書を読んだ後では、まもなく明らかになる理由で、少なくとも特にその場合において、ミルトンに確かに私が催眠術にかけられたと、この本の著者たちが言うと確信しています。

もちろん、適切な構文、そして他の言語的規則に従う話し言葉以上に、あるいは正しい時間、場所において適切な非言語的要素の誘導をすること以上に、言語的コミュニケーションには効果があります。ミルトン・エリクソンとともに私が体験する中で、二つの面だけを取り出すと、イントネーションや音声の変調をコントロールすることが、彼の催眠アプローチの本質的部分を形成していることを理解しました。彼の話し方を完全に把握するためには、話を聞かなければなりませんし、見なければなりません。それぞれの言葉、ときには各々の音節をはっきり、注意深く発音しながら、エリクソンが穏やかに、しかも機敏に、ゆっくりと、静かに、ソフトに話すことによって、あるリズムを持った全体がプロセスの漠然とした雰囲気を与えることができるようになります。残念なことに、これらの特徴を真似することができるような情報を読者に伝える方法が、本書にはありません。しかし、この本で学習した後、きちんとすべての努力をしたにもかかわらず、エリクソンのような効果がないことに読者が気づくなら、間違った結論を出さないように、この問題に対して注意をしておくことができます。

そして私の意見では、ミルトンの効果の一部になっていて、十分に表現されていないと思う別の要素は、ひそかな自信です。そして、彼の許容的アプローチを見ていると、不思議なことに権威もまた、彼から滲み出していることがわかります。エリクソンが話すときには、すべてがある、あるいはありうるという声と行動によって表される信念があります。おそらく、この滲み出している信念の一部は、被験者や患者とエリクソンの対話の別の面に端を発しています。エリクソンを観察していると、彼と体験を共にして、体験を共有している被験者や患者に対して、コミュニケーションする彼の能力を理解し始めます。彼が幻覚のような現象を引き出すとき、これは特にはっきりしています。ミルトン・エリクソンが、雪でおおわれた遠くの丘の「向こうの」スキーヤーについて、あるいは、「まさに足元にいる」ウサギについて詳細に被験者に話しているのを目撃したとき、その目撃した人もまたスキーヤー、丘、雪、そしてウサギを目の当たりにして、ゾッとすることがしばしばあります。どうしたらその後、被験者は実際、それらを再度見ないようにすることができるのでしょうか？　ミルトンが被験者の主観的な体験に実際に参加しているかどうかに関わらず、印象が言語的、そして非言語的に目撃した人に伝達されます。私の見解によれば、望みの反応を、エリクソンが引き出す中で、彼の信念がとても強力に援護をしています。

それから、ここでの作業が十二分に合理的であることを期待している読者への警告として、ミルトン・エリクソンが催眠を生み出したり、利用したりする中で焦点を当てている重要な要素があるのですが、それは、その価値ほど注目されていないと私が思っているということです。これは判断できる方法で書かれていませんので、序文で書くことはふさわしくありません。著者らが注目して選択した催眠の誘導および利用の状況は、とても複雑であり、特に書面で扱うのがとても難しい題材ですので、省略した箇所の根拠を示すことは重要です。

事実、あらゆる現代の教育者が理解しているように、聴覚、視覚、そして書くというコミュニケーションの主要な方法が三つあります。そして各々は、完全な教育プロセスに向けて、独自で、互いに取り替えできない方法で貢献します。私がまさに今述べたことは、単にこの事実を反映したことだけです。書かれたコミュニケーションが進行するにつれ、本書は、エリクソンの臨床催眠へのアプローチの複雑さを解明することにおいて最上の仕事をします。確かに、それは、書かれた単語によってできる最上のことを立派に成し遂げています。

このすべてが、もう一人のミルトン・エリクソンになることを切望するすべての読者に役立つ最終ポイントへと、私を導きます。この本は、読者にミルトンの「秘密」を教えますが、実際にはまったく秘密ではありませんでした。彼がしたこと、そして、することは、誰に対しても何が起きているかについてわかっている振りをしたということであり、彼にとって当たり前で自然なことであり、簡単なことでした。秘密を十分理解しているかどうかは、議論の余地がある問題です。ミルトンは、突如として「ミスター・ヒプノシス」になったのではありません。多くの出来事および経験が、催眠での五〇年以上の経験に先行していました。他の多くの出来事が、これらの五〇年にはありました。催眠とその臨床に、大いに貢献したのは誰だったのでしょうか？　誰も、ミルトン自身でさえも本当のところ話すことができません。何人かは特定できます。もちろん、何人かは真似することができました。何人かはそうすることができませんでした。そして、この人たちの真似はしたくないと思う人たちがいます。催眠に関する現象学を備えた広い経験、特に自然主義的なセッティングにおいて、広範囲で長期間の教育経験、催眠を適用して、デモンストレーションして、実験すること、これらのすべてが、疑う余地なくミルトン・エリクソンの素晴らしい成功において、必須の役割を果たしたと考えなければなりません。これらのことは真似することができます。慎重に採り入れることによって真似できる可能性はありますが、ミルトン・エリクソンように、ポリオという病に二度も倒れることはほとんど誰も経験をすることはないでしょう。確かに、音痴で、色覚障害で生まれることも真似できません。エリクソンは、自分の感受性が高まったのは、先天的、後天的虚弱体質を伴う生涯をかけた闘いに対する運動感覚の手掛かり kinesthetic cues に、身体力学 body dynamics に、そして、感覚知覚機能 sensory-perceptual functioning の変性モードに起因していると考えています。これらの問題を軽くしようと研究と努力する中で、エリクソンは、治療者としてのライフワークに向けて機能する変性パターンの個人的認識を手に入れました。加えて、エリクソンはライフワークをするにあたって、素晴らしい想像力と創造力、高度な感受性と直観力、鋭敏な注意力、事実と出来事を記憶する力、および刻一刻と変わる状況に合わせて、経験をまとめる特別な能力を使いました。ここには、そうしたいと思っても真似できるものは、ほとんどありません。

　もう一人のミルトン・エリクソンに簡単になれないとしても、少なくとも彼のやり方を学習することができますし、自分にできる範囲で、そして自分の能力を考えながら、彼のやり方をできる限り利用することができます。ここでのワークが読者の学習の助けとなれば、その目的を達成します。

　ここでの作業にアプローチする際には、現実を見据えた仕事であり、特に治療的、あるいは臨床催眠であって、理論的催眠、あるいは実験的催眠ではないことを、読者は心に留めておく必要があります。この本において、エリクソンは理論を明確に定義して、導き出すことをしていませんし、さらには事実を述べて揺るぎない科学的資料を作製したのでないことを、読者は初めから知っておいた方がよいと思われます。はっきりしていることは、著者らが、催眠の、催眠現象の、暗示の、そして、暗示された行動の性質に関して、ある理論的なポジションを支持していることです。エリクソンが介入をしたり、一歩前進したりするとき、そのことに読者は同意するかもしれませんし、同意しないかもしれません。そして、著者たちが起きたことを説明したとしても、読者の心には、別の説明が浮かんで来るかもしれません。しかし、この仕事を最大限に利用するためには、ミルトン・エリクソンが、自分が得た結果に至る方法を説明するとき、それが科学的理論の展開に向けられたものではないことを心に留めておく必要があります。実際的で実用的な見地から見れば、これらの誘導された行動が、「真実」、「ロールプレイ」、「認識を再構成した産物」、ある種の「解離過程」を含んでいるのか、あるいは「形作る」プロセスなどによってもたらされた結果であるかどうかは、比較的些細なことです。結局のところ、「本物の」科学者は、何が何であるか、理解したいと思っています。調査を指摘したり、実験を示唆したりすることを、多くの場合しているのは、このことを著者たちはよく理解しているからです。しかし、忙しい臨床医にとって、そして長く苦しんでいる患者にとって、結果がすべてであり、さらに一気に解決することが重視されます。効率が問題なのです。この理由で、著者ら三人のような有能なヒプノセラピストは、催眠の手続き、それ自身 *per se* を制限しません。これに反して、この本から、そしてエリクソンの著作、そしてロッシの著作からさらに明白に理解できることは、効果的なヒプノセラピーが催眠と非催眠行動のプロセスの利用を絶えず織り交ぜていることです。「ダブル・バインド」を使ったピッタリの例を挙げると、ベイトソンによって、あるいは著者らが用いる特殊感覚の中で理解されるようなものなら、それは催眠テクニックでも、あるいはアプローチ自体でもありませんし、催眠プロセスとか暗示プロセスを含んでいません。しかし、それは、催眠を引き出す特殊ツール、そして／あるいは催眠術にかかった個人から行動をさらに引き出すツールとして使用することができます。

　理論は、この本の強みでも重要なことでもないのですが、確かな理論的ポジションはエリクソンのやり方によって反映されていますし、少なくとも理論的ポジションが導かれます。催眠行動を、被験者が「催眠」状態で、

「暗示」されたことを引き出す行動として見ることは伝統的であり、いまだに広く行われています。しかし、ベルネーム以前、そしてそれより以前であっても、催眠誘導がなされていない場合にも、トランス特有の行動に患者を導く暗示を効果的に使うことができることが広く認識されていました。そのような暗示はおそらく催眠をかけられていない人にとっても効果があります。この観察結果を解釈すると、催眠行動を作り出すことに、催眠が必要ないだけでなく、実際に不必要な概念であるという結論に、少数であっても現代の研究者たちは、たどり着きました。この解釈は、催眠という状態はないのだ、という見解につながります。しかし、この見解に代わるもの、これが著者たちの見解ですが、それは、暗示に対する真実の bona fide 反応すべてが、催眠とかトランス状態とかに、事実上 ipso facto 関係しているということです。この見地からは、「覚醒」暗示と「催眠」暗示の間に、外的催眠暗示と内的催眠暗示の間に、あるいはどのような言い方であっても、もはやいかなる区別もありません。暗示に的確に反応することが、催眠にかかることなのです。著者らにしたがって、少し異なる考えをすると、最初がない暗示に、あるいは同時の暗示に、催眠トランスになるような的確な反応をすることができません。状況についてのこの特別な見方は、二重の方法で起こります。すなわち、著者らについては、反応が暗示に対する的確な反応なら、いわゆる意識的な行動以上に、心の異なる面によって、仲立ちされる必要があります。このように、被験者の「無意識」と「意識」によって、実行される行動が区別されています。通常、意識は無意識を支配します。古典的催眠誘導は、意識から無意識を解放すること以上のなにものでもありません。そしてそれは個人が暗示に的確に応じるときならどんなときでも、瞬間的に存在するとみなせるものです。そして、トランスとか催眠状態では、行動が無意識のレベルで完全に機能します。意識から無意識へ、機能をどのように変更させたとしても、非トランス状態からトランス状態（「覚醒」から「催眠状態」へ）への移行です。多くの読者にとって、たぶんわかりきったことでしょうが、著者らの「無意識」の概念は、フロイトが抱いていたものでないことを明確にここではっきりさせておくことが適切だと思われます。モートン・プリンスの「潜在意識」に多分それは最も近いものです。どんな場合も、著者らの「無意識」は意識が持つ自我機能を保持するように見える知的で複雑なレベルの精神的機能です。放棄している間、あるいは影響されない間、他の機能のうちのいくつかは、通常自我と連携しています。

暗示と催眠に関する上記の見解の結果として、高い被催眠性 hypersuggestibility の状態のような催眠の概念が無意味になります。暗示にかかりやすいことは、催眠にかけられるということです。これらは単に同じものを別の方法で言い換えただけです。ですから、このことから言えることは、個人の覚醒時の、あるいは非催眠時の被暗示性をテストして、被催眠性を測ることを話題にしたとしても何の意味もないということです。結局のところ、成功したときの型通りの催眠誘導は、一段一段という形の中で、無意識の関与を増加に向けて変化をもたらすおしつけがましい技術以外の何物でもないように、このフレームワークの中では見えるかもしれません。しかし、著者らがしているような催眠行動、そして暗示行動を見ることによる真の影響は、このセッションの中心的話題の中にあります。無意識のレベルの機能を促進し、活性化し、育んで、ある程度、利用する方法、これが、この本に書かれていることです。

この本は、催眠をエリクソンのアプローチを使って、治療に利用することに向けて書かれた本です。私は、ミルトン・エリクソンについて延々と、そして正当な評価をして話してきました。さらに、この本は共同執筆ですから、エリクソン以外の著者、中でもアーネスト・L・ロッシがいなければ日の目を見ていなかったと思われます。エリクソンがしたり、言ったりすることを記録し報告すること以上のことを、ロッシはしました。ミルトンにとってはわかりきったことであったとしても、他の人たちにとって、とてもわかりにくいことを、ロッシは多くの時間と努力を費やして、詳しく説明させました。そうしながら、ロッシは、最初は呆然とするようなデータの山としか見えなかったものをほどいて、ふるいにかけて、分析して、翻訳して、組み合わせて、最後には完全なものにしました。もっと小さな単位でしたが、似たようなことをしようとして失敗した私自身の経験からわかるように、これは大変な仕事です。その上、ロッシは成功しました。まさにエリクソン自身の目を通して、エリクソンが行ったことを私たちにユニークな方法で見る機会を与えてくれています。しかし、アーネスト・ロッシの貢献は、そこで止まりません。そして、面白くて、役に立つように研究された、よく練られた挑発的な練習、質問、解説と暗示を、この本の中で、さらに見つけることができます。

最後になりましたが、私は、エリクソンを学習する人たちがこの本の中で、エリクソンに尋ねたかった質問、しなかった質問、できなかった質問に対する答えを、そして、さらに求めても得られなかった答えを見つけることができると考えています。

オクラホマ市

アンドレ・ワイツェンホッファー

ミルトン・エリクソンの

催眠の現実

臨床催眠と間接暗示の手引き

Hypnotic Realities : The Induction of Clinical Hypnosis and Forms of Indirect Suggestion

［**目次**］

ミルトン・エリクソンの

催眠の現実

臨床催眠と間接暗示の手引き

Hypnotic Realities : The Induction of Clinical Hypnosis and Forms of Indirect Suggestion

はじめに

　本書は、ミルトン・H・エリクソンによる間接形式の催眠暗示テクニックを使った臨床催眠誘導のユニークなデモンストレーションの記録です。これはトレーニングと発見の過程の記録です。まず、著者の一人エリクソンが、あとの二人ロッシ夫妻に臨床催眠のトレーニングを行いました。トレーニングが進んでいくにつれて、エリクソンの催眠ワークの基本的様相の分析となっていきました。この分野ではロッシ夫妻は初心者でしたので、エリクソンはこの分野への入門書にふさわしい本になるように、臨床催眠の基本原理を紹介し、デモンストレーションしなければなりませんでした。しかし、エリクソンは創造性に富む革新的な人ですから、ここでの資料は、トレーニングのレベル、専門分野を問わず、すべての心理療法家にとって大いに興味のあるものになるでしょう。

　臨床催眠および治療的トランス（この用語を同じ意味で使用しています）は、普通の生活における日常的プロセスを、注意深く、しかも計画的に進展させたものです。そういったことを全く理解することなく、私たちは誰もが内なる空想または没頭の瞬間の中で、夢中になる「ありふれた日常的トランス common everyday trance」を経験しています。その間、私たちの日課は少しばかり自動的になります。私たち自身を私たちがもっと深く経験し、おそらく新鮮なものの見方を獲得するとき、あるいは問題を解決するとき、私たちの注意は実際のところ、内部へ集中しています。同様に、トランスを臨床的にユーティライゼーションする中で、とても驚くべき方法で、私たち自身の内部経験および実現されていない潜在能力を受け入れることができます。セラピストの暗示に助けられて、これらの潜在能力は探索され、さらに高められる可能性があります。

催眠療法家は、熟練した心理療法家と共通した見解をたくさん共有しています。すなわち、行動における無意識のプロセスの力を理解していること、知的な理解と同様に、情動的、体験的学習の重要性を正しく認識していること、各々の個人の独自の人生経験を高く評価していることなどです。しかし、催眠療法家は、個人の中にある彼ら自身の治療的な目標の達成を、その人独自の方法で促進するプロセスを、慎重に利用することに特化している点に違いがあります。この本においてエリクソンは、あらゆる信条を持った心理療法家たちが、形式的なトランス誘導によって、あるいはトランス誘導なしで、精神的発達を促進することができるように無数のアプローチをデモンストレーションしています。エリクソンは、トランスは、それ自体あらゆる人にとって異なる経験であると信じています。実際のところ臨床的トランスは、個性が頭角をあらわす自由な時間と理解してもよいでしょう。この観点から、すべての心理療法の基礎的な努力への積極的アプローチとしてエリクソンの仕事を理解できます。つまり、その人が治療目標を達成する内なる潜在能力に気づくように、学習された限界の突破を助けるということです。

この本の構成

各々の章は、エリクソンの手順が明瞭になるように、被験者とエリクソンの臨床催眠誘導と催眠ワークを注意深く書き写した記録に解説を加えています。エリクソンの非言語的行動（ジェスチャー、パントマイムなど）は、括弧内に記述されています。この記録には、利用された手順、尋ねられた質問、そして議論された問題が繰り返されています。エリクソンはロッシ夫妻の催眠療法の訓練に取り組んでいましたので、この繰り返しは自然なことでした。ロッシ夫妻は、エリクソンが伝えようとしていることを理解出来たかどうか確かめるために、何度も何度も同じ問題に対して、頻繁に質問しなければなりませんでした。異なる文脈において同様のテーマが繰り返されることによって、読者はエリクソンの仕事の重要な特徴と、彼がそれを予測不能な日常臨床の中でどのように利用するかを探求することが可能になります。

各セッションの誘導セクションは、エリクソンの実際の言葉をゴシック体で非常に注意深く示したものです。エリクソンがちょっとの間休止したときには、改行が入れてあります。エリクソンが二〜三〇秒以上止まったときには、括弧に「(休止)」という言葉で表現しています。この資料はエリクソンが七二歳のとき、一般的なカセットレコーダーで記録したので、言葉がいくつか録音されていないということがありました。これは、点(「……」)で示しました。こうして誘導セクションは、先入観なしでエリクソンの実際の生データを読者に提供します。エリクソンは、これらの催眠ワークの写しを丁寧に読んで承認しました。誘導セクションは、このように、他の研究者が今後、エリクソンのアプローチを研究分析する客観的記録として役立てることができます。

解説のセクションはエリクソンとアーネスト・ロッシとの間の議論が記録されており、そこでエリクソンは、被験者との催眠ワークを説明しています。解説の内容は、エリクソンが適切な教育資料であると思ったものと、ロッシが理解のために必要な質問と感じたものとについて、対等な役割の中で決定されました。これらの議論は複雑で、ときには脱線してしまうこともありました。出版目的のために、これらの議論の一部はその意味を明確にするために編集したり、言い換えられたりしています。解説はこのようにロッシの理解と要求によって偏りましたので、エリクソンがさらに精読し、ときにはポイントを強調し、問題を明確にするための変更がなされました。

各章の終わりに、アーネスト・ロッシによるいくつかのセクションがあり、これはエリクソンの催眠ワークに関連する問題を明確にし詳述するために開設しました。今後の実験研究によって、分離したり、試験したりすることができる基底変数 basic variables を明らかにするために、ロッシがエリクソンの臨床アプローチの分析を試みている箇所もあります。このセクションは、エリクソンの催眠療法の臨床技術と人間行動理解の科学としての心理学における体系的努力を架橋しようとしていると考えることができるかもしれません。

この本を学習する際には、読者はまずエリクソンの催眠ワークの「最も混じり気のない」表現である誘導セクションを読むのが最良かもしれません。解説のセクションへ進む前に、読者は自分なりの結論を出して、催眠ワークについて自問してみるとよいでしょう。そして、読者は誘導の説明の適切性を自分自身で判断することができます。その後、読者は一般的知識を加えて、関連した変数について独自の分析を書き、おそらく試してみることもできます。

新しい資料が紹介された章やセクションの終わりには、臨床技術としての観察、催眠誘導および間接暗示の構築において、催眠療法家が自分自身の技能を発展させるのを援助するためのガイドとして、多くの段階的練習が提示されています。これらのエクササイズは、臨床催眠を正式に誘導するかどうかにかかわらず、一般的な心理療法家にとっても価値があります。

この本は、開業している心理療法家を励まして、教育と研修を改善するための発見的手法として役立てることができます。さらに研究者たちには、統制された実験的方法で検証できる催眠現象や催眠療法に関する仮説について、臨床的情報を提供しています。

第一章

会話での誘導
——早期学習セット

One

シーラ博士は、個人的に催眠トレーニングを体験することで、心理学者であり母親という一人の専門家が催眠療法家になれるかどうか確かめるためにデモンストレーションに協力しました。シーラ博士は、デモンストレーションでの短い誘導を一回経験しただけで、その他には催眠の経験はありませんでした。このトレーニングを受けることで、この分野へのシーラ博十の関心が高まりました。そして、無料のトレーニングを受けるのと引き換えにテープへの録音に同意しました。

最初のセッションは、エリクソンが、「早期学習セット」誘導と呼ぶプロセスから始まります。エリクソンは自分が話している間、点に注目するようにシーラ博士に頼みました。エリクソンのアプローチは気軽で、優しく、温かく、そして友好的でした。エリクソンは、幼稚園と学習、イメージと快適さ、無意識の能力と瞬目反射の変化について簡単に話します。これは、当たり障りのない会話による間接誘導で、たいていトランス誘導がされていると認識できません。気短な初心者は、エリクソンが「催眠」を開始するのを今か今かと待っています。被験者の身も心も手に入れる謎に包まれた操作はどこか？古代の医療を描いた石版画にあるような憑依とトランスの熱狂、屈服、昏迷、そして奇怪な身振りはどこか？

現代催眠療法は、ミステリアスなドラマとして一般に流布している催眠とは全く異なる概念です。セラピストは芸人ではありません。しかしセラピストは、観察に熟達しており、患者の興味および能力について重要な手掛かりとなる行動が、ほんのちょっと変化しただけでも認識することができます。その後、患者を通常「トランス」と呼称される変性意識の状態へ導くために、このような手掛かりを利用します。そして、セラピーは、「その人がすでに持っている学習を手に入れ、他の方法でその学習を適用すること」によって進行します。エリクソンは、患者にとって初めてのことを暗示したり、追加したりすることに関して慎重です。というのは、エリクソンがしたいことは、患者がすでに持っているものを創造的に利用して、発展させて、患者の能力を促進することだからです。

この最初のセッションで、エリクソンは後のセッションで文脈を広げて繰り返される多くのテーマを紹介しています。すなわち、患者の意識セットの限界、間接暗示の形式と原理、トランスと催眠療法の倫理から、無意識の(自主的な)プロセスを感じてもらい、患者を内面に集中させることです。催眠療法を学び始めの学習者にありがちなことは、一度にすべてを学びたいと思っていることです。そのようなアプローチでは、実際には成功することができません。エリクソンが連続したセッションの中で何度も基礎fundamentalsを調べているように、資料の理解は時間とともに自然に進展します。始めのセッションの資料としての重要性は、後になっても全く理解されないことがあります。このために、真摯に学習しようとするなら、資料の重要性が理解できるまで、各セッションを何度も繰り返し、勉強し直すことが必要になるかもしれません。

観察

エリクソン◎向こうの上の角にある絵を見てください。さて、あなた(ロッシ)は彼女の顔をよく見てください。向こうの上のコーナーにある絵です。

今、私はあなたに話そうとしています。

(休止)

エリクソン―セラピストは、それほど何度も患者の顔を見ることはありません。しかし、顔の表情、身体全体にわたる筋緊張、そして呼吸の変化は、目前の問題に患者の注意がどれだけ向けられたかを伝えてきます。落ちつかない動作をしている患者に働きかけても意味がありません。

ロッシ―患者が静かであればあるほど、患者は話により多くのエネルギーを振り向けているのですね。

エリクソン―そうです！　それであなたも、治療から患者の気が逸れているかどうか気づきます。患者は、バスの音とかサイレンの音にビクッとしますか？　そのような外の気を逸らすことにビクッとしなければしないほど、患者はエネルギーをセラピーに集中しています。注意深く患者を見ることで、話すことができることが、これだけあります。

早期学習セット

最初に幼稚園や、小学校にあなたが行ったとき、
文字や数字を学習するという課題は、克服できそうにない大仕事に思えました。

エリクソン―今ここで、人がすでに学んだことをそのまま取り出して、別の方法でそれらを適用しています。しかし、新しいことは何も作り出していません。

ロッシ―患者にすでに存在する学習セットを利用しています。ここでの誘導によって、あなたが喚起しているのは学習セットですね。

エリクソン―そうです。

催眠暗示の基本形としての自明の理

Aという文字を理解すること、
QとOを区別するのはとても、とても困難でした。
そして、書かれたものと印刷されたものも全然違いました。
しかし、あなたは心に何種類かの像をつくることを学びました。
そのときそうとは知りませんでしたが、それは永久に続く心の像でした。

ロッシ―暗示として、ここで一連の明白な真実、自明の理を使用しています。あなたが幼い頃の経験について話すと、あなたの言葉は初期記憶を喚起し、被験者の中で実際に年齢退行を促進するかもしれませんね。

エリクソン―そうです。暗示は通常、患者が簡単に受け入れることができる形で行います。暗示は、患者がとても異議を唱えることができないようなメッセージです。

内部イメージ

そして、あなたは後になって、小学校で心の中に単語の像や文の概念を作り出しました。

あなたは知らないうちに、ますます多くの心の像を作り出しました。

あなたは、心の像を作り出していました。

そして、あなたはすべてのイメージを思い出すことができます。

(休止)

エリクソン―普通の催眠療法家は「この点を見てください」と言います。そして、患者の注意を点に集中させようとします。しかし、患者は心に持っているイメージに対処するほうがずっと簡単なのです。患者の心の中にはいろいろなイメージがあります。そして、患者は一つのものから他のものへ、状況から離れずにたやすく滑るように移動することができます。
ロッシ―つまり、内部イメージは注意を保持するのにはるかに効果的ということですね。
エリクソン―外部の事物の中には、本当は患者にとって価値がないものがあります。しかし、内部のイメージは価値があります。さらに私は、患者の過去に起こったことを話しているだけです。それは患者の過去です。そして、私は何も患者に押しつけていません。患者はアルファベット、数字を学習しました。患者はとても多くのイメージを学習しました。患者は進んで、自分が望むどんなイメージでも選択することができます。
ロッシ―患者に共感する側にあなたはいます。抵抗とは程遠い。あなたは患者の学習が難しかったことに共感しています。そうして患者の困難によりそいます。
エリクソン―その通りです。そして学習が困難だったことは誰でも自分の経験から知っています。
ロッシ―そのようなすべての幼い頃の成果を利用して、催眠において現在のワークに動機づけるわけですね。

意識と無意識の関係

今、どこにでも望むところへ行くことができて、どんな状況へも自分を運ぶことができます。

水の感触を感じることができます。

あなたは水の中で泳ぎたいと思うかもしれません。

(休止)

あなたはどんなことでも望むことをすることができま

す。

エリクソン―ここには多くの自由があるように聞こえます。しかし、別の状況へ患者の意識を「輸送する」ために、私が暗示したことに注意してください。それは望む場所ならどこでもありえます。それは多分、水に関係していて、したいことは何でもできます。患者はこのセラピールームのここで、意識を集中する必要はありません。

無意識の機能
――意識が撤退することを可能にすること

あなたは、私の声に耳を傾ける必要さえありません。なぜなら、あなたの無意識が聞くでしょうから。あなたの無意識は、望んでいることを何でも試してみることができます。しかし、あなたの意識は重要なことを何もしないでしょう。

エリクソン―患者は意識的な心では私に注意していません。しかし、無意識は、私が言っていることを受け取ります。

ロッシ―こうして、あなたの方法は意識の介入と歪曲を受けずに、無意識に直接達することになります。

エリクソン―患者が後になって、「私をもっと長く水の中とか庭にとどまらせてくれていたらと思います」と言うことがあります。

ロッシ―つまり、「内なる庭」にいることは、あなたが患者の意識的注意を確保する方法なのですね。点を見ることが患者の注意を外部イメージに集中させるように、あなたは患者の意識的注意を内部イメージに集中させています。しかし、内部イメージへの没頭は注意を集中させる上でずっと効果的です。

エリクソン―そう、ずっと効果的なのです！

ロッシ―そして患者が夢中になっている間、患者の意識は逸らされています。それで、あなたは患者の無意識に直接暗示することができるのです。

エリクソン―患者は、意識的なことにより興味を持っています。患者の意識は私が言うことに注意を払っていません。患者の無意識が注意を払っているのです。したがって、意識からの妨害はありません。

ロッシ―これはイメージの使い方として重要です。患者の無意識に直接他の（例えば治療的）暗示をする間、イメージは意識的な注意を拘束します。

エリクソン―そして、患者の無意識が患者より賢いことを知ることは非常に重要です。無意識には、さらに豊富に格納された資料があります。私たちは、無意識が物事をなすことができることを知っています。ですから、できることをあなたの患者に保証することが重要です。患者は進んで無意識に物事をさせなければなりません。そして意識にあまり依存してはなりません。これが患者の機能に対する大きな援助になります。つまり、患者の意識が課題から身を引き、すべての課題が無意識次第となることを可能にするような指示をめぐって技術を形成するのです。

ロッシ―患者に意識的なコントロールを要求するのではなく、無意識自体が円滑に機能できるようにします。

エリクソン―そして、その無意識の機能が結果として意識になります。しかし最初に、何が可能かについて意識的に理解している枠を越える必要があるのです。

まぶたの痙攣――内部反応の制限

まぶたがピクピクしているので、あなたは意識的な心がいくぶん関係していることに気がつきます。

エリクソン―ここでは、彼女を構成するシステム全体が動揺しているとか不確かであると一般化して彼女が信じてしまわないように、私はまぶたの痙攣だけに制限しています。

ロッシ―誘導の最初の段階の、このかすかな、素早く、振動するまぶたの痙攣は、トランスの最初の徴候と見なされることが多いですね。

変性状態を証明すること

しかし、あなたは呼吸の速さを変えました。
あなたは脈拍を変えました。
あなたは血圧を変えました。
そして知らないうちに、あなたは催眠の被験者が示す硬直 immobility を示しています。

エリクソン―患者は知りません。しかし、あなたが患者の機能を変えたと話すと患者は変化に気づきます。患者の機能はすでに変化しているので、患者は変化に抵抗すること、変化を否定することができません。患者は、内的な証明を手に入れます。

ロッシ―患者は変性状態の証明を手に入れました。患者に挑みかかる代わりに、催眠状態の証明としてこれらの情報を患者に通知するのですね。

エリクソン―その通りです。私は嚥下反射がないことを挑戦として使いたくありません。患者が試してみる傾向があるからです。私は、むしろ患者が試してみることができないものを使いたいのです。

ロッシ―患者はトランス中、嚥下が減る傾向があるので、トランス深度のテストとして嚥下を使うセラピストがいます。セラピストたちは、「嚥下できないでしょう」と患者に伝えて患者に「挑みかかり」ます。しかし、トランストレーニングの初期の段階では、そのような挑戦で実際に覚醒してしまう患者もいます。

気が散ることの重要度を下げること

本当に重要なことは何もありません、あなたの無意識の心の活動を除いて。

エリクソン―交通騒音やその他の外部の気が散ることの重要度を、外に気が散ることがあると強調することなく、下げます。そうすると、患者は侵入してくるどんな無関係な刺激でも無視することができます。

ロッシ―患者に気を逸らすものがあることを伝えず、気を逸らすことがあることを暗に示すことさえしません。しかし、気が散ることがある場合、このフレーズによって、気が散ることの重要度を下げることができます。

暗示の力動の中での含意および幻想の自由

無意識の心が望むものなら何でもよいのです。

エリクソン―これは、キュビー Kubie が「幻想の自由」と呼んだものの一例です。人には、選択の自由というとても主観的な感覚があります。しかし実際、私は巧妙な指示と含意を通して、手元の仕事に被験者を留めておきます。例えば先に、「どこにでも望むところへ行くことができます」と私は言いました。しかし、私は場所を水と定めました。

ロッシ―つまり、暗示を与えるコツは注意深く方向性を与えることですが、しかしあなたが構築した枠組みの中で、確実に自由の幻想を持ってもらうことです。

エリクソン―「あなたの無意識は、望むことを何でも試みることができます」と私が少し前で言ったとき、あたかも私が自由を与えているように見えます。しかし実際に、「試みる」という単語は反対のことを意味します。「試みる」という単語は妨害を意味しています。妨害の意味で使いたい場合、「試みる」という単語を、その人の目的のために使用します。

ロッシ―その時点で「試みる」という単語を使用すると、無意識があなたからさらに指示を受け取るまで、実際に無意識の妨害をしたり、あるいは拘束したりするのですね。

エリクソン―その後、「あなたの意識は重要なことを何もしないでしょう」と私が言ったのは、あなたの無意識の意志が何か重要なことをする、という意味です。

ロッシ―あなたがすでに無意識を拘束したので、無意識は望むことを何もすることができません。要するに、無意識が重要なことをするということをこれは示唆しています。そして無意識は、あなたが示唆したことをすることになります。

無知《Not Knowing》（知らないこと）、無為《Not doing》（しないこと）

身体的に快適な今、
しかし、あなたは注意を払う必要さえありません、
あなたのリラックスと快適さに対しても。

エリクソン―「必要さえありません」と私が強調する方法に注意してください。患者はあまりにノロノロしています。それで患者が必要としないことすべてを強調して、手元の仕事にエネルギーを集中できるようにします。

ロッシ―これは、「あなたは、私の声に耳を傾ける必要さえありません」というあなたの以前のメッセージを補強しますね。患者が何か知る必要もする必要もないとき、トランス誘導が促進されます。

含意《Implication》

私はあなたの無意識の心に話すことができます。
あなたが優れた催眠被験者だからです。
そして、あなたが必要とするとき、あるいはしたいと
思うときはいつでも、
あなたの無意識の――心は、あなたがそれを使えるようにしてくれるでしょう。

エリクソン―「私はあなたの無意識の心に話すことができます」は、私はあなたの意識を説得する必要がないことを示唆します。

ロッシ―別の言い方をすれば、「全ての文に含意がある」

ということですね。そして、重要なメッセージが伝わるのは、これらの含意を通してです。

エリクソン―その通りです！

含意と時間

そして、あなたをトランスに入れるにはあなたが理にかなったことを何でも理解できるようにするには

時間が必要です。――それに応じた時間が必要です。

エリクソン―あなたは時間をかけることができますし、そうすることになるでしょう。それが重要な含意です。そして患者はどのくらいの時間がかかるかわからないので、あなたに頼らざるをえません。

ラポール

私はあなたとも、私が選んだ別の人とも話すことができます。

しかし、あなたが聞く必要があるのは、私があなたに話すときだけです。

私は、声をどこか別へと向けることができますすると、あなたは私があなたと話していないことがわかります。

そうしたらあなたは、どんな注意もする必要はありません。

エリクソン―ここで、これからの催眠ワークにおいて私の自由度を高めるための準備をしています。

ロッシ―さらにあなたは、あなたが彼女に話しかけているときだけ注意してくれればよいとラポールを形成する暗示を与えています。

トランスの徴候

ロッシ博士、あなたが興味を持つような行動がたくさん見られると思います。

瞬目反射の変化。

顔面筋の変化、全体の動きの無さ。

ロッシ―最後に目を閉じる前に見せた瞬目反射の減速、顔面筋のリラックス。顔の表情は以前より平坦に、あるいは「アイロンがけしたように」なっていて、典型的なトランス指標があります。

倫理原則

ロッシ◎今ここで続けて、もっと多くの現象をデモンストレーションしたいですか？

エリクソン◎そうしたいですが、覚醒した彼女と話し合っていません。そのため、続けるならまず彼女を目覚めさせて許可を得なければなりません。無意識は常に意識を保護します。

今あなたは目覚めたいですか？

エリクソン―彼女がトランスにいる間は、トランス中に何かをする許可を求めることができません。許可を求めることは通常の意識の範疇に入ります。したがって、彼女が目覚めているときに尋ねなければなりません。パーソナリティの統一性 the integrity of the personality を保護し、トランス状態を悪用しないように注意しなければなりません。

ロッシ―信頼関係を壊し、いわゆる抵抗を喚起することになりかねませんね。

トランスから覚醒することについての身体オリエンテーション

［シーラは目を開け、少し伸びをしました］

彼女が戻ったとき、身体のリ・オリエンテーション[訳註1]に注目してください。さて、私たちに伝えたいことが何かありますか？

ロッシ―終結時のこの身体へのリ・オリエンテーションを、セラピストは患者がトランスにいたことを認識する合図として使用します。ストレッチング、瞬き、体位の変化、あくび、唇の濡れ、髪が滑らかになること、さまざまな身体各部に触れることなどはすべて、患者がトランスから覚醒状態へとリ・オリエンテーションしている表れです。

知覚変化――目に霧がかかる現象

シーラ◎ええ、楽しめました。とても穏やかでした。

▼**訳註1**　再方向づけ。トランスから覚醒した際に被験者が通常の意識状態に戻るために行う所作。

私がその点を見ていたら、点が霞んで見えました。

ロッシ◎なるほど、知覚変化ですね。

ロッシ—視野が曇るのは、トランスが進展したというかなり一般的な指標です。他の指標としては、目のかすみ、トンネル視、背景の色、あるいは物の大きさや形の変化などがあります。

リラックスと内的没頭

シーラ◎最初は注意して聞こうとしていましたが、自分のことに関心が向かって、聞く気がなくなりました。あなたの言うことを聞いているのは退屈な感じでしたよ、エリクソン博士。私はリラックスしていると感じていました。

［テープレコーダーが止められ、セッションが正式に終了した後、シーラはトランス誘導の初期段階で「漂流 drifting」を経験していたことを話しました］

ロッシ—リラックスして、内部に没頭していて、もはやあなたの話を聞こうとしていなかったということはトランスが進行したという指標です。さらに彼女は、意識的にあなたの声を聞く必要がなく、なぜなら、彼女の無意識はあなたが言ったことを聞き取ることができる、というあなたの最初の暗示に従っていたからです。あなたが覚醒するように彼女に言ったとき、明らかに無意識のレベルで反応して内部の没頭を終えました。

観察とエリクソンの基本的アプローチ

観察は催眠療法家の初期のトレーニングで最も重要な側面です。エリクソンにとって、このトレーニングは青春期に始まり、生涯続きました。人間行動の不変量 **invariants** と相関関係 **correlations** を観察することは、創造的な催眠療法家の必須条件であり、商売道具となります。エリクソンが本書で伝える逸話や物語は、彼が人間挙動の規則性の鋭い観察者であることを示しています。エリクソンはユーモアを楽しみましたが、彼のオリジナルのジョークすべてが、人々がそれぞれの状況でどうするかについての健全な知識に基づいたものでした。

例えば、ウィスコンシン州の雪の中を歩いて学校に通った子ども時代、エリクソンは朝早く家を勇んで出発しました。それで、彼は平坦なまっすぐの道の上に曲がった道筋をつけて、後から来た人たちが、どのように彼がつけた足跡を辿るか観察することができました。人々は、そこにまっすぐな道があることを知っていても、まっすぐには歩きませんでした。エリクソンが作った曲がった道筋を辿ったほうが簡単だと人々にはわかっていました。それは後日、彼が曲がった道筋をまっすぐにするまで続いたのです。

非常に重要なことは、行動の規則性です。これらの規則性は、催眠現象および行動を形成するためにエリクソンが使用する道具となります。ある刺激が与えられると、ある反応が続いて起こることをエリクソンが知っていることが役に立っています。あるいは、エリクソンが行動を一つ喚起すると、もう一つの行動が密接に関係して生じることを知っていることが重要です。このように、エリクソンは、ある反応を引き起こすために一つの刺激を使い、その後、関連した別の反応を引き起こすために、その反応を使います。

これらの反応が意図せず起きるように見える場合、自分の内部の関係が予測されていることに患者は気づいていないので、患者は主観的にその状況を催眠として経験します。患者が自分に可能な行動のレパートリーをすべて知っているとは限りません。したがって、患者が予測できないこと（患者の行動の関連性を知っているセラピストには予測できる）を経験したとき、患者は、催眠療法家が何らかの形で引き起こしたらしい、と推測します。患者の特定の反応が自然に続いて起きてくるように催眠療法家は状況を整えます。しかし催眠療法家は、患者の行動行列 behavioral matrix の中に以前から存在する構造を利用する方法を知っているために、反応を「引き起こす」ことができたにすぎません。

このことから、次のように言うことができます。セラピストが行動の規則性について知っていればいるほど、セラピストは、どんな状況においても望む反応を呼び起こすことができるようになります。さらに言うと、セラピストが個々の患者の規則性を観察すればするほど、患者個人の治療応答を促進することができるようになります。

観察の練習

一．患者の行動の規則性を捜して、注意深く研究すること。規則性は、「よろしく」と挨拶して治療セッションに向けて一、二分ほどで身なりを整えるときのマンネリズムと儀式性から、患者が「問題」について話すときの連想構造の中での習慣的パターンにまでおよびます。患者の問題はどの程度、「連想の閉回路 closed circuit of associations」（患者が抜け出し方を知らない習慣的で不変の連想パターン）として観察できますか？　患者がそこから抜け出すのを援助するために、どんな介入ができますか？（Rossi, 1968, 1972a, 1973a）

二．いろいろな患者がどの程度、変化に抵抗しないか、変化することができるか、あなたについてくることができるか、そして、どの程度、固定していて、閉じていて、変化できないか、注意して観察すること――そして、実際には、あなたが患者の後を追うと考えてください。エリクソンは、催眠被験者が有能かどうかを評価する際に「反応注意力 response attentiveness」（他の人の話に集中する度合い）を探します。反応注意力があればあるほど良い被験者です。患者は、セラピストの指示を進んで取り入れるほど、そしてセラピストの話に集中する能力が高いほど、催眠被験者としての能力が高いと見なすことができます。

このことは、セラピストが患者の行動に対する関係において「内容」と同様に「プロセス」の面に集中することを要求します。催眠療法に熟達しようとするセラピストは、「利用できること availability」と「追従性 following」の力学を、転移逆転移関係の中で観察できるよう訓練します。開放性と利用できることが多くなればなるほど、催眠反応に関する追従性と許容能力 capacity は高くなります。どうすれば患者がセラピストに心を開き、利用できるようになるでしょうか？　どうすればセラピストは自分を開放して、各々の患者に役立てるようになるでしょうか？

私たちは、利用できることと追従性が互恵関係にあることに気を配ります。セラピストに患者の要求、感情と世界観に応えることができる敏感さがあればあるほど、患者は治療的な暗示を受け入れ、治療的な暗示に従って利用できることを学習します。セラピストが経験を積み、患者に馴染めば馴染むほど、理解と暗示がさらに適切になって患者にさらに受け入れられるようになります。

三．トランス誘導の臨床的技術においてセラピストは、行動を観察して、行動に暗示を結びつけることを学ぶ必要があります。顔の表情にはどんな変化が生じていますか？　まぶたの予備振動 preliminary quiver が観察できますか？　もしそうならば、すぐに患者が目をまばたかせることが示されています。瞬目反射は遅くなっていますか？　もしそうならば、すぐさまセラピストは反射に注目して、まぶたが閉じるまで遅くなると暗示します。患者がまさに今、息を吐き出したのを観察したら、そこが患者に深呼吸をするように暗示する瞬間です。患者の身体の動きがゆっくりになっていることが観察されたら、だんだん動きがなくなって、すぐに完全に静かで、快適になると暗示します。暗示に精通すれば、セラピストは患者に現れた行動から次の暗示を自動的に連想することができるようになります。セラピストは、次に何を暗示するかを決定するために慎重に患者の行動を研究しながら、話しかけ、反応できるような言語の流れを徐々に作りあげます。日常生活の多くの状況で、そのような慎重な観察の練習をすることができます。聴衆、バス・飛行機・列車の乗客たちは、緊張して油断のない状態からトランス状態までのどこかにいます。このような状態と行動の相関関係を認識することを学んでください。初期の誘導練習では、行動を観察し、それにコメントし、予測し、さらに行動を作り出す暗示を追加する技術を学びます。次のセクションで、私たちは、より多くの経験をすると、学習することができる間接的催眠暗示のさまざまな形を徐々に紹介します。

臨床催眠における意識と無意識

エリクソンは臨床催眠の著作において、意識と無意識との関係、そして意識と無意識を治療目的に利用する多くの方法の、ある側面を強調しています。これはここでまず解説し、以後続くすべてのセッションでさらに実践的に議論していくことになる主要なテーマです。現代の合理主義的人間観による典型的な姿勢と信条によって意識はプログラムされており、そのため意識は悲しいほど制限されていると私たちは考えています。ほとんどの人々が知的能力のせいぜい一〇パーセントも利用できていないと推測されてきました。私たちのほとんどは、単に個々の能力を利用する方法を知らないだけなのです。「外部」基準だけで学習を測るという教育制度で私たちは教育を受けてきました。私たちはＡＢＣ、読み書き、似通った技能を学習しています。私たち自身の独自の神経回路を個人の目標のために利用する度合いではなく、標準化された学力検査のスコアによって学習の妥当性が測定されます。たとえ、この内部能力が創造性と人格形成における本質であっても、私たちの教育制度には、ユニークな行動行列や連想プロセスを利用する個人の能力を測定したり、トレーニングしたりする手段が、今のところほとんどありません。

このような外部の達成基準を満たすように意識はプログラムされていますが、個人の内部のたぐいまれな能力はまったく活用されていません。すなわち、大部分の私たちの個性は、無意識と無知に留まったままです。「無意識は、その人自身よりずっと賢いことを知ることが重要です。無意識にはたくさんの富が保管されています」とエリクソンは言っています。患者に問題があるのは、患者の意識的なプログラミングが患者の能力をあまりにひどく制限したからです。問題を解決するためには、無意識の潜在能力を自由にして、患者の意識的な態度の限界を突破することを援助すること、このことが解決になります。

トランスを誘導して問題を解決するエリクソンのアプローチは、通常、患者の意識と習慣的態度という堅固に学習された限界を回避することに向けられます。「意識セットを弱めること」「意識に対処すること」などの意味を、この後デモンストレーションして議論します。これらのフレーズは、すべて「学習された限界から個人を自由にする」ということと同じ意味です。エリクソンが明解に述べるように、「患者の意識が課題から身を引き、すべての課題が無意識次第となることを可能にするような指示をめぐって技術を形成する」ということです。

意識の限界から無意識のポテンシャルを解放するという目標を実現するために、エリクソンは、催眠暗示への間接的アプローチを開拓しました。このアプローチは、直接暗示が依然として主要な治療法であると考えられている催眠の領域では、最古の仕事と最新の仕事という意味で好対照です。次のセッションと解説では、これらの間接的アプローチを段階的に紹介しています。間接的アプローチが持つ可能性は多面的で巨大なので、エリクソンはこれまで間接的アプローチを包括的なシステムにまとめることができませんでした。実際のところ、エリクソンは間接的アプローチが機能する理由と方法を必ずしも理解していません。間接的アプローチはまだこのように未知の分野であり、開拓されていない原野なので、読者自身の研究と治療によって一層の探求と拡張が期待できる領域なのです。

催眠暗示のユーティライゼーション・セオリー

私たちは最近、以下のように「催眠暗示のユーティライゼーション・セオリー」を概説しました（Erickson & Rossi, 1975）。

> トランスは、治療関係を強め、患者の注意を二、三の内部現実に集中させる特別な状態です。トランスでの暗示の受け入れは絶対ではありません。エリクソンは、特定の治療目標を時々達成するために、患者の連想プロセスと精神的な技能を呼び起こし、特定の方向に動員して動かすために……ある種のコミュニケーション・デバイスに頼ります。エリクソンは、催眠暗示とは通常の意図的、自発的なコントロールではない方法で、実際に患者自身の精神的なプロセスを呼び起こし、利用する utilizing プロセスであると考えています。

効果を上げる催眠療法家は、患者自身のメンタルメカニズムと行動プロセスを引き出すために、言葉、イントネーション、ジェスチャーの使い方を身につけています。催眠暗示は、患者に何かすることを強制できる言葉のマジックではありません。催眠暗示の効果は、患者内にすでにある自然なメンタルメカニズムと連想機能を活性化したり、阻んだり、あるいは変更する程度です。エリクソンは、催眠暗示が患者内にすでに存在する可能性を喚起し利用することを強調するのが好きですが、催眠暗示は患者とまったく無関係なものを押しつけることはできません。

エリクソンが催眠暗示するときの治療的トランスには、高い被暗示性 hypersuggestibility は必ずしも必要ありません。エリクソンは初めて催眠について公表した論文（Erickson, 1932）で、トランスに「高い被暗示性」は必要ではないと書いています。彼は三〇〇人の被験者で行った何千回ものトランスワークを通してこの結論に達しました。

> 被験者の被暗示性を高めることよりも、患者の協力を失わないようにするために非常に用心深く患者を扱うことが必要であることがわかった。そして、患者はどんなに被暗示性が高まったとしても、催眠術師に対する代償抵抗 compensatory negativism を作り出して相殺しているのが多くの場合感じられた。気がすすまないとき、あるいは他のことに気が逸れているとき、鈴の音ですぐに深いトランス

状態になる訓練をした被験者であっても、うまく抵抗する。……端的に言うと、被暗示性の亢進が確立されていたとしても、無視できる程度であろうと思われる。

この発見はエリクソンだけのものではありません。ワイツェンホッファー（Weitzenhoffer, 1961, 1963, 1971）は、催眠の歴史に関する総説の中で、最も初期の研究者（バートランド Bertrand、デスピーヌ Despine そしてブレイド Braid のような）は、被暗示性をトランスの基本的な特徴として考えていなかったことを指摘しています。リエボー Liebeault と、特にベルネーム（Bernheim, 1895）が、催眠とトランスを語る際に高い被暗示性を必須の条件とみなす先鞭をつけました。このことは催眠現象を量的に研究するために必要と考えられていた「催眠感受性尺度 hypnotic susceptibility scales」の作成に簡単に借用できるため、現代の実験志向の研究者（Hull, 1933; Hilgard, 1965）によって受け入れられてきたという面もあります。しかしワイツェンホッファーは、トランスと被暗示性の概念を別々の問題として探求する必要があるという立場をとりました。

エリクソンにとってトランスと催眠暗示は、いずれにしても、いかなる個人においてもいかなる場合においても別々の現象です。このため、エリクソン（Erickson, 1952）は、「トランス誘導とトランスユーティライゼーション」の違いを強調しました。初期の仕事において、エリクソンは、「催眠実験、あるいは治療を試みる前に、被験者をトランス誘導と適切な機能のためにトレーニングするために、四～八時間、あるいはもっと長い時間」を費やす必要があることに気がつきました。そのため、この本におけるシーラ博士とエリクソンの八回のセッションは、トランスを経験するための被験者トレーニングの典型例です。トランスは非常に個別的なプロセスであり、同じ人でもまったく違ったふうに経験され得ることがわかります。しかし、私たちの関心の中心は、臨床催眠の治療的な目的のためにトランスの一つの面だけを調査して促進することです。私たちはトランスの治療面に興味を持っています。そこでは、別の連想パターンと別の精神機能モードの経験を受け入れることができるように、通常の意識セットと信念体系の限界が一時的に変更されます。

エリクソンは、催眠暗示の問題を「コミュニケーションとユーティライゼーション」の問題に分けて考えています。暗示を促進するためには、効果的に「コミュニケーションする方法を学ばなければなりません。この本の主な目的は、エリクソンが暗示を促進するために使用する催眠形式のコミュニケーションを抽出することです。この催眠形式は、患者自身の連想、潜在能力そして自然なメンタルメカニズムの喚起と利用を促進するコミュニケーション・デバイス communication devices で、患者が普段は不随意なものとして経験しているものです。通常は、いつでも、非催眠暗示が作用しています。なぜなら、私たちは通常の意識的態度で非催眠暗示を評価し、許容できる行動指針とみなしているからです。そして私たちは自発的に非催眠暗示を実行します。対照的に催眠暗示は、見た目上、自律的な方法で、経験と行動が変更されることを患者が発見して驚くという点で異なります。コントロールと自己主導性 self-direction という、その人の通常の感覚の外にある経験のように思われます。つまり、成功した臨床催眠経験とは、注意深く形成された催眠暗示が、特定の治療目標の実現のために、患者の中にある別の連想パターンと可能性を呼び起こし、利用できるように、トランスが習慣的態度と機能の方法を変えることです。

　トランス誘導に対するユーティライゼーション・アプローチ (Erickson, 1958, 1959) と、治療に不可欠な部分としての患者が示す行動および症状のユーティライゼーション (Erickson, 1955, 1965b) は、臨床催眠分野へのエリクソンの独創的な貢献です。このユーティライゼーション・アプローチは、各々の患者の個性を慎重に研究して、促進して、利用するという「臨床」催眠の一つの方法であり、通常、研究所で行われる標準化された実験的および研究的催眠アプローチとは異なっています。多くの場合、常に変わる患者の実際の生活場面の緊急課題とともに、患者の独自性を評価し、利用する臨床医の能力によって素晴らしい催眠および治療結果が達成されます。ユーティライゼーション・アプローチは、外部から患者の個性に適さないことを押しつけるのではなく、すでに患者内にあることを活性化してさらに発達させるので、確かな成果を達成するのです。

　エリクソンがユーティライゼーション・アプローチを促進するために開拓した間接的な形の催眠暗示は、臨床診療とフィールド実験を通して開発されたもので、詳細な分析や統制された実験的検証の恩恵を受けていません。そのため私たちはこの本で、第一に間接暗示の臨床応用の理解を目的として、第二に間接暗示の性質と用途の探求に必要な研究を計画するために、この間接暗示を分析していきます。本章では、私たちは、間接的催眠暗示の基本形のうちの二つ「自明の理 truisms」と「無知

（知らないこと）not knowing、無為（しないこと）not doing」を取り上げて議論します。

メンタルメカニズムを利用した自明の理

もっとも単純な形の暗示は、自明の理——患者がよく経験する行動について、否定できない事実を述べた単純なメッセージ——です。多くの場合、エリクソンはそのような精神的プロセスについて、まるで患者に単なる客観的事実を話しているかのように話します。実際、言葉でこれらのことを説明することが、被験者内にすでに存在する、関連した観念運動 ideomotor と観念感覚 ideosensory プロセスのきっかけとなる場合、間接的な形の催眠暗示として機能します（Weitzenhoffer, 1957）。自明の理は、患者自身の人生経験、連想、そしてメンタルメカニズムの蓄え repository を喚起して利用することができます。私たちが普通の会話をしているとき、通常、一般化された現実志向 Generalized Reality Orientation（Shor, 1959）が、適切なチェックがなされる中で、これらの主観的な連想とメンタルメカニズムを維持します。しかし、トランスの中で注意が固定して集中するとき、以下のような自明の理は、暗示された行動を実際に文字通りで具体的な経験とするきっかけとなるでしょう。

一. 肌にさす太陽の暖かさのような心地良い感覚を味わう方法を、あなたはすでに知っています。

二. 誰でも、ぜんぜん理解していなくても「はい」とうなずいたり「いいえ」と頭を振ったりする経験をしています。

三. あなたが眠っているとき、あなたの無意識が夢を見ることができることを私たちは知っています。

四. あなたは、目が覚めればその夢を簡単に忘れることができます。

例一では、実際の経験がデモンストレーションされ、具体的なイメージを通して被験者の個人的経験を呼び起こしています。これが観念感覚的経験を呼び起こすための効果的アプローチになります。実際に肌に暖かさの「感じ sensation」がした以前の経験から、暖かさについての「観念」と肌に当たる太陽のイメージは個人的な連想を呼び起こします。同様に、例二の中で、「はい」と頷くような普通の生活上の経験についての話題は、実際に頷く「運動」反応を喚起するような「観念」です。そのような観念運動と観念感覚のプロセスは、多くの催眠現象の基礎として早くから認識されていました（Bernheim, 1895）。それらは今日、精神生理学的な計測で簡単に評価することができます。例えば、バイオフィードバック（Brown, 1974）は、電子機器を使用することによって増幅され強化された観念感覚および観念運動の反応と考えることができます。例三や例四のように、夢を見たりそれを忘れたりするようなより認知的なプロセスも、自明の理のような平均的被験者が通常は否定できないことを暗示されると促進されます。これが催眠暗示の基本的なメカニズムです。私たちは、特別に鮮明な方法で、条件づけされた連想を自動的に呼び起こす単純な真理を提供するのです。暗示は、すでに被験者の中にあっても、通常のコントロールの範囲にはない潜在能力と人生経験を喚起し、利用するプロセスです。治療的暗示は、患者が彼ら自身の問題を解決する自分自身の連想と能力へのアクセスを増加するよう助けるのです。

時間を利用する自明の理

時間を組み込んだ自明の理は特に重要な形式です。エリクソンが明確に限定された行動反応を要求する場合、彼は通常、時間でその要求を和らげます。エリクソンは絶対に「頭痛がなくなります」と言いませんでした。なぜなら公正に見てそうならないと、患者の信頼を失い始めるからです。代わりに、「頭痛はまもなくなくなっていくでしょう」と言って、エリクソンは直接暗示を自明の理に変えます。「まもなく」は、数秒、数分かもしれませんし、あるいは数日の可能性もあります。同様に、暗示を真実にするために患者自身の連想と経験を利用することが時間要因によって可能になるので、以下の暗示はすべて自明の理になります。

遅かれ早かれ、あなたの手は持ち上がる［あなたは目を閉じる、など］でしょう。

あなたの頭痛［他のどんな問題でも］は、あなたの身体の準備ができるとすぐになくなります。

あなたの準備ができたら、すぐにそうなります。無意識はそうなるのに必要なだけ、時間をかけることができます。

自明の理の練習

一．トランス誘導と古典的催眠現象の経験を促進するために、どのように自明の理をメンタルメカニズムと時間を利用して用いることができるか計画してください。

二．あなたの患者が治療目的のために探求したいと思っている心理的機能（例えば、記憶、学習能力、時間感覚、感情的なプロセス）について、同じようにしてください。

三．あなたが専門的な仕事に対処するために訓練してきた体温、消化、呼吸、その他あらゆる精神生理的機能の変化に使用できるように、言葉での暗示を作ってください。まずは直接的な形で暗示を書きとめて、それから時間と、自然な精神・生理的プロセスの一般的で日常的な説明を利用した自明の理に置き換えると良いでしょう。

四．あなたが訓練してきた典型的な臨床的問題の対処に役立つように、どう自明の理をメンタルメカニズムと時間を利用して用いることができるか計画してください。

しないこと《NOT DOING》、知らないこと《NOT KNOWING》

トランス経験の基本的側面では、精神的プロセスが独力で生起するようにします。「リラックスして、物事を起こるがままに任せてください」と被験者に求めます。しないこと not doing は、このようにトランスを誘導する上で特別に価値のある間接的催眠暗示の基本形です。大部分の精神的プロセスが自律的 autonomous であるということを知っている人はほとんどいません。人は、自分が考えるのは、自分自身の連想プロセスを駆動し、方向づけることによってだと信じています。ある程度は確かにそうです。しかし、人がリラックスして、その連想、感覚、認識、運動、メンタルメカニズムが、完全にそれ自体として進むことができるのを発見することは、とても心地よい驚きとして訪れます。方向づけられていない経験の自律的な流れはトランスを定義する簡単な方法です。この自律的な流れの表現の、ある方向から別の方向への促進にセラピストの指示が重要な影響を与えるときに、催眠暗示がものを言います。

人がリラックスすると、副交感神経系が優勢になります。そして、「何かしよう」という積極的な努力よりも、

「何もしない not to do ように」生理的にしむけられます。このため、トランス誘導の初期の段階では、しないこと not doing に関する次の暗示は非常に簡単に受容されます。

あなたは、話す必要も、動く必要も、いかなる努力もする必要がありません。目を開いている必要さえありません。

あなたは私の話を聞こうと頑張る必要はありません。あなたの無意識が聞くことができるし、無意識だけで反応できますから。

眠ることはできますが、眠っていることを知ることはできません。夢見ることはできますが、その夢を覚えていることはできません。

しないことと not doing は、ほとんどの催眠経験のための前提条件です。コントロールと自己主導性 self-direction という習慣的パターンをあきらめてリラックスするだけで、ほとんどの催眠現象を経験することができます。これは通常の日常生活とは正反対の状況です。日常生活では、私たちは覚えていることに努力を集中しています。トランスにおいては、忘れる（催眠健忘）ことが推奨されます。日常生活では、私たちは注意を払うことを要求されます。しかしトランスにおいては、心がさまよう（空想、催眠状態で夢見ること）ことができると拍手を浴びます。日常生活では、私たちは年相応にふるまうことを強いられます。トランスにおいては、単に年齢退行を気持よく起こすだけで成果が手に入ります。普段、私たちは現実に適合する知覚を得るために、絶え間なく精力的に努力しています。トランスにおいては、感覚や知覚的な歪曲が許容されていて、幻覚を楽しむことさえできます。この点から見ると、膨大な努力をして普通に覚醒しているよりも、トランスを経験することの方が実に簡単で楽しいことだということが理解していただけると思います。

このように、トランストレーニングにおけるエリクソンの最初の方向性は、しないことです。これはしばしば、自動的に考えずに行っている能力を失う瞬間として経験されます。被験者は立ち上がることも、腿の上に手を置いておくこともできなくなります。目の焦点が合わなくなり、はっきり見ることができなくなります。話すこともできなくなります。私たちには「その状況で、何も言えず、何も考えられず、バカのようにそこに立っていました」という経験は日常生活でよくあります。それは、ありふれた日常的トランスにおいてはよくあることで、しないこと not doing の迷路にはまり込んでしまっているのです。

しないこと not doing は知らないこと not knowing と密接に関係しています。日常生活では、私たちは知ることに努力とエネルギーを絶え間なく費す必要があります。そのとき、リラックスして、知らなくてもよい状況を見つけたらどんなに楽しいことか。ホッとできるでしょう！　たいていの被験者は、周囲の要求から自由になる新しい手段としてトランス経験を楽しむことができます。実際、被験者は知ることともすることも必要ありません。被験者の無意識がそれ自身ですべてを処理するからです。

被験者がこのことを理解できるようにするために、エリクソンは多くの場合、誘導前に、意識と無意識――あるいは心の「前」と「後ろ」の部分のことを話します。エリクソンは、身体（呼吸、心拍、すべての生理的プロセス）と心を無意識がそれ自身で管理していることを強調します。実際、無意識の方がうまくできることを意識がしようとするので問題となることがよくあるのです。エリクソンは「自然で」、幸福で、なにも知らなかった幼児期と幼年期について話します。かつてあなたは歩き方も、話し方も、視覚的・聴覚的印象の意味を理解する方法さえも知りませんでした。幼児を観察していると右手で自分の右手を取ろうとするように、手が自分のものだということさえ理解できませんでした。エリクソンはよく、知らないことが面白いことであることを証明するためにパズルや愉快な課題を紹介します。エリクソンは、手を組むとき、右の親指を上にするか左を上にするか知っているか尋ねます。知っている人はほとんどいません。そして頭の後ろに手を置いて、指を組むよう求めます。それから、被験者に組んだ手をひざに持ってきてもらい、左右どっちの親指が上になっているか確かめてもらいます。これが利き親指 dominant thumb です。エリクソンは、意識的に知らなくとも患者の無意識、身体は生涯このことを知っていることを強調します。多くのメタファー、物語とちょっとした面白い行動で、エリクソンは患者の無意識はより多くのことを知っていること、そして、単に何かするときに無意識に頼ることが、意識にとって最善の助けになるという事実を理解して評価できるような土台を慎重に作ります。こうして被験者は、セラピストの暗示だけでなく、自分の内部のプロセスにもっと鋭く敏感になるような受容的な受け入れセットを採用できるようになります。

「しないこと」と「知らないこと」の練習

一．直接的、肯定的暗示を「あなたは～の必要がありません」という間接暗示の形に変える練習をしてください。例えば、「目を閉じて、静かに座っていてください」の代わりに、「あなたは動く必要も、頑張って目を開いている必要もありません」、あるいは「あなたはただ快適で静かなままで、何も煩わしいことはありません」

二．トランス誘導と維持に適切な、「しないこと」、「知らないこと」に関する暗示を考案してください。

三．面白い（a）催眠現象、そして（b）催眠療法の目標（恐怖症に対処すること、強迫神経症、爪噛み、喫煙、過食のような習慣、自己理解など）を達成する「しないこと」に関する暗示を考案してください。

第二章 リカピテュレーションによる間接誘導

Two

間接的アプローチはエリクソンの仕事の基本的なテーマであり、独創性の源です。このセッションでは、患者がいかにしてトランス経験を習得するか、間接的アプローチを使った暗示を例示して、エリクソンの信念を明らかにします。セラピストは、意識セットを弱めること、そしてトランス状態と通常の覚醒状態の間に明確な境界、あるいは分離を引き起こすことで、トランス経験を患者が学習することを手伝います。催眠研究においては、覚醒状態とは異なり連続していない変性意識状態という伝統的で臨床的なトランスの見方と、トランスを、ロールプレイの特別な形（Sarbin and Coe, 1972）、目標指向性イメージング goal directed imagining（Barber, 1972）、コミュニケーション（Haley, 1963）と捉えるトランス諸理論との間で、ここ数十年間大きな論争がありました。エリクソンは、トランスを特別な状態と捉える伝統的な立場を取っていることは間違いありません（Erickson and Rossi, 1974）。しかし暗示に対する間接的アプローチの中に、エリクソンの革新性と、伝統を超越する部分があります。

エリクソンはこのセッションで、間接的アプローチの基礎を単純性と外見的偶然性を使って説明しています。創造的なトランスワークにむけて、イエス・セット、含意、ダブルバインド、自明の理を使って患者の連想過程を調整します。

さらにエリクソンは、抵抗を解除し個人的動機づけを利用して、新しい学習と個性を促進する間接的アプローチを説明します。解離、観念運動シグナリング、幻覚、記憶喪失、後催眠暗示、そして意識と無意識のプロセスの分離を経験するために、シーラ博士の訓練に向けて最初のステップを実行します。ここで私たちはエリクソンのアプローチの有効性の単純な秘密を目撃します。つまりエリクソンは、起こりうるどのような反応も許容する余地がある無制限な形式 open-ended manner で暗示を提示します。患者のどんな反応も有効な催眠現象と認めることができるように暗示を提示するわけです。さらにこれらの無制限な形式の暗示は、患者の反応傾向を調査する手段でもあります（学習理論と行動療法の「反応階層 response hierarchy」）。セラピストは、このような反応傾向を利用して治療目標を達成していきます。

エリクソンは、リカピテュレーション▼訳註1による間接誘導でこのセッションを始めます。エリクソンは、最初のセッションでの記憶を再生 recall し、経験をリカピテュレーションすることを直接的には被験者に求めません。そのように直接的に要求したとしても、哀れっぽい声で「でも、どうやったらよいかわかりません」という答えが返ってくるだけです。その代わりにエリクソンは、最初の文章において学習に関する彼女の動機づけを利用して、自動的に彼女の前のセッションの記憶——トランスを再誘導する記憶——を呼び起こす多くの連想に、すぐさま、穏やかに、しかし完璧に触れています。

トランスのための身体オリエンテーション

エリクソン◎床に両足、そして腿に両手、両脇に肘があります。

このペーパーウェイトに……目星をつけてください。

エリクソン――ここで、私たちは正確に前回の催眠療法のポジションをリカピテュレーションします。彼女は最初このポジションでトランスに入りました。今度はこのポジションが、彼女が同じことをするのを助けます。

▼**訳註1** 以前のテーマの反復。

リカピテュレーションによるトランスへのリ・オリエンテーション

さて、あなたがすることは、
実際にあなた自身の教育、
あなた自身のトレーニング、
あなた自身の経験のために
その点を見ることです。
あなたが望む場所ならどこでも、
そして、思い出してください。
私があなたに話したことを、
そして、
考え続けて、
思い出し続けて、
心の像の構成、
文字、数について。
目を開けていることは重要ではありません、
そして、ロッシ博士と私が話すことを許して、
その間あなたは聞いて、
すると、漂流 drift away が始まります。
(休止)

ロッシ――これは素晴らしい文章です。この文章は、最初の催眠療法的状況を完全にリカピテュレーションしています。あなたは前回のうまくいった催眠ワークを連想させる話をすることで、現在の催眠誘導を容易にしています。さらに「自分の教育のために」と話すことで、彼女の専門的動機づけを、あなたは巧みに利用しています。この時点で、直接、目を閉じなさいと暗示する代わりに、「目を開けていることは重要ではありません」と単に言うだけで、間接的に目を閉じる準備をさせています。私はあなたがここで「漂流 drift」という単語を使用していることに気がつきました。それは前回のまさに最後に、彼女がトランスに入った主観的な経験を説明するために使ったものでした。

エリクソン――トランス誘導と暗示の際は、いつでもできる限り患者自身の言葉と経験を使いましょう。

不可避な行動に関する直接暗示

あなたの目は、今、閉じることができます。

ロッシ――彼女はこの点をジッと、生気のない眼差し glassy stare で見ていたので、ここで目を閉じる直接暗示

はとても適切でした。患者が暗示を受け入れる準備ができているることを完全に確信しているとき、あなたは直接暗示だけをします。
エリクソン―事態が自然に推移する中では、どんな場合においても不可避な行動を暗示することに何ら問題はありません。

含意

そして、あなたは
漂流が起きていることに、
さらに素早く気づきます。
私の声と結びついていることが、
ますます重要ではなくなり、
そして、次第に、
あなたは体験します、
(休止)
どんな感覚でもあなたが望むことを。

エリクソン―「さらに素早く」を強調することで、漂流が起きることを含意しています。
ロッシ―含意はこのように、存在するかもしれないし、存在しないかもしれない行動を不安なく話して喚起する方法です。もし単純に、「今、あなたは漂流しています」と言ったら抵抗を起こすことになります
エリクソン―例えば、「あなたがどの椅子に座るつもりか知りません」と私が言ったら……
ロッシ―それは座ることを示唆していますね。しかし、抵抗を起こしそうもないほど巧妙にあなたは行動を構築しています。
エリクソン―もう一つ例を出しましょう。「現金か、小切手で支払ってもらえますか？」
ロッシ―「次第に」という言葉を使うことで、「あなたは体験します」という含意を込めています。そして、体験を起こさせるために休止すると、体験を起こすための負荷が患者にかかります。
エリクソン―私はそうなると信じて休止するのです。
ロッシ―さらに、それは確かに被験者が経験している感覚なので、そうなることが間違いのないメッセージです。どんなことでも経験してもらい、経験を呼び起こした手柄は被験者のものにしています。
エリクソン―その通りです。

早期学習セット

「A」の文字のイメージを最初に形作ったとき、それを心に留めておくこと、
それは難しかったですね。
しかし、あなたが学校で続けていると、
文字と単語と絵の心の像を、
どんどん簡単に、
形作ることを学びました、
最後には、あなたは
ざっと見てみるだけでよくなりました。
（休止）

ロッシ―最初のセッションと同様に、幼少期の学習セットを再び喚起しています。

エリクソン―過去において困難を克服したように、今そうすることを示唆するのです。

注意を制限し、気が散ることの重要度を下げる

他の感覚を経験する中で、
あなたは、認識することを学習します。寒さを、
暖かさを、
筋肉の緊張を。

エリクソン―このようなことすべてが彼女の体で起こっています。私は彼女の注意を彼女自身だけに制限して、外側の気が散ることすべての重要度を下げています。私は彼女に「経験する」と言うことで、彼女の自分史に言及しています。私は今、彼女の個人的歴史を引き出しています。彼女は自分の個人的歴史を知っているために、異議を唱えることができません。

「イエス・セット」

夜、眠っていると、夢を見ることができます。
夢の中で、あなたは聞くことができて、
見て、動いて、
あなたは、どれだけでも経験します。

ロッシ―夢についての自明の理です。「夢」について言及することは、現在のトランス経験を後押しして、夢の部分的側面を呼び起こす傾向があります。明らかな真実

を述べてイエス・セットを呼び起こそうとしていますね。

エリクソン―その通りです！［ここでエリクソンは、催眠体験を始めたころの発見、つまり被験者に1ダースぐらいの何気ない質問を尋ねる中で、明らかな「イエス」という答えを要求していること、そしてそれが肯定的な勢い **positive momentum** を徐々に確立して、ついに被験者がトランスに入ることに合意し、トランスに成功することになったいきさつについて詳述する。］

エリクソン―「あなたは、……をしたりしませんね」と聞き、「はい、しません」と被験者が答えることでイエス・セットを作ることもできます。

ロッシ―否定的な傾向の人に対しては、彼らがしないあらゆることを強調しますね。

エリクソン―そうして「イエス」を導き出すわけです。

ロッシ―これは、精神的な柔道のようです。実際、イエス・セットはユーティライゼーション・テクニックです。あなたはその人の特徴的態度を利用している。

エリクソン―その通りです。

後催眠健忘

そして、その経験の一部として、
あなたが目覚めた後、その夢を――忘れてしまいます。
そのこと自体を――忘れてしまう経験、
それは誰にとっても無縁ではない
一つの経験なのです。

（休止）

エリクソン―「忘れること」に言及すると、直接暗示なしで後催眠健忘を喚起する傾向があります。

ロッシ―忘却のような神経心理的メカニズムを言葉で名指し、説明することは、健忘を喚起する傾向があります。これは、現代催眠における基本的な方法のようにみえます。

含意によって個人的動機づけと新しい学習を間接的に喚起する

さて、あなたは自分の経歴 background において、
さまざまな事柄に、さまざまな疑問を持つでしょう。
あなたは実際のところ、それらの疑問が何であるか知りません。
それらの疑問のいくつかは、半ば答えが出てしまうまで何であるかさえわからないのです。

エリクソン——「さまざまな疑問を持つ」は、「あなたはできることすべてを学びたいと思っています。したがって、あなたは完全に参加します」という含意です。

ロッシ——あなたは、再度学習セットを呼び起こしています。

エリクソン——そう、とても強力に。

ロッシ——プロの心理学者としての彼女の「経歴 background」に触れることで、彼女のプロとしてのプライドや個人的動機づけを喚起しています。

エリクソン——その通り！　それも、何をしているかハッキリと特定することなく。

ロッシ——そうですね。「あなたは心理学者ですから、これに興味を持つようになります」とは言いません。「あなたの経歴において」と言うだけで、そしてそれゆえに彼女のプロとしての最高の個人的プライドを呼び起こしました。

新しい学習を間接的に喚起すること

そしてときに、答えというものは、
一つのことのように見えて、
別のことであることがわかります。

ロッシ——ここでの含意は、新しい学習が起こるということです。個人的な問題のきっかけとなることがあるメンタルセットを変える答え、あるいは精神的習慣を変える新しい答えです。あなたは、治療的変化のための学習セットを構築しています。

エリクソン——そう、心理療法的変化のための新しくて異なる学習です。「さて、これからあなたに新しい理解を受け入れていただきます」という言い方をしないでね。

抵抗を間接的に解除すること

エイプリルという単語は、ある子どもを意味しています——
ある月を意味しています。
(休止)
でも、エイプリルフールという意味もあります。
そしてそう、あなたの経験において——あることに気がつきます。つまり
本当のところどこに行くかわからなくても、
どこかに行くということを。

ロッシ——今、あなたは魅力的なことをしています。あな

たは、シーラにエイプリルという娘がいることを知っています。それでここで娘について話しています。どうしてですか？

エリクソン―彼女は「子どもの話をここに持ち込まないで」と言うこともできます。ここで「エイプリルフール」と、私が強調したことに気づいてください。この言葉一つで、彼女にはこの話を拒絶できません。

ロッシ―なるほど。あなたは「フール」という言葉で、彼女の拒絶をとりあげた。あなたは彼女の抵抗を結晶化させて解除したのですね。

エリクソン―そう、解除したのです！

ロッシ―「エイプリルフール」はこの状況のすべての不服従を解除しました。抵抗が築かれている場合を考えて、ここで解除したわけです。あなたはしゃれpunで、間接的にそれを解除しました。

エリクソン―そうです。「エイプリルフール」には、楽しい連想もあります。しかしこれは、あなたはどこかへ行くだろうということを含意しています。

患者中心の経験による動機を与える

経験はすべて――あなたのものです。

エリクソン―もし、経験がすべてあなたのものなら、あなたは経験に責任を負いたい。違いますか？

ロッシ―経験することについて、彼女に負担が発生します。彼女が自分自身の経験の源だからです。

エリクソン―経験は彼女のものなので、彼女は経験することを望みます。

ロッシ―つまり、再び彼女の個人的プライドを取り込んで、動機づけている。

エリクソン―その通りです。

含意によって隠された指示

そして、それはあなたが決めたどんな方法でも共有することができるのです。

エリクソン―あなたがもしそれを持っていなければ、物事を共有することはできません。

ロッシ―あなたは、何か共有することがあると示唆しています。「そして、それはあなたが決めたどんな方法でも共有することができるのです」と言って、（一）何か共有する自由を与えています。しかしそこには、（二）彼女はそれを共有する、という指示が隠されています。

勇気と自己探究を喚起すること

そして、催眠において素晴らしいことの一つは、トランス状態では――思い切って確かめてみること、そして、考えて、見て、感じてみることができることです、
それはいつもの覚醒状態では、あえてしようとはしないことです。

エリクソン―私は彼女に、あなたは自分で思っている以上に勇気があると伝えています。そして、今以上のことを自覚するようになります。

ロッシ―もちろんのことですが、これは再び科学的な自明の理です。私たちの記憶装置と連想構造は、通常の、普段の意識状態で気づいていることを超えています。あなたは、自己探究のためのセットを呼び起こすために、ここで自明の理を使っています。

メンタルメカニズムを呼び起こす自明の理――無意識からの保護と流れ

誰でも、自分の考えを恐ろしいと思うことは難しいことです。
しかし、あなたはこのトランス状態の中でそれを知ることができます。
あなたの無意識の保護はすべてあなたのものです、
それは夢の中のあなたを保護しているもので、
あなたが望むとき、
望みのどんな夢でも可能にしているもので、
そして、あなたの無意識が必要と考える限り、
あるいは、あなたの意識が望ましいと考える限り
その夢を保持しています。

エリクソン―彼女はすべてをコントロールしています。

ロッシ―彼女は必要な保護をすべて持っています。彼女の無意識が彼女を保護するので、彼女は怖がる必要はありません。そういうことですね。

エリクソン―その通り！

ロッシ―再び、科学的な自明の理、あるいは自然なメン

タルメカニズムについて描写しています。そのメカニズムは連想によって作動する傾向があります。あなたは少し前に、同じ方法で「忘却」を呼び起こしました。そして今、自己防衛を深く安心させる手段として呼び起こしました。

意識を弱める

しかし、あなたの意識は、あなたの無意識が同意するだけで、夢を見続けることができるのです。

ロッシ—これは、意識を再度、無意識の管理下、あるいは保護下に置いているのですか？

エリクソン—そうです。そして、無意識が意識に寄与することができることを強調しています。

ロッシ—再度、意識に流れ込むもののために、自己探求のセットを開放します。私はますます感嘆しながら見入っています。あなたは再び、自然な心理的メカニズムを利用しています。このケースでは、治療目的のために、今この場で無意識が意識に寄与しています。

潜在的可能性を促進する

あなたにとって、
今、重要な成果が
達成されることになります、
誰も
知らないのです
自分の能力を。
（休止）

エリクソン—重要なのは誰か？　彼女です！　考えてみてください。誰も自分の能力はわからないのです。

ロッシ—あなたは科学的な自明の理を利用しています。このケースでは、あなたはすべての可能な方法を使って、彼女の潜在的可能性を高めるように設定しています。

エリクソン—その通りです。

暗示の達成に時間をかける

そして、あなたはこれらの能力を発見しなければなりません、どんなに時間のかかる方法を、あなたが望んだとしても。

エリクソン―言い換えれば、あなたは、すぐにしなければならないと感じる必要はないのです。

ロッシ―これは暗示を処理する際の重要な原理です。彼女の無意識が暗示を行う準備ができているかわからない場合には、暗示を実行するための時間を無期限に彼女に与えます。このように、暗示を実行するための時間を無期限に認めることが安全装置になります。その場合、暗示が直ちに実行されなくても失敗にはなりません。暗示を実行するまで、その暗示は潜在状態として残っています。

［ここで、治療が終了して一六年後にエリクソンに電話をしてきた患者の病歴を話しています。電話はエリクソンに人生の新しい展開のことを話すためで、それはトランス状態でエリクソンが彼女に伝えたことに直接関連していました］

患者の中心的な役割

そして、あなたに気づいてほしいのは、
私の話に耳を傾ける必要はないということです。

ロッシ―無意識を支持して、再び意識を退けています。

エリクソン―そして同時にこう伝えているのです。「私は重要人物ではありません、あなたが重要なのです」

ロッシ―なるほど、再び患者の中心的役割を強調しているのですね。患者は重要なのはセラピストだと考える傾向があります。

エリクソン―セラピストは重要ではありません！

ロッシ―患者は、治ること、魔法、変化をセラピストに要求し続けて、自分が変化するのだと考えます。あなたは、変化の責任を患者のもとに、絶えず戻し続けています。

エリクソン―変化の責任は常に患者のもとへ！

メンタルメカニズムを喚起する言葉

あなたの無意識は、
私の言葉に耳を傾けることができます。
あなたが知らないうちに。
そのうえ、同時に他のことにも対処できます。
（休止）

エリクソン―科学的な自明の理です。歩道の縁石のことを考えていなくても、躓かず歩けるのと同じです。

ロッシ―無意識のことを言葉にして話すだけで、無意識レベルで聞く心理的メカニズムを実際に喚起しています。これは無意識について立ち止まって考えるよりも深いやり方です。あなたは言葉を使って、起こってほしいと思う精神的なメカニズムを表現しています。あなたは言葉で表現することで、表現された心理的メカニズムを喚起しています。

エリクソン―そうです。

変化と発展を促進する

治療を求めている人が、
入って来て、あなたに意識的なレベルで完全に確信をもって話をしても、非言語的なレベルではまったく別の話をしていることがあります。
そして、無意識には、それ自身の理解の方法を認識する機会がほとんどありませんでした。

ロッシ―再度、治療的な自明の理です、しかし何故、あなたはそれを提示するのですか？

エリクソン―私はどんな人にも、「本当に何が間違っているのか、あなたはわかっていません」と言います。「私の問題、私の病気のことはすべて知っている」とは考えないようにと話すのです。

ロッシ―あなたは再び、新しいことが受け入れられるように学習セットを開発しています。あなたは、彼らの限界、彼らの経験を切り開こうとしています。つまり、いつか治癒するということです。あなたは無意識が表現される新しい機会を持てるようになると言っています。

エリクソン―意識的行動は、多くの場合人を余裕のない状態にします。したがって、無意識が自己表現する機会を奪います。それは、もう一つの科学的な自明の理です。

ロッシ―そして、ここで述べられているように、自明の理は変化と内面的発展のための方法を切り開きます。

頭を使った観念運動シグナリングのための間接暗示

「イエス」の場合、頷くことを私たちは学習しました。
「ノー」の場合には、頭を振ります。
（休止）

エリクソン──これは事実ですので、休止して、そのメッセージの事実の性質 factual nature を彼らに反映させます。彼らには、本当に真実が話されていると認識する機会があります。

ロッシ──これが、彼女に観念運動シグナリングを適用する具体的な方法です。あなたは「イエス」と頷きなさい、「ノー」と頭を振りなさいと彼女に指示していません。あなたは非言語的コミュニケーションの可能性に言及しているだけで、どうやるか、いつやるかは彼女自身の個性 individuality に決めさせています。

個性を促進すること

しかし、それは、すべての人に必ずしも当てはまりません。

最近発見された南洋の洞穴民族は、独自の非言語的コミュニケーション方法を持っています。

そこでの合図は、私たちよりももっと少ないです。

エリクソン──はい、これで私たちそれぞれが一人の個人になりました。

ロッシ──なるほど、コミュニケーションの「独自の方法」を持つ洞窟民族の話の含意はそれですね。彼女の個性のための場所があることを示唆しています。そしてその結果、個性が喚起されています。

エリクソン──そう。結果として、個性を喚起しています。

ロッシ──なぜなら、実際のところそれは患者の問題だからです。すなわち、患者の症状と、いわゆる精神的問題の多くは患者の個性を抑制したせいです。治療とは、その個性を出てこさせて、すべての才能を使って花開かせることだと。

エリクソン──その通りです。しなければならないことはそれで、それこそが患者があなたに会っている理由です。

観念運動が暗示の受容をシグナリングする

そして、あなたの無意識の心に依存するあなたの意志は、
あなたが関心があること、あなたに価値あることを何でもするので、
最も重要なのです。
［シーラは、非常にゆっくりと頷き始めます］
エリクソン──彼女が何かしそうだ、と強調しています。

ロッシ―自律的な観念運動性反応の特徴である非常にゆっくり、反復する頷き動作を彼女が開始したということは、無意識に頼るというあなたの暗示を受け入れていることを示しているのかもしれません。

無制限な形式の暗示――忘却と再生《Recall》

肯定的なことを学習するだけでなく、
否定的なことも学習する必要があります。
(休止)
あなたが学ぶ必要がある否定的なことは――忘れることです。
意識的に、あなたはあなた自身に言うことができます、
「私はこれを覚えています」と。
ある人にとっては、何かを忘れることは、非常に難しいようです。
しかし、人生を振り返ってみれば、
忘れることは簡単なのです。
医学部で学生たちを教えている中で、
あなたは、わかりやすく学生たちに言います。「これこれの試験を行います、
○○教室で○○日に――Cビル、
二時に始まります」

学生たちは大いなる関心を持って聞き耳を立てています、
そして、あなたが教室を出るために振り返ると、
学生たちがお互いに身を寄せているのが見えます。

そして、言っています。「何日?」

「何時?」

「建物は?」

あなたは学生たちが聞いていたことを知っています。

それでも、即座に忘れてしまったのです。

(休止)

ロッシ―ここで再度、忘れることについて話しています。そして、後催眠健忘の形で忘れることができるように、日常生活の中で忘却がよく起きる例を挙げています。彼女はここで、あなたが話している間中、非常にゆっくりと、かすかに、そして繰り返し頷き続けています。このことは、彼女があなたの考えを受容して、その考えに基づいて行動することを意味していますか? この場合、彼女は忘れて、健忘を体験するでしょうか?

エリクソン―ある程度ですが、彼女は、私が言っていることを認知、あるいは受容して反応しています。しかし、

私は彼女がそれに基づいてどう行動するか、まだわかりません。

ロッシ―この忘れることに関する緩く構築された連想ネットワークの提供は、実際に彼女自身の心の中の忘却メカニズムの引き金になる場合もあればそうでない場合もあります。あなたは暗示を強要したり、命令したりしません。彼女の個性が利用するかもしれないし、そうしないかもしれない言葉を使って連想を提示するだけです。トランスでは、暗示を必ず受け入れるわけではありません（Erickson and Rossi, 1975）。トランスは、患者の心理プロセスによって、より自発的、自律的方法でセラピストと対話する機会を持てる様式modalityにすぎません。この初期段階のトランストレーニングでは、彼女の個性が無制限な形式で提供される暗示に応じる方法を単純に調査しています。

反対で同格 Apposition of Opposites

それは、行動するときの一つのしかけで、たくさんの良い目的に役立ちます。

そして、あなたは概念だけでなく、

非言語的なパフォーマンスを忘れることも楽しく学んだ方がよいですね

ある名前を知っていることを、わざと忘れてみましょう、

子どものときにやったように。

自分は別の名前だと決めて、

自分の名前はダーリーンとかアン・マーガレットでたぶん半日くらいは楽しかったことを。

［シーラはゆっくりとした頷きを再開して、言われていることをハッキリ認識しているように、あるいは受け入れているように見えます］

エリクソン―これは子どもの間で非常にありふれたゲームです。また、それは忘れていたゲームを彼女に思い出させます。

ロッシ―さらに別の忘れていた経験の例を彼女に与えています。忘れることができることを証明する方法ですね。

エリクソン―しかし、被験者はゲームでの体験という忘れていた記憶を再生します。

ロッシ―記憶を再生するときには忘却と反対のことをします。そのとき、自分が忘れていたということが証明されるのです。

エリクソン―同時に、被験者は私が言ってきたことの有

効性を確かめています。

ロッシ―そして、忘れていた記憶を引き出すことは可能だということです。あなたは正反対の二つのことをしました。あなたは忘却を促進しました。そして記憶の再生を促進しました。あなたは、通常非常に繊細にバランスが保たれているメンタルメカニズムを並置しています。すなわち忘れることと思い出すことです。忘却と再生は、神経生理学的に繊細にバランスが保たれています。あなたはここで、治療目的のために繊細にバランスを保ちます。対立する精神的プロセスのバランスをとろうと試みるので、このことを「反対で同格」と私たちは呼びます。この慎重なバランスが、彼女に個性を自己表現する機会を与えるもう一つの手段となります。

健忘と解離――能力を失くすこと

腕を失くすことも、
足を失くすことも、
全ての瞬間を失くすこともできる、
この発見はとても注目に値することです。
あなたはどこにいるかも忘れることができます。
(休止)

ロッシ―忘却が発生する別の一連の例は、解離dissociationです。

エリクソン―誰もがその経験をしています。

ロッシ―そうですね。あなたは、自ら体験したこと、誰もが必ず経験していることしか話しませんね。あなたは、自明の理を使って、完全に受けいれられるように話します。あなたが話すことは、すべて本当のことなので、受け入れざるをえません。その後あなたは、あなたのメッセージを消化してもらうために小休止します。

エリクソン―そして私は記憶を呼び起こしています。

意識と無意識

さて、心が機能するにはいくつか異なる方法があって
無意識と意識が一緒になることができれば、
無意識には意識を回避するたくさんの方法があります
――意識に知られることなく。
(休止)
それは贈り物を受け取るようなものです

ロッシ―これは意識と無意識の関連についての一連の自明の理です。(一) あなたが真実の信頼できる源である

ことを確信させるために、そして（二）特定のメンタルメカニズムと機能の様式を呼び起こすために、自明の理を連続して使っています。自明の理が、描写された心理的メカニズム（例—意識に忘れられた記憶を解放する無意識）のきっかけとなれば、それによってさらに、とても安全な方法でトランスの有効性と価値が確立されます。治療的ワークでは、あなたはトランスを証明するための直接的な挑戦は決してしません。

エリクソン—その通りです。

ロッシ—これは、トランスの有効性を確立する非常に効果的で面白い方法です。そして抵抗をほとんど起こしそうにありません。

含意によって、潜在的可能性を促進すること

精神的機能はまさに複雑ですが、
見つけるために、あなたはトランスに入るのです
あなたにできる、たくさんのことを。
それは、あなたが夢見た以上にたくさんあるのです。
（休止）

エリクソン—この含意は、「あなたは重要な目的を持ってトランス状態に入っていく」ということです。その目的が達成できるのは、私でなく患者であるあなたです。患者ができることすべてを強調します。

ロッシ—あなたは含意を使って、彼女が持っていても気づいていない潜在能力の認識を促進する内部探索プロセスを開始させています。

早期体験を呼び起こすこと

小さな子どもとして、あなた自身の夢を見ることができます、
あの子は誰かしらと思いながら。
（休止）

ロッシ—これによって、子どもの頃の思い出を想起させ年齢退行を引き起こすことができますが、安全な距離を置くために「あの子は誰かと思いながら」とワンクッション置いています。このような治療の初期では、精神的外傷となる可能性があるので、過去を追体験する実際の経験へと患者を急かすようなことはありません。

エリクソン—「でも私が子どものはずがありません」という一般的反応を引き出さないように。しかし患者は、

その子は誰だろうと疑問に思うことができます。疑問に思っている間は、患者は「私はその子どもかもしれない」と言うことができます。

ロッシ—あなたはそのことについて、「小さな子どもとして、あなた自身の夢を見ることができます」という文脈を通して話しています。それは、夢を形成するメカニズムを実際に呼び起こしているのですか？

エリクソン—ええ、そのメカニズムを別の方法で使っています。

ロッシ—つまり再度、言葉で自然な神経心理学的メカニズムを呼び起こすことによって、利用しているというわけですね。

エリクソン—「あなたは夢を見ることができます」と言うとき、患者が望むどんな方法でもできることも含意しています。

ロッシ—あなたは「あなた自身の夢を見るでしょう」とは言っていません。この言い方はできることを夢だけに制限しています。「あなたは夢を見ることができます」と言って、「でも、あなたは空想することも、自問することも、どんなことでもできますよ」と仄めかしています。

エリクソン—どんな方法ででも、あなたは夢を見ることができますし、結局、あなたは夢を見ます。

年齢退行を承認すること

そして、あなたはその子が大きくなっていくのを観察することができます、
週ごとに、
月ごとに、
年ごとに。
その子が誰か、最終的に認識できるまで、
子どもは成長していきます。
［シーラはわずかに頷いたように見えます］

ロッシ—今、彼女に彼女自身の成長を見せることで、あなたは退行を承認しています。

エリクソン—はい、もし彼女が自分の成長を見たら、彼女が自分を子どもとして経験しているという事実を意味し、承認していることになります。

解離を経由して能力を促進すること

すべての人に能力があります、

自分が知らない、自分が信じていない能力があります。もし、無意識が持っていたくない能力があるなら、無意識は、その能力を調べることができます、その能力を完全に、完璧に調べて、そして無意識が望むなら、その能力をあとかたもなく消してください、しかし、削除に効果があるか十分に事実を理解した上でそうします。

［ここで、無意識がどのように記憶を消すかについてかなり複雑な臨床例を挙げることにエリクソンはおよそ一五分を費やします］

エリクソン―誰もがこれをします。再度自明の理です。

ロッシ―あなたは、持っていたくない能力について議論することで、実際には解離プロセスを容易にするお膳立てをしているのですか？

エリクソン―患者はその能力があるのに、ただ記憶から削除しているのです。能力を積極的に説明することで、能力がそこにあるということを証明します。能力はそこにあるので、私たちはそれを使うのです。

ロッシ―あなたは、無意識の中に削除メカニズムを呼び起こしているのですか？

エリクソン―はい、しかし、ほんの一時的に、彼女にそこにあると知らせるだけです。

ロッシ―ああ、あなたは無意識が多くのことを消したとしても、無意識が望むなら、能力を前に出すことができると暗示しているのですか？

エリクソン―そうです。

ロッシ―そうすると、あなたは無意識が抹消した可能性のある記憶を再生するために、彼女を設定しているのですね。

エリクソン―その通りです。されていることを彼女だけが知らないのです。

ロッシ―ここであなたは直接、無意識に対して話していますね。

エリクソン―そして、彼女自身の成長と体験を使っています。あなたが説明した通りです。

直接暗示の中の含意

さて、私はあなたが学習できることについて計画していきます。

ロッシ｜ここで、あなたはこのような直接的発言をしています。私はビックリしています。
エリクソン｜「私は～していきます」。するとあなたは私に対して親切心が湧くので、これは「あなたが私を助ける」という暗示になります。
ロッシ｜再び重要な重荷を彼女に間接的に背負わせています。直接的な発言をしているときでさえ、あなたは別のことを暗示しているのかもしれません。そして、本当に重要な暗示がその含意に含まれています。

幻覚トレーニング

さて、視覚的な幻覚を起こす場合、
あなたは目を閉じておくことで、
目が閉じていることを理解しながら始めたいと思うことがあります
(休止)
目をしっかり開いて、トランスの中に留まることを
あなたが学ぶのに、
制限時間はありません、
(休止)

エリクソン｜ここでは、幻覚が精神病的なものだけではないことを、彼女は理解し始めています。彼女は心の目で幻覚を見ることができます。
ロッシ｜あなたは、目を閉じると心の目で見ることができるものとして、幻覚を再定義しています。あなたは幻覚を、安全で簡単にできることにしています。
エリクソン｜これは挑戦のように見えるかもしれませんが、そうではありません。「目を閉じておくことで始める」という暗示は、目を開いているか閉じているかに関係しません。
ロッシ｜その後、「制限時間はありません」という安全なフレーズを言っています。それは今でも次週でも起こすことができます。
エリクソン｜最後の休止中、あなたは自信にあふれています。

日常的体験としてのトランス

あなたはすでに、目を大きく開けてトランスを経験しています。
(休止)

エリクソン―講義中に放心状態で窓の外を見ている人は誰でも、目を大きく開けてトランスを経験しています。内部の現実に波長が合うとともに、あなたは、外部の講義と環境が気になりません。誰でもそうした体験をしています。

ロッシ―あなたはこのようにトランスを定義しています。すなわち、精神的にどこかほかの場所に離れていて、すぐまわりの環境に注意を払わないことです。

エリクソン―トランスは日常的体験です。テレビを見ているフットボールファンは、ゲームに気づいていますが、椅子に座っている自分の身体、あるいは奥さんが夕食に呼ぶ声に気づきません。

創造的選択肢としての覚醒

さて、私たちはあなたの学習のもう一つの部分へ移動します。

あなたは、思いのままにトランスから目醒めることができます、

二〇から一へ逆に数えることで目覚めてください。

ロッシ―これらの覚醒の指示は、かなり暫定的に見えました。あなたは、このとき、覚醒させるために創造的選択肢をこのように彼女に与えました。しかし、その瞬間彼女が興味を持っていて重要な催眠ワークに夢中になっていたら、まだしばらく継続できるという含意がそこにはありました。この含意によって確実に、覚醒が感じの悪い中断ではなく、むしろ気持ちの良い経験になります。

二重解離・ダブル・バインド——解離のトレーニング

あなたは、一人の人として目覚めることができます、しかし、一つの身体として、目覚める必要はありません。

(休止)

ロッシ―これは後の文と一緒になって、二重解離・ダブル・バインドを作っています。

エリクソン―そうです。心と体の間の解離という考えを被験者が理解できるようにしています。

後催眠暗示の可能性

あなたの体が起きるとき、目覚めることができます、しかし、あなたは体を認識していません。

（休止）

エリクソン─ここで、私は後催眠暗示の可能性を与えています。

ロッシ─さて、あなたのテクニックにおいてこれはとても重要な側面です。後催眠の行動のために、あなたは可能性を与えます。そして、あなたは、実行されるのはこのどれだろうかと考えます。どれが実現されるか知る方法はありません。しかし、それらが実現したとき、実現したことを自分の手柄にする take credit ことができます。

エリクソン─信用された given credit 場合だけ、自分の手柄になります take credit。

ロッシ─彼らが後催眠暗示を実行すると、あなたはちょっと微笑みます。それで、彼らは、あなたが後催眠暗示に関与している have a hand in ことを知ります。

エリクソン─しかし、それは彼らの思考の範囲外です。

ロッシ─そうすると、以前、私の初期の催眠ワークで、「トランスが終了した後、あなたは何気なく灰皿に触れます」と、私が被験者に話したときのような大胆な方法を使わずに、誘導全体にわたってあなたは後催眠行動に多くの可能性を与えているということでしょうか。被験者が目覚めたとき、私の後催眠暗示を覚えているものの、「それを実行した感じがしない」と言いました。灰皿に触れなかった理由に、まる一週間心を奪われていたと言って、次のセッションに彼は戻って来ました。明らかに、被験者は暗示の影響を受けていました。しかし、私が暗示を直接的に提示したので、暗示に抵抗しました。そして、実際、一週間ずっと彼を悩ませていたその触れたか、触れなかったかという対立、そして「何故」という問題を引き起こしてしまいました。ステージ催眠術師は、劇的な効果を得たいなら「直接指揮 direct commands に従う」被験者を選ぶことになります。しかし、催眠療法家は、すべての患者と作業しなければならないので、個々の患者が持つ自然な傾向を慎重に調査し、治療に役立つ後催眠行動を起こす必要があります。

アイデンティティ形成を調査すること

私たちが、私たち自身を理解することはとても複雑です。
子どもは最初に学習します、
私は、私が大好き、
(休止)
そこから進んで、ある日、
私は、私の兄弟、私のお父さん、私の姉妹が大好き、
となりますが、その子が言っているのは——
あなたの中にいる私が大好き、ということです。
(休止)
その子が好きなのはそれがすべてです。
あなたの中の私。
(休止)
その子が進歩するにつれて、
(休止)
いまや、その子どもは
あなたの良さ、あなたの優美さ、知性を好きになることを学習します、
しかしそれは、あなたについてのその子の認識です。
(休止)

ロッシ―ここでの焦点は、人のアイデンティティとそれが発達する方法ですか？

エリクソン―「私は私です、私はこうしています、私はこうし続けるつもりです」という気持ちを喚起しています。

ロッシ―あなたは、トランスの中で彼女がしている作業に注意を集中しているのですね？

エリクソン―そうです。

ロッシ―このアイデンティティ形成の一般的な説明によって、あなたは、彼女を彼女自身の個人的内部作業に集中させておく一連の自明の理を提供しています。さらにあなたは、彼女が彼女自身のアイデンティティ発達の重要な側面を探索するのを手伝っているのかもしれません。

トランスでの肯定的な動機づけと報酬 ——アイデンティティの成長を促進する

最終段階の学習で、あなたの幸せの中に、
私は私の幸せを見つけます、
(休止)
そしてそれは、他の人のアイデンティティから、
自分のアイデンティティを分離することです。

エリクソン—「あなたの幸せの中に、私は私の幸せを見つけます」。誰もが、幸せを与えたいし見つけたいと思っています。今、トランス状態の中で、何らかの幸せが達成されます。

ロッシ—なるほど、実際に彼女が幸福を達成するようにあなたは動機づけています。トランス体験の中で肯定的な動機づけと報酬の雰囲気を作り出すために、あなたはできるだけのことをします。彼女のアイデンティティを探求する一般的文脈の中に、この肯定的感情を散りばめることによって、あなたはさらに、個人のアイデンティティの発達と分離を報酬に関連づけることができます。あなたは、彼女のアイデンティティの成長を間接的に促進しています。

ギブアンドテイク関係の中での自発的覚醒

[被験者は自発的に目を開け、彼女の身体にリ・オリエンテーションします]

ロッシ—彼女がこの時点で目を開くことをあなたは知らなかった?

エリクソン—いいえ。

ロッシ—しかし、あなたはこの前に二〇から一まで数えると目覚めるという選択肢を彼女に与えました。あなたは無制限な形式で、彼女が準備できたと感じたとき覚醒するという創造的な選択肢を彼女に与えました。あなたは覚醒を構築しました。しかしあなたは、あなたにとって不都合な場合であっても、彼女に時間の自由を与えました。

エリクソン—その通りです。あなたにとって適切ではないときにも、目覚める自由を患者に与えれば、患者はあなたのために継続する気分になります。

ロッシ—患者との関係は、ギブアンドテイクですね。

トランスを安全にする
——無意識から意識を分離する

さて、あなたに何が起きたのですか?

シーラ◎私に?

エリクソン◎そうです。何が起きたのですか?

(休止)

あなたは待っています。そして、何が起きたか議論はしません。なぜなら、あなたがすることになるのは、あなたの理解を分割して、分割したことを明確にして、理解を区別することだからです。

(休止)

今のところ、あなたには部分的な意識と部分的な無意識の理解があります。そして、私たちはどこに重点を置くべきかわかりません。

(休止)

ロッシ――彼女の目が覚めた今、私たちはトランスを承認するという重要な段階に入ります。彼女の質問、「私に?」は、彼女がまだ完全にオリエンテーションしていないことを意味しています。トランスから目覚めるために、大部分の人々は少し時間を要します。それは、本物のトランス経験のもう一つの指標です。

エリクソン――「理解を分割する」が意味することはつまり、あなたは意識と無意識という二つの種類の理解を手に入れたということです。

ロッシ――そして、時間の経過とともに、あなたは患者とさらに多くの仕事をすることになります。

エリクソン――その通りです。

臨床的質問の参照枠を構築する

セラピーにおいて、とても大事なことが一つあります。

(休止)

あなたが別の人の感情に触れるとき、

(休止)

あなたは常に敏感な場所に触れます、そして、彼らはその敏感な場所がどこにあるか知りません。

(休止)

あなたは初めて、迅速な離脱を経験しました。

(休止)

おそらく、あなたは自分が離脱した理由を、あるいは何から離脱していたかを理解しようとしていました。

シーラ◎自分がどうだったか知りませんでした。

ロッシ◎あなたが言いたいのは、催眠から離脱したことを知らなかったということですか?

シーラ◎はい。

ロッシ――ここでは、治療における敏感な場所と感情について一般論を述べることによって、あなたは彼女の覚醒についての考えられるあらゆる否定的な含意を和らげます。あなたは、敏感な感情について話すための参照枠を提供します。直接的な質問は抵抗を起こすことが多く、せいぜい、さまざまな意識的な抑制と限界によって妨害された答えを引き出すだけなので、あなたはそういった敏感な点についての直接的な質問を避けます。その一方で、緩やかな参照枠を提供することによって、彼女が望むなら大事なことも言えるようにしています。あなたが提示した枠の中では、彼女はなんでも言いたいことを選択することができるので、彼女がどんなレベルにいても、自動的に適切に成長する機会があります。

エリクソン―私は、彼女が考えているであろうことについて、率直にならないように、彼女を追い詰めないように尋ねています。

ロッシ―そうですね。離脱についての話は、どんな否定的経験であろうとも彼女が言いたいことが言えるような枠組みを提供しています。離脱していることを知らなかった、という彼女の言葉は、トランスにおける突然の離脱や不快なことからの脱出ではなく、むしろ覚醒によって、自然に満足できる終り方をしたと彼女が感じていることを示しています。

トランスと覚醒パターンの間の分離を維持する気逸らし

エリクソン◎ところで、何時だと思いますか？

シーラ◎四時三十分くらいだと思いました。

エリクソン◎三十分経ったと思いますか？

ロッシ―その質問を投げかけることで、気を逸らそうとしているのですか？

エリクソン―はい。これは気逸らし distraction です。トランス直後の多すぎる自己分析は不要です。トランスから出たばかりの人はまだトランスの近くに留まっていて、無意識の知識が容易に利用できますが、セラピストはまだそれを使ったほうが良いのかどうかわかりません。それで、患者の気を逸らすのです。

ロッシ―あなたは、トランスと覚醒行動とをハッキリ分離したいと思っています。あなたは、区別がハッキリしない中間の状態を望んでいません。

エリクソン―あなたは区別がハッキリしないことを望みません。

トランスを安全にすること

シーラ◎でも、私は一六歳のときのことを思い出していたので、判断はちょっと難しいです。初めてのことですが、将来に時間が進んで四〇歳くらいになって、私たちはエイプリルの子どもたちを訪ねていました。すると、バンヤンの木に登った四人の子どもたちがいました。

ロッシ◎あなたは未来にいたのですか？

シーラ◎ええ、私は未来で生活していました。そう、私は未来について考えていましたが、同時に未来の夢を見ていました。

エリクソン◎エイプリルと彼女の子どもたちについて考えていたとき、エイプリルはどこにいましたか？

シーラ◎エイプリルはどこって？　彼女がいたところは知りません。彼女は何かをしに出かけているようでした。彼女はすぐにやって来るつもりでした。

エリクソン◎その場所はどこですか？　その場所は何ですか？

シーラ◎彼女にはバンヤンの木のまわりで遊んでいる女の子たちがいました。いつか将来のことです。

エリクソン──もちろん、これが意味することはシーラ自身が四人の子を持ちたかったということです（これは後に本当であることが確かめられた）。そして今、彼女の娘エイプリルの四人の子どもたちと遊ぶことで、彼女は子どもたちのことを将来のファンタジーに投影しています。しかし、彼女は私がこのことを知っているということを知りませんし、彼女自身もそのことを知りません。彼女の無意識は、彼女が知らない多くのことを知っています。これをすぐに分析したりせず、彼女に話したりもせずに、このようにファンタジーを見て、彼女自身を投影することは安全だということを知らせました。

ロッシ──そう。あなたは、彼女のトランス経験を安全にしました。彼女のトランスには、彼女の人生を脅かしたり、心に痛手を加えたりすることはありませんでした。あなたはトランスを安全で楽しいものにしました。

エリクソン──そして、彼女は私を信頼できるのです。

ロッシ──私たちは、安全で知的な方法でトランスについての話を続けます。

［エリクソンは、以前彼の顔をたたいた患者の例を挙げます。その患者は覚醒の最初の瞬間にはまだ部分的にトランスと繋がっていたので、トランスでの出来事について意識的に話す準備がまだできていなかったのです］

主観的トランス経験──幻視への第一歩

エリクソン◎あなたは何と言ったかわかっていますか?

シーラ◎いいえ。

エリクソン◎人の幻覚を活性化するにはどうしたらいいでしょう?

シーラ◎少し前にあなたは、あなたの声に注意を払う必要がないと言いましたが、あなたの声はすでにかなり遠くなっていました。なぜなら、私はかなりリラックスしたと感じていたからでした。しかし、あなたは幻覚のことを話しました。ちょうどそのとき、私は大きな心臓を見ました。そして、心臓は異なる層を持っていました。私は、その異なる層があれと関係があったかどうか、わかりません(彼女が目を固定する点に使った不規則な緑の着色ガラスに言及して)。ええと、私がそれを最初に見たとき、それは海草のように見えました。しかし、私は海でずっと泳いでいることを想像していました。

(休止)

今、私はスキップして廻っているんだと思います。

エリクソン◎ええ。本当の幻覚は非現実性に至ることです。そして、エイプリルの四人の子どもたちのこと以上に非現実的なことが何かありますか?

シーラ◎そうね、それは、その点に関しては夢のようでした。

子どもたちはかわいらしい少女たちで、木に登っていました。

ロッシ─ここで彼女は、主観的なトランス経験について優れた説明をしています。彼女がリラックスしたとき、あなたの声がすでに「かなり遠く」になっていたという彼女のコメントは、特に注目に値します。リラックスしたとき、私たちはすべての感覚様式の主観的な経験を自動的に減らします。これは、痛みとそれに類似した問題にリラックスと催眠を使うための基礎です。目を閉じたときの彼女の内部像は、目を開いたときの幻視体験への象徴的接近でした。この前に行った視覚的な幻覚を起こす暗示に対する、彼女の初めての反応でした。
エリクソン─そして、とても効果的なものです。彼女は専門家で、とても教養があります──彼女が理解しているよりもずっと──そして、エイプリルの子どもたちを見ることでその事実が覆されたわけです。

ロッシ――エイプリルの子どもたちに会うことは、視覚的モダリティであり、幻視的モダリティです。
エリクソン――そうです。

幻視の第一段階を補強する

ロッシ◎あなたはすべてを見ましたか？　あなたの初めての幻覚体験への接近だったわけですが。

エリクソン◎それはとても、非常に真に迫った接近であり、非常に知的な人物が、しかも自分が知的であることを知らない人物が行った接近です。

ロッシ◎さらに、そうとは知らずに彼女は幻覚行動に接近しています。

エリクソン◎完全に知的なレベルでです。

ロッシ◎「知的 sophisticated」があなたにとってどういう意味か聞かせてください
エリクソン◎彼女は幻覚が何か知っています。彼女は抽象的で知的な概念である「幻覚」を受け入れて、将来に投影された非現実性を見るために使ったのです。

ロッシ――ここで私たち二人が、大いにサポートするような発言によってすみやかに彼女の幻覚への第一歩を強化したことがわかります。さらに、彼女があなたからの暗示なしで、どのように自分を自発的に将来に適応させたかも興味をそそります。大部分の催眠現象はこのようにして発見されたと思います。興味深いことを自発的にする人がいることに研究者が気づいたら、他の人でも同じことができるか試してみるわけです。

トランスの特徴

シーラ◎今は、もっとよく考えようとしています。そのような状態で、ぱっと思いつくことについて考えるのは難しいですから。

ロッシ◎トランスの中で考えることはより難しいですか？

シーラ◎はい。

(休止)

シーラ◎エリクソン博士が、以前に戻って別のアイデンティティを仮定することに話を向けたとき、もう一つのことが私の心にひらめきました。ハイスクールではみんなが違う名前を使っていたので、私はしばらくの間、エイミーという名前を使っていました。あなたがアン・マーガレットの話をしたとき、そのエイミーというアイデンティティのことが私の心にひらめきました。
［シーラはトランスの中で呼び起こされた自分の一〇代の記憶を話し続けます］
エリクソン◎エイミーについて考えてから、どれくらい時間が経ちましたか？
シーラ◎二〇年くらいです。面白いですね。それはともかく、あなたは二〇から逆に数えると目が覚めるとかどうとか言ったと思います。そうはしてみたものの、そのときは目覚めるのが正しいことかどうかわかりませんでした。

ロッシ―トランス中に思考することの難しさについてのこういった自発的なコメントは、（少なくとも彼女が体験したような）トランスが、認知プロセスのコントロールがより少ない変性状態だということを示唆しています。トランスは、内部プロセスや外部行動についてのコントロールをあきらめることです。このように非自発的な方法で、認識、イメージ、感情のプロセスがそれ自体で進んでいくように経験します。覚醒は思考（ここで彼女がとてもうまく表現したように）と行動（身体のリ・オリエンテーション）に対するコントロールを回復するプロセスです。

動作とアイデンティティ

エリクソン◎彼女はサインを出していましたが、それは私がある種のアイデンティティの定義だと思っているものです。

ロッシ◎どんなサインでしたか？

エリクソン◎彼女のあちこちの筋肉の動き、特に腿ですね。

ロッシ◎なるほど、それで彼女の手が腿の上で休んでいるのを見ていたのですね。あなたはそれらの筋肉を観察していました。私もまた、彼女の指がある所で動いていることに気づきました。もっとこのことを話してほしいです、エリクソン博士。あなたは彼女のサインに気づいていましたね。

ロッシ―あなたは、患者のアイデンティティが触発されると特定の身体動作を示すと言いました。これに対処できるようにするために、初心者の催眠療法家が自分でできる練習は何かありますか？　患者がそのような動作をし始めたとき、患者を目覚めさせてからその動作について尋ねますか？　それとも患者がトランスにいる間に尋ねますか？

エリクソン―被験者につき合い続けると、被験者は、尋ねなくてもだんだんとすべてをあなたに伝えてきます。

ロッシ―シーラの筋肉と指の動きを観察した結果、シーラがアイデンティティのことで頭が一杯になっていると感じて、二〇から一まで逆に数を数える暗示をして終了させる気になったのですか？

エリクソン―成長とアイデンティティの確認は直接関係しているので、彼女が目覚めることはわかっていました。

自発的な指のシグナリング

エリクソン◎通常、トランスの患者は身動きしないままでいます。彼女が動いたら、即座に、自分の使っている言葉とその動きを繋げてみましょう。

ロッシ◎彼女の指が動くのを見たら、自分が話していることを指の動きに関連づけようとする？

エリクソン◎そうです。

ロッシ◎経験の少ない催眠療法家、私のような初心者は、「ああ、彼女は今、起きようとしているな」と考えるかもしれません。しかし、彼女の覚醒は精神力学的な意味を持っています。患者に痙攣が起き始めているのを見ると、あなたが言うようにそれを認知の表出、アイデンティティとして理解するわけですね。

エリクソン◎そうです。

ロッシ―このセッションの後、シーラは私に、最近、指シグナリングのデモンストレーションを見たと、さりげなく言いました。たとえあなたが彼女に指シグナリングの可能性を示唆しなかったとしても、私が気づいた指の動きは指シグナリングをしようとする彼女の最初の努力だったと彼女は感じていました。彼女は指シグナリングを体験したいと思っていました。というのは以前目撃したとき、彼女は指シグナリングに魅了されたからです。そのため、あなたには話さずに、彼女はこのトランスを使って興味を持っていたことを経験する機会としました。指が勝手に動くと気づいたときにはビックリしたけど嬉しかった、と彼女は言いました。それは、奇妙な解離です。彼女は指シグナリングを経験したかったのですが、完全に自然で自律的な方法で経験しました。もちろん、彼女の指シグナリングは、頭を使ったシグナリングをあなたが初めの頃に暗示したので、それをさらに一般化した可能性があります。

無制限な形式の暗示
――催眠経験の無意識の選択

シーラ◎私が気づいていないとしたら、どんな意味があるのでしょう。

エリクソン◎あなたは、めまぐるしく変わるアイデンティティを経験したのです。子どものころのアイデンティティ、そしてたぶん成長したときと若者のころのアイデンティティ、それから女性としての非常に強いアイデンティティ。

ロッシ――エリクソン博士、このプレゼンテーションであなたは彼女に多くの可能性を与えました。あなたは、彼女の無意識が体験したいことを選択することができるように、散弾アプローチ buckshot approach を使っています。あなたは暗示を無制限な形式で提示しましたね。

エリクソン――ええ、患者自身の無意識が、そのときにはどんな体験がもっとも適切か選択できるようなやり方で、暗示を言い表します。

「イエスセット」

「イエスセット」は催眠の基礎的な形で、頑なに否定的な意識的態度をとる患者の限界に対処するためのものです。あらゆるトランス誘導において最初に努力することは、成し遂げなければならない仕事を促進する連想セット、またはフレームワークを呼び起こすことです。例えば、最初のセッションでエリクソンは、催眠がシーラ博士に提示する新しい学習状況として「早期学習セット」を呼び起こしました。ABCをうまく学習したように、彼女はトランス経験をうまく学習します。したがって、早期学習セットはそれ自体、目の前のトランスワークに彼女を適応させるのに役立つ「イエスセット」と同様のフレームワークとして理解することができます。

催眠誘導で「イエスセット」の有用性を発見した初心者の学生の逸話がエリクソンは大好きでした。学生は、トランスに入ることを断固として拒否している敵対的な被験者を相手にしていることに気づきました。それで、学生は創意を精一杯に働かせて、すべて「イエス」という答えを引き出す二〇個、三〇個の一連の質問を、抵抗している被験者に尋ね始めました。以下のような、さまざまな、単純で退屈な質問です。

あなたの住所は○○ですか？
あなたは○○で働いていますか？
今日は火曜日ですか？
今、午前一〇時ですか？
あなたは、その椅子に座っていますか？

知らず知らずのうちに「イエスセット」を作っていると、被験者はその状況に少し退屈してきます。このときようやく、再度、学生は被験者がトランスを経験したいと思うかどうか尋ねました。すると、「イエスセット」と、わかりきった質問に「イエス」と答える退屈な状況から逃れたいという願望のために、被験者は簡単に同意したのでした。

「イエスセット」の練習

一．私たちは、「イエスセット」がラポールの概念に密接に関連していると考えています。そしてそれは、催眠におけるセラピスト・患者関係の基本的な特徴と伝統的に考えられていました。「イエスセット」は、「抵抗する」患者に対するエリクソンのアプローチの本質で、その患者は通常、自身の敵対的、防御的、自滅的行動をコントロールすることができません。エリクソンは以下のように説明しています (Erickson, 1964)。

おそらく、これはいくぶん極端な例で説明することができます。新しい患者がオフィスに入るやいなや、開口一番、すべての精神科医は世間的に言えば俗悪なものと見なして話し始めたとします。即座になされた返答は、「あなたがそうおっしゃるまさにもっともな理由がおありなのは疑うべくもありません。それどころではないでしょう」とすぐに返答します。患者は強調した言葉を、もっと話してほしいという直接的意図的暗示だとは認識しませんでした。しかし、強調した言葉はとても有効でした。多くの悪口と不作法な言葉、いやみと憤り、そして軽蔑と敵意とともに、患者は、不運で、失敗に終わった、しばしば長引いた心理療法の無駄な努力について語りました。患者が一息ついたとき、簡単にさり気なくコメントがなされました。「さて、それでも私に治療してほしいと思う、とんでもなく正当な理由が、あなたにはあるはずですね」（これが、患者自身が気づいていない来談理由となります。）

「一見非協力的な形の行動を、良いラポール、理解されているという感覚、求める目標をうまく達成する希望的期待という態度」への変容を促進するために、あなたが患者自身の言葉と視点を認識し、共有し、利用するために、学習する方法を計画してください。

心理的含意

エリクソンの含意の使用法を理解することで、催眠暗示に対する間接的アプローチのモデルを最も明瞭に示すことができます。エリクソンが使用した「含意」という用語には、一般的な辞書に定義されている以上のことが含まれている可能性があります。ですから、エリクソンは催眠ワークで「心理的含意」という特別な形式を自ら開発しているのではないか、と思われます。エリクソンにとって心理的含意は、患者の連想プロセスという鍵穴を、患者が気づかないままに、予測可能なパターンへ向けて、自動的に回す鍵です。示唆された考え、あるいは反応は、セラピストの暗示に由来するのではなく、むしろ患者自身の内部反応であるかのように、患者内で独立して起きているように見えます。このように、患者が自分ではそれができないときに、患者の連想プロセスを構築して、方向づける方法が心理的含意です。このアプローチの治療的な用途ははっきりしています。もし、患者の問題がリソースを利用する能力が制限されていることによるものなら、そのときは、このような制限を回避する方法が含意になります。

もし、あなたが座ったら、トランスに入ることができます。

「もし……ならば、そのときは」という論理的な形の含意なら何であれ、暗示を構築するのに役立ちます。「もし……ならば」という導入フレーズで、患者が受け入れることができる条件、あるいは容易に達成できる条件を示し、続く「そのときは」という結論フレーズで暗示のための「イエスセット」が作成されるようにします。

今、あなたがトランスに入っていないのはあきらかです!

「今」は、短時間続くだけです。「今」が終わるとすぐに、トランスに入ることが示唆されています。

もちろん、私が五数えるまではあなたの腕は麻痺しません。

五まで数えた後に、麻痺するという意味です。

あらゆる心理的な含意では、最初にセラピストが構築する指示と患者が引き起こす反応があります。上記のように、私たちは、患者の連想と行動を予測可能な方向に方向づける含意を最初に構築しています。しかし、正確には、患者がトランスに入るときや麻痺が引き起こされる場合には、無意識レベルで患者が介在する反応があります。以下の例を考えてください。

トランスに入る前に、あなたは快適になっているはずです。

最もはっきりしている含意は、トランスに入るのは、快適になったあと、ということです。しかし、快適さを得るまさにそのプロセスは、トランス経験を始めるためにさらに重要な、リラックスすることとリラックスしないことに関する多くの無意識の調整を引き起こします。

精神的機能はまさに複雑ですが、

自明の理。

見つけるために、あなたはトランスに入ります、

患者は大事な目的を持ってトランスに入ろうとしていると、このフレーズで示唆しています。

あなたにできる、たくさんのことを。

これは、重要なのはセラピストができることでなく、患者ができることだということを示唆しています。

それは、あなたが夢見た以上にたくさんあるのです。

(休止)

休止は、彼女が以前に気づいていなかったこれら個々のことを見つけるために、患者の無意識が調査してもよいことを示唆しています。

心理的な含意を練り上げるには、セラピストは刺激を与えるだけだということを理解しておくことが重要です。心理的な含意の催眠的側面は、聞く人が無意識レベルで作ります。どんな暗示でも、最も効果的な側面は、聞く

人自身の連想と精神的プロセスを自動行動になるまでかきまぜることです。これは、催眠経験を生みだす聞く人自身の連想と精神的プロセスの自律的な活動です。

たしかに、日常生活における含意の使い方には、下品で、ほとんど効果がないものがあります。そして、そのような使い方をするときには、話す人があからさまにマイナスの含意を投げかけたり、あるいは聞く人を中傷しようとしたりしていることがあります。そのような品のない使用においては、話す人が、あからさまに、ひたすらに含意を作ります。しかし、私たちが心理的な含意を使用する場合には、全く異なることを意味しています。治療的な出逢いという心理的な環境においては、患者は焦点の中心と理解されます。患者自身が利用できる範囲内のあらゆる心理的事実は、意識的・無意識的に受けとられます。このように、心理的な含意は患者が自分の問題を扱うために、自分の連想を呼び起こして、利用するための価値ある間接的アプローチになります。

このことは、同僚が反抗的なティーンエイジャーをエリクソンに紹介したときによくあらわれています。エリクソンは静かに若者の話を聞いて、そして、簡単な一つのメッセージだけで、重要な治療的展開を開始しました。

> どのようにあなたの行動が変わるか、私にはわかりません。

反抗的なティーンエイジャーは、医者からのアドバイスを受け入れる気はさらさらありませんでした。そして、実際、彼の行動がどのように変化するか、本当のところエリクソンにはわかりませんでした。エリクソンは公然とわからないと認めることで若者の抵抗を解除し、若者は瞬間的に受け入れセット acceptance set を経験しました。そのとき、エリクソンは一つの含意、すなわち「あなたの行動が変わる」という含意を、その受容の瞬間にねじ込んだのです。その少年は今や、変わるという考えとともにその場にとり残されました。彼自身の連想と人生経験は、その変化が実際にどのように起こるかを、正確につくり出さなければならなくなったのです。

心理的含意の練習

一・含意と臨床推論 clinical inference の練習は、エリクソンが著者の一人に対して最初にした訓練です。エリクソンは古いプロトコル（一部は二五年以上前のもの）を引っぱりだしてきて、著者の一人に最初の一、二ページを読んで、含意を推論することによって、あとに何が続くか予測する練習をさせました。他には、ドストエフスキー、あるいはトーマス・マンの登場人物の最初の描写を検討して、小説の中で、登場人物の運命がどうなるか、それとなく推論することを練習させました。エリクソンは同じ目的で、ミステリー小説を楽しんでいました。あなた自身の治療セッション（特に初回面接）の記録を検討して、患者の発言にどんな含意があるか探ってください。それから、あなた自身の含意を検討してください。実際に治療的なのはどれくらいでしょうか？

二．催眠誘導（特に自分のもの）の記録を検討してください。言葉の内容だけでなく、あなたの声の変動(例えばイントネーションと休止）に表現された含意も読み取れるようになってください。

三．慎重に、次の文を作成してください。（a）一般的な心理的事実を述べ、（b）含意によって内部の探索を開始し、それによって（c）聞く人自身の記憶、連想、観念運動そして観念感覚の反応、その他を呼び起こして、結集するような文。

四．トランスと各々の古典的な催眠現象を促進することができる一連の心理的含意を明確に述べている催眠誘導を慎重に書き出してください。

治療的バインドとダブル・バインド

ダブル・バインドの概念は、さまざまな方法で使われてきました。私たちは「バインド」と「ダブル・バインド」という用語を、治療的な方向に行動を構築する可能性を患者に提供する暗示形式を記述するために、非常に特殊な限定された意味で使っています。バインドは、二つ以上の比較可能な選択肢からの自由な選択を意味します——すなわち、どれを選択しても、望みの方向に行動が導かれます。治療的バインドは、代替形式 alternate forms を手際よく提示して、所定の状況において患者に建設的な行動ができるようにさせるものです。患者は、自由に、自発的に選択をします。しかし、患者は通常、一つの選択肢を受け入れるよう拘束されていると感じます。

対照的に、ダブル・バインドは、通常の意識的な選択とコントロールの範囲外にある行動の可能性を患者に提示します。統合失調症におけるコミュニケーションの性質と原因論の仮説としてダブル・バインドが最初に定式化（Bateson, Jackson, Haley, and Weakland, 1956）されたあと、多くの著者が、心理療法と催眠の理解と促進のためにダブル・バインドの概念を利用しようとしました（Haley, 1963; Watzlawick et al., 1967, 1974; Erickson and Rossi, 1975）。私たちは、非常に特殊な限定された意味でこの用語を使用していますので、治療的なトランスと催眠暗示の理解のためにダブル・バインドをどのように概念化するかについてアウトラインだけを示します。

ダブル・バインドは、複数のレベルでコミュニケーションする可能性から生じます。私たちは（一）何事か言うことができ、（二）同時にその言っていることにコメントすることができます。私たちは、（一）一次メッセージ primary message をオブジェクト・レベルにあるコミュニケーションと、一方（二）それへのコメントを、より抽象度の高いレベルにあるコミュニケーション――通常、それは二次あるいはメタレベルのコミュニケーション（メタコミュニケーション）と呼ばれていますが――と表現してもよいでしょう。一次コミュニケーションにおいて述べられることが、メタコミュニケーションにおいて、もう一つの視点へ再構成されるか、あるいは成型されるとき、特異な状況が生まれます。例えば、腕浮揚のような観念運動性反応を要請する際には、私たちは、（一）患者の腕が持ち上がることを求めますが、しかし（二）それが無意識に上がったと経験するよう求めます。観念感覚反応を依頼する際には、私たちは、（一）患者に、幻覚として温かさの感じを経験するように頼むかもしれません。しかし、（二）そのような経験は、患者の正常なセルフコントロールの範囲外にあると通常思われています。したがって、患者は温かさを、他の、もっと不随意レベルで生じさせる必要があります。私たちには（一）何かが起こると患者に言ったり、示唆したりする多くの方法があります。しかし、（二）あなたが意識的に意図して何かをしなくても、あなたの無意識がその何かをします。私たちは、これを意識－無意識のダブル・バインドと呼ぶことにします。意識がそれをすることができなければ、無意識が、不随意レベルでそれをする必要があります。意識的な意図と通常のメンタルセットが、その活動を弱体化する傾向があるバインドの中に置かれていれば、今や、無意識が侵入する機会が発生します。意識－無意識のダブル・バインドは、以下のセクションで論じる治療的なダブル・バインドの重要な基礎になっています。

実際の臨床では、一次メッセージにコメントするメタコミュニケーションは、言葉を使わなくても起きるかもしれません。疑うような声の調子、身振りや身体の動き、かすかな交流の中の手がかりや文脈がコメントになるかもしれません。さらに、通常の会話のレベルで話した内容を結びつけ、あるいは条件づけるメタコミュニケーションとして、隠れた含意、あるいは無意識の憶測unconscious assumptionsが機能する可能性があります。このため、患者は通常、矛盾するメッセージを受け取っていることに気づきません。しかし、矛盾が患者のいつものやり方を破綻させるまでに頻繁となると、無意識のプロセス、そして不随意のプロセスが起動するようになります。

治療的なダブル・バインドは、軽いジレンマquandariesとなって、患者に成長の機会を提供するのが理想です。意識的レベル、随意的レベルで安易な選択の余地を作らないように、ジレンマが患者の習慣的態度と枠組みをブロックするか、途絶させる傾向がある限り、これらのジレンマは間接的催眠形式になります。この意味では、通常の枠組みで対処することができず、もう一つのレベルで機能することを余儀なくされているときはいつでも、ダブル・バインドが機能している可能性があります。ベイトソン（Bateson, 1975）は、このもう一つのレベルのことを、「より高次の抽象であり、それは、より賢く、より精神病的で、よりユーモラスで、より宗教的で……ありうる」と評しました。さらにつけ加えると、このもう一つのレベルが機能する際には、より自律的で、不随意的である可能性があります。つまり、通常の自己主導性と自己コントロールの範囲の外側です。このように、治療的なダブル・バインドは、それまで実現されていない潜在能力が明らかになるトランスという変性状態の経験に、人を導くことができることに私たちは気づきました。

実際の臨床において、バインドあるいはダブル・バインドが機能する／しない状況には無限の範囲があります。バインド、あるいはダブル・バインドが何であるか／ないかは、それがどのように聞く人に受け取られるかに大きく依存します。ある人にとってのバインド、ダブル・バインドは、他の人とは違う場合があります。したがって、次のセクションで私たちは、特定の患者にバインド、ダブル・バインドを経験させるかもしれない、あるいはさせないかもしれない公式をいくつか解説します。これらの公式は、催眠経験への「アプローチ」です。その公式は、いつでも誰にでも、同じ反応を起こすテクニックと見なすことはできません。人間はあまりに複雑で、個人差が大きすぎて、同じ言葉あるいは同じ状況でも、すべての人が同じ結果になるとはとても思えません。熟練した催眠療法家は、催眠経験に利用できる多くのアプローチを持っています。催眠療法家は次々と患者にアプローチして、実際にどれが望ましい結果に至るか、慎重に評価します。バインド、あるいはダブル・バインドが治療的であったか、なかったかは、臨床診療においては、患者の反応を調査して、後から決定することしか私たちにはできません。したがって、以下の公式は、望ましい行動を構築する治療的なバインド、あるいはダブル・バインドの可能性だけを提示しています。

①バインドとダブル・バインドの質問

バインドは、被験者が選択肢どうしを比較して「自由な選択」ができる質問によって、簡単に作ることができます。しかし、どんな選択をしたとしても、望ましい反応への接近が促進されます。トランス状況の受け入れを促進するために、たくさんの可能性（例えば以下）が、存在しています。

軽い、中間の、あるいは深いトランスを経験したいですか？

座って、それとも横たわってトランスに入りたいですか？

トランスに入るときは、太ももに手を置きますか、肘かけに腕をのせますか？

これらの質問がトランス状況を構築している間、大部分の人が通常の意識セットで簡単に答えることができたので、私たちはこれらの質問をバインドと呼びました。しかし、一部の人にとって、実際に、質問に答えるとき、座っているか横たわっている状態でトランスに入った場合には、二番目の例はダブル・バインドとして機能しました。

以下の質問は対照的に、より典型的なダブル・バインドですので、その人の通常の意識セットでは答えることができません。通常、誰もがリラックスして、その上で自律的な、あるいは無意識の機能の力を発揮させるようにする必要があります。催眠現象に対するエリクソンの経験的アプローチを促すために、そのようなダブル・バインドによる質問をすることには、特に興味深いものがあります。注意を主観的な経験に向けさせることによって、ある意味内部に集中させることで、トランスと催眠現象の経験に簡単につなげることができます。この質問によるアプローチは、過剰な警戒心、不安、あるいは緊張を伴って、トランス誘導の最初の段階に反応する被験者にとって特にふさわしいものになります。暗示された現象を容易に認知するために、質問によって、患者の意識の焦点を利用できるようにします。このように、ダブル・バインドの質問は、「抵抗する」被験者にとても役立ちます。抵抗する被験者は催眠状況において、意識を使用しなければコントロールを維持することができません。以下の例を考えてください。

あなたの右手、あるいは左手が先に軽さを感じ始めますか？　あるいは、両手が同時に軽さを感じますか？

あなたの右手が先に動きますか、それとも持ち上がりますか、あるいは横に移動しますか、あるいは下に押しますか？　それとも、そうなるのは、あなたの左手ですか？

あなたが最初に麻痺を感じ始めるのは、指ですか、あるいは手の甲ですか？

あなたの体のどの部分が、最も快適だ（温かい、冷たい、重い、など）と感じ始めますか？

これらの質問はダブル・バインドとして機能するかもしれません。なぜなら、どちらの選択肢を経験しても、観念運動、あるいは観念感覚反応の形で催眠暗示が促進されるからです。被験者の経験が少なくて、初めてそのような現象を経験する場合、通常驚いて、少し喜んだりもします。そのような現象は、被験者が潜在的な可能性を開発して、さらなる治療的な作用のためにいつものやり方を変化させられることを習得できるという経験的証明になります。

②タイム・バインドとダブル・バインド

時間は、質問と状況を定式化し、バインドするための優れた要因です。

あなたは、今、それとも、二、三分でトランスに入りたいですか？

あなたは、速くトランスに入りたいですか？　あるいはゆっくりと入りたいですか？

あなたがその習慣を克服するのは今週ですか？　それとも来週ですか？

これらの質問は、その人の普通の視点で答えることができるので、望ましい反応方向に注意を集中させるバインドに分類されるかもしれません。しかし、患者の答えがどうであれ、患者は治療的な反応を、今から、後から、どちらかでしなければなりません。一部の被験者では、最初の二つの質問は、実際に最初のトランス体験を呼び起こすかもしれません。その被験者については、トランスに入ることを期待する催眠療法的な状況とセラピストの態度という背景が、トランス経験へと導く自律的なプロセスを活性化するメタコミュニケーションとして機能するかもしれません。

より自律的なレベルで反応を引き起こすために、時間を利用するダブル・バインドは、以下のように構築されます。

その温い感じが、あなたの手の中でいつ広がるか知らせてください。

その麻痺は、速く、あるいはゆっくりと進行していますか？

トランスのあらゆる瞬間は、通常の時間における数時間、数日、数週間にも等しいので、そういう特別なトランスの時間においては、それ（任意の観念運動、あるいは観念感覚反応）を経験する方法を実際に学習するのにいくらでも必要な時間をかけてください。

時間を利用するこれらの質問および状況すべてに強い心理的含意が含まれているので、求める反応が起きます。大部分の催眠反応には時間がかかります。トランスにおいて、被験者は通常「精神運動遅滞 psychomotor retardation」を経験します。暗示と、被験者が暗示を最終的に実行するまでの間にはタイム・ラグがあります。タイム・バインドはこのタイム・ラグを利用し、タイム・ラグを催眠反応の不可欠な部分にします。

時間を利用する治療的なダブル・バインドの魅力的な例として、六歳の男の子にエリクソンが提示したものがあります。

ジミー、君のお父さんとお母さんが君に、爪を噛むのをやめるように言っていたことを私は知っていますよ。二人は、君がまだ六歳だということをよくわかっていないようですね。そして、二人は君がちょうど七歳になる前に、自然に爪噛みを止めることを知らないように見えます。彼らは本当にそのことを知らないのです！　なので、あなたのお父さんとお母さんが君に爪噛みを止めるように言っても、無視してくださいね！

もちろん、エリクソンが、あと二、三カ月でジミーが七歳になるということを知っているということを、ジミーは知りませんでした。そして、親しげな口調で、ジミーをひそかな秘密へと連れて行くことを示唆しながら、誠実な信念を持って話されたエリクソンの言葉は、ジミーが意識的に理解することができない方法で二カ月以内に爪噛みをやめるようにダブル・バインドするのに十分でした。例えば、自分で爪噛みをやめる方法を作って、自分の内部のリソースを活性化し、ダブル・バインドを補強して、実際に爪噛みをやめると、イライラさせる両親の要求を無視することができます。しかし、それがどれほど嬉しいことか、ジミーには理解できませんでした。結局のところ、その後ジミーは、七歳になる一カ月前にやめた、と自慢することができました。

③意識・無意識のダブル・バインド

エリクソンはよく意識と無意識の機能の違いについて、誘導前に説明を行いました。これは患者にとって、われわれは無意識を意識的にコントロールすることができないという事実に基づくダブル・バインドへの準備となります。意識・無意識のダブル・バインドは、より自律的な、あるいは無意識レベルで反応を仲介する必要があるために、通常の随意的方法による患者の行動を妨害します。たとえば、以下の状況へのどんな反応であっても、被験者がトランスを経験することが必要です。

あなたの無意識があなたにトランスに入ってほしいなら、右手が上がります。そうでなければ左手が上がります。

あなたは、私の話を聞く必要さえありません。なぜなら、あなたの無意識がここにあって、何が必要か聞くことができるし、適切な方法で反応するからです。

そして、本当のところ、あなたの意識がすることは重要でありません。なぜなら自動的にあなたの無意識がその麻酔［年齢退行、カタレプシー、など］に必要なことをするからです。

あなたは、あなたの意識は確実性がなく混乱していると言いました。そして、それは意識が忘れるからです。しかし、私たちは無意識が多くの記憶とイメージと経験にアクセスするということを知っています。無意識は意識がそれを利用して、あなたがその問題を解決することができるようにするのです。さて、無意識が、あなたの意識的な心が利用できる価値ある学習をするのはいつでしょう？　それは夢の中でしょうか？　昼間でしょうか？　学習は速いですか？　あるいはゆっくり？　今日？　それとも明日？

この一連のダブル・バインドでは、セラピストは無制限な形式のアプローチを使用しています。セラピストは、心理的機能に関する多くの自明の理を与えます。そのうちのどれかが、患者の問題を解決するのを支援します。この無制限な形式のアプローチの価値は、無意識自身の固有の機能パターンにもっとも適合するどんな方法でも働くよう、患者の無意識に自由を与えることにあります。

意識・無意識のダブル・バインドとともに、この無制限な形式のアプローチも、抵抗する患者に対するエリクソンのアプローチの本質です。意識・無意識のダブル・バインドは、無意識が満足な反応をしたとき、あるいは質問に答えたときに示す観念運動シグナリング（後のセクションで示されるような）と相まって、ひどく抵抗していたり、おびえていたり、誤解していたりする被験者にとってさえも普通に容認できる方法で、催眠、あるいは不随意的な反応を引き起こすことができる信頼できる方法になります。一般的に、すべてのダブル・バインドによるアプローチは、いわゆる抵抗する患者を援助するための優れた手段であり、催眠反応と治療的な変化を妨げていた被験者の信念システムについて、誤った考えや限界を回避したり、あるいは解消したりします。

このセッションにおいて、エリクソンは一連の相互に関連するダブル・バインドを導入しました。それらはすべて、意識に関して、無意識の力を強調することによって意識セットを弱めることに向けられています。以下を検討してください。

しかし、あなたの意識は無意識が同意したときだけ、それを維持します。

あなたは私の話を聞く必要はありません。あなたの無意識は、あなたの知識がなくても私の話を聞くことができます。

治療を求めている人が、入って来て、あなたに意識的なレベルで完全に確信をもって話をしても、非言語的なレベルではまったく別の話をしていることがあります。

そして、無意識には、それ自身の理解の方法を認識する機会がほとんどありませんでした。［今、無意識にその機会を与えたほうが良いと示唆しています］

そして、最も重要なものとして、あなたにとって、関心、あるいは価値があることを、何でもするために、無意識に頼りたいというあなたの意欲 willingness があります。

今、無意識が意識につなげることができる中に、心が機能することができるさまざまな方法があります。ちょうど今、贈り物を受け取ったということを知っているという意識を持たずに、無意識が意識を回避することができるさまざまな方法があります。

さて、心が機能するにはいくつか異なる方法があって、無意識と意識が一緒になることができれば、無意識には意識を回避するたくさんの方法があります——意識に知られることなく。それは贈り物を受け取るようなものです

これらの発言の文脈を読者が検討すれば、意識によって遮断された多くの反応可能性を探索するために、無意識レベルで働く患者の能力を解放することに通常これらの発言が向けられていることがわかります。トランスの経験の学習、そしてトランスで利用できる反応可能性は、このように通常の認識枠組みを方向づけ制限する機能を手放す患者の能力に直接関連しています。エリクソンは、このセッションの最後に無意識のプロセスから意識を分ける重要なアプローチをデモンストレーションしています。通常、エリクソンはトランスを正式に終了した後、少なくとも二〜五分間、患者の気を散らします。というのも、さもなければ患者が訓練されていない限り、トランスと覚醒状態を完全に分離するために、通常それくらいの時間がかかるからです。気を逸らす時間をとることで、トランスでの出来事との接続が途切れ、連想できないようになります。そのように途切れると、トランスでの出来事の記憶を失ったままになる傾向があります。これによって、さらにトランスと覚醒状態の間に、認識可能な境界 recognizable demarcation をつくることができます。この認識可能な境界があることで、トランスが「本当にあった」という事実は自動的に承認されます。

私たちは、研究者が直接暗示の標準尺度 standard scale を実行する典型的な実験的催眠アプローチで、被験者に経験したことを即座に尋ねることは、トランスを経験する方法の学習における最初の段階の固有の側面を破壊してしまうだろうと考えています。そのようなトランス直後の質問は、トランスを経験する方法を学習している被験者のトランスと覚醒状態の間のいまだ繊細な区別をぼやけさせてしまいます。実験者が直後に質問すると、トランスの内容と覚醒状態の内容の間に、意識しなくても連想ブリッジ associative bridges が作られます。通常の覚

醒状態とは連続性のない変性状態としてのトランス経験を、連想ブリッジは実際に破壊します。変性状態にあることを、通常、意識が認識しないことは、奇妙であっても悲しい事実です。他のいかなる変性状態（アルコール、薬物、毒血症、精神病などによる）の認識も学習する必要があるように、トランスを発現する繊細な初期段階の経験の認識も学ばなければなりません。観察プロセスが頻繁に被観察プロセスの邪魔をすることは、広く認識されています。このことは特に一般的な心理学に、そして特に催眠によくあてはまります。通常、無分別に直接観察すれば、調査しているトランス現象と干渉します。

④二重解離ダブル・バインド《Double-Dissociation Double Bind》

このセッションでエリクソンは、解離を促進するためにさらに複雑なもう一つのダブル・バインドを導入しています。次の、解離のための暗示の巧妙な連動に注意してください。反応可能性をすべてカバーしているように見える一方で、同時に特定の後催眠反応の可能性を誘導しています。

> あなたは人として目覚めることができますが、身体として目覚める必要はありません。（休止）あなたの身体が目覚めるとき、あなたは目覚めることができますが、身体は認識されません。

このメッセージの前半では、人として目覚めることが、身体として目覚めることから分離されています。後半では、人と身体として目覚めますが、身体は身体の認識から分離されています。このため、この種のメッセージを二重解離ダブル・バインドと呼んでもよいかもしれません。この暗示の総合的な効果はとても複雑で、どんな反応可能性が暗示されているか、すぐにははっきりしません。実際の反応可能性は以下の通りです――

a. あなたは人として目覚めることができます。しかし、あなたは身体として目覚める必要はありません。

b. あなたは人として目覚めることができます。しかし、あなたは身体として目覚める必要も、身体を認識する必要もありません。

c. あなたは人として目覚めることができます。そして、あなたは身体として目覚めることができますが身体は認識されません。

二重解離ダブル・バインドのような催眠の形には、暗示を媒介するだけでなく、個人の反応能力を探索する胸躍る潜在能力があります。二重解離ダブル・バインドは、無制限な形式と同様に、被験者にとってさえも驚くような方法で被験者の個性が現れる自由な選択をある程度可能にします。二重解離ダブル・バインドは、被験者の意識を混乱させて、被験者の習慣的セット、先入観と学習された限界を弱める傾向があります。このような状況下においては、より自律的で無意識的な方法で自らを表現する創造的なプロセスの可能性のための余地が生まれます。私たちは、神経心理学の研究（Luria, 1973）から、頭頂－側頭－後頭皮質の第二、第三連合野が、多くの異なる方法で、同じ精神的な機能を総合して、媒介することができることを知っています。まったく新しい方法で、それとして被験者が以前に経験していない方法で、これらの連合野の驚くべき可能性を訓練して、利用することが、二重解離ダブル・バインドのような催眠の形式によって、被験者にできるようになるのかもしれません。このように理解することで、単に暗示をプログラムするというよりはむしろ、創造性を強化する手段として、二重解離ダブル・バインドを検討することができます。

二重解離ダブル・バインドの可能性を例示している他の例は、以下の通りです。

あなたは、それが何か理解することなく、それを書くことができます。それから、あなたは遡って、自分が書いたことを知らずに、それがいったい何であるか理解していることを発見することができます。

自動筆記の上記のような定式化は、その意味が認識されているか、それそのものが書かれているか、どちらにせよ、思っているほど恣意的なことではありません。上記の各々の可能性は、特異的器質的障害 specific organic disturbances が脳組織にあるとき、失認 agnosias の形で自然に起こりうることを、後頭皮質と光学認識機能の二次領域の研究（Luria, 1973）が示しています。これらの失認のそれぞれが可能です。失認の出現は、正常に機能するための不連続な精神的メカニズムが妨げられているだけであるからです。失認は不連続な精神メカニズムを特定するための標識になります。いわゆる二重解離ダブル・バインドの形の暗示も、同じ自然な精神メカニズムを利用しているかもしれません。人が普通に覚醒しているとき、精神メカニズムがその機能において自律的であるとしても、これらの精神メカニズムは、催眠状態でオンま

たはオフにすることができると、私たちは仮定していま
す。こう考えることで、私たちは「暗示」を魔法の言葉
以上のものとして概念化することが可能になります。十
分に定式化された催眠形式は、脳組織の二次と三次領域
に特徴的な皮質において機能する自然なプロセスを実際
に利用しているのかもしれません。これらのプロセスが
機能する際には、プロセスは合成され、統合されて、知
覚、経験、認識、そして知ることのプロセスに関与しま
す。二次、三次領域のこれらの個別メカニズムを遮断す
るか、あるいは促進することができる催眠の形式を構築
することで、このように大脳機能の理解が大きく進展す
る可能性があります。これは、催眠の形式を使用して人
間の行動を変え、人間のすべての経験の形式を大きく拡
張するための神経心理学的な基盤になるかもしれません。

⑤催眠現象の喚起に関する一般的仮説

古典的な催眠現象を解離によって引き起こす手段につ
いて、二重解離ダブル・バインドのような催眠の形式は、
さらに一般的な仮説を提案します。そして、新しい催眠
現象がどのように生じるかということについて、もう一
つの手がかりを提供します。一般的に催眠現象は、どん
な行動であれ通常の連想の文脈から解離することで起こ
ると仮定してもよいかもしれません。先の例でエリクソ
ンがデモンストレーションしたのは、人として目覚める
という通常の連想の文脈から身体が解離し、分離しなが
ら覚醒する方法でした。エリクソンは、人が身体を認識
しないことがどのように生じるかを、人として目覚める
ことの通常の連想の文脈から、理解する（あるいは、身
体を認識する）ための能力を解離することを示すことで、
負の幻覚がどのように解離プロセスによって引き起こさ
れるかを実際にデモンストレーションしているわけです。

同様の方法で、古典的な催眠現象を引き起こすことが
できます。目覚めるという通常の連想の文脈から体の一
部を動かす能力を解離することでカタレプシーを、感じ
る能力を解離することで麻痺を、覚えている能力を解離
することで健忘を、という具合に。年齢退行、自動筆記、
幻覚、そして時間歪曲といったすべての古典的な催眠現
象は、通常の連想の文脈からいろいろな能力を切り離す
ことで、自律的に、あるいは催眠を使って起きる「正
常」な行動の一面として理解することができます。今や、
どんな患者においても催眠現象を引き起こすために、こ
れら伝統的行動のいずれも解離できる連想の文脈を突き
止めるセラピストの創意こそが課題です。私たちは、異

なる被験者の異なる連想の文脈が付随した多様な行動を伴う強さには、個人差が存在するだろうと当然予想できます。どの患者のどの文脈からもっとも簡単に解離できるかを決定することがセラピストの仕事です。私たちは、通常の文脈から行動がうまく解離できれば、いつでも催眠現象を引き起こせます。セラピストがこのアプローチ用の設備を開発すれば、文献ではまだ報告されていない完全に新しい効果を喚起するための余地があります。無限の数の催眠現象を、基礎研究と治療のために引き起こすことができます。

⑥リバース・セット・ダブル・バインド

エリクソンは、リバース・セット・ダブル・バインドについて何らかのことを、子どもの頃に農場で学びました。エリクソンは、以下のようにその出来事を話しています（Erickson and Rossi, 1975）。

ダブル・バインドを初めて意図的に使ったのは少年時代の初めだったことをよく覚えています。零下の天候だったある冬の日、私の父親は納屋から子牛を水桶へ連れて行きました。子牛はのどの渇きを満たしたあと、納屋に戻りました。しかし、戸口で、子牛はその足を頑なにこわばらせました。私の父が端綱を必死になって引っ張っても、子牛を動かすことはできませんでした。私は外で雪遊びしていて、その膠着状態を観察しながら心の底から笑い始めました。父は、子牛を納屋に引っぱってみろと私に要求しました。私は、この状況は子牛の側の頑強で理由なき抵抗だと認識し、明らかに子牛は抵抗したいと望んでいたので、抵抗の十分な機会を与えることに決めました。父親が子牛を納屋の中へ引き続けている間、私は子牛の尻尾を掴んで小屋の外へ子牛を引っぱりました。要するに、子牛にダブル・バインドを提示したのです。すると、子牛はすぐに、二つの力のうち、弱い方に抵抗することに決めて、私を小屋に引っぱり込みました。

多くの場合、精神病患者は抵抗して、不可欠な情報をいつまでも教えようとしません。それを観察したら、私は患者は今週はその情報を明らかにしないことになっていると断固として忠告します。実際、私は患者が来週後半まで情報を教えないようにとしつこく言います。抵抗する患者は主観的な強い欲求を持っているので、私の忠告を十分に評価することができません。患者は、私の忠告を抵抗と譲歩の両方を要求しているダブル・バインドとは認識しません。患者の主観的抵抗の強さが十分大きければ、患者はすぐにダブル・バインドを利用して、開示に抵抗していた情報を明らかにするかもしれません。それによって、患者は、コミュニケーションすることと抵抗することという両方の目的を達成します。患者に使ったとしても、ダブル・バインドを患者に使ってもほとんど認識されませんが、患者は抵抗という感情をコミュニケーションして取り扱うことの気楽さに気づいて、報告してくることがよくあります。

リバース・セット・ダブル・バインドでは、被験者は抵抗することも譲歩することもできます！　実際のところ、問題をもつ人々は、いつも矛盾する衝動の間に捕えられています。問題をもつ人々は、患者自身の内部のさまざまな衝動と傾向に対して、抵抗と譲歩の間の相反する感情の中で板挟みになります。このジレンマを解決する効果的なアプローチは、抵抗と譲歩の両方を表現できるようにすることです。それまで相互矛盾の中に閉じ込められていたすべての衝動を解放して表現することは、合理的な見地からは意味がありません――しかし、感情的な見地においては意味があります。エリクソンが、矛盾し、反抗的で、悲観的で、抵抗する行動に対処するためにリバース・セットを使用した明確な例が報告されています。それはトランスを開始するために、被験者自身の行動を利用した例でした（Erickson, 1969）。その第一歩は、リバース・セットが確立されるような方法で、被験者に慎重に疑問を投げかけることです。被験者はエリクソンが言ったことと正反対のことをするように仕向けられます。それから、被験者をトランス経験に導くあべこべ（リバース）の一連の暗示を徐々に導入します。

……反対してくる人から、強く矛盾した言葉か行動のどちらかを引き出すために、筆者は注意深く言葉を選びました。あなたは黙っていなければならない／あなたはもう話すことができない／あなたはむりに立ちあがらない／あなたはもう不正を非難できない／あなたは通路や観客席の正面まで、あえて歩かない／あなたは筆者が要求したことは何でもしなければならない／あなたは座らなければならない／あなたは最初の席に戻らなければならない／あなたは筆者を恐れている／あなたは催眠をかけられるような危険をあえて冒さない／あなたは騒がしい臆病者である／あなたはステージに座っているボランティアの被験者を見るのが怖い／あなたは観客席の裏手に座らなければならない／あなたは観客席を出なければならない／あなたはステージに近づく勇気がない／あなたは私と親しみを込めて握手するのが怖い／あなたはあえて黙ったままでいようとしない／あなたはボランティアの被験者をするためにステージの椅子まで歩くのが怖い／あなたは観衆と向き合って観衆に微笑むのが怖い／あなたはあえて私を見たり話を聞いたりしない／あなたは椅子のどれかに座ることができない／あなたは自分の腿に手を置く代わりに、尻に置かなければならない／あなたは腕浮揚を経験する勇気がない／あなたは目を閉じることをためらっている／あなたは目覚めたままでいなければならない／あなたはトランスに入るのが怖い／あなたはステージを急いで立ち去らなければならない／あなたはそのままでいることもトランスに入ることもできない／あなたは軽いトランスを生じることさえできない／あなたは深いトランスにあえて入ろうとしない……といった言葉がかけられました。

学生は沈黙を強いられるまで、手順のステップごとにかなり気軽に言葉や行動によって異議を唱えました。その後、異議が行動だけに限定され、筆者の矛盾が彼独自のパターンを捕らえると、比較的簡単に夢遊病的なトランス状態に誘導することが可能になりました。その後、彼は講義のための最も効果的なデモンストレーション被験者として採用されました。

次の週末、彼は筆者を捜して、多岐にわたる個人的な不幸と自分の人望のなさを報告して心理療法を求めました。これで、彼は驚異的な速さで進歩し、成功しました。

このテクニックは、部分的にも全体（in toto）としても、特に反抗的で抵抗する患者、特に「矯正不能な」非行少年に、さまざまな修正を施して繰り返し使用されました。重要なことは、患者のアンビバレンスを利用すること、そしてこうしたアプローチが患者に矛盾した目標をうまく達成する機会を提供することです。そこには、患者自身が自分の行動を予期せず適切に使用できたという感覚が伴います。それには患者の要求に完全に応ずることが必要なので、要求がどのような現れ方をしても軽視してはなりません。

⑦不合理な推論《Non Sequitur》のダブル・バインド

エリクソンは、ダブル・バインドとして不合理な推論や非論理性 illogic を使います。不合理な推論と非論理性は、意識セットを拘束し、固定し、中断させる傾向があります。すると選択と行動がさらに不随意的レベルで媒介されるようになります。眠りたくない子どもには、まずタイム・バインド使ってみることができます。

寝るのは八時と八時一五分ならどっちがまし？

もちろんその子は、悪い中でもましなほうを選んで八時一五分に寝ることに同意します。それでも難しい場合には、エリクソンは次のような非論理的であっても納得のいくダブル・バインドを使用します。「寝る前にお風呂に入りたい？　それともバスルームでパジャマを着る方がいい？」。そのような不合理な推論のダブルバインドでは、たとえ論理的な結びつきがないとしても、提示された選択肢の内容に類似性があります。そのような提案の感覚を理解しようとしても、めまいが起きるだけかもしれません。たとえ理解できなくても、自信に満ちた納得のいく方法で提示されると、提案に従う傾向があります。

⑧治療的ダブル・バインドと統合失調症的（分裂生成的）ダブル・バインドの違い

ダブル・バインドについて、エリクソンによるその治療的使用と、統合失調症の生成におけるベイトソンら（Bateson et al. 1972）による研究との関係は、その類似点と相違点において興味深い研究となります。私たちは比較のために並べて一覧にしてみました。

要約からわかるように、統合失調症的 schizogenic ダブル・バインドは、メタレベル、あるいは抽象的なレベル（ダブル・バインドを犠牲者はコントロールできず、避けることもできない）で強化される禁止命令を使用します。ワツラウィック、ベブン、ジャクソン（Watzlawick, Beavin, and Jackson, 1967）は、ダブル・バインドの治療への応用をベイトソンの公式に忠実にモデル化して説明しました。そこでは、患者は脱出の手段がないので、行動変化の過程から逃れることはできません。しかし、そのようなダブル・バインドを定式化することは、はっきり言って困難です。対照的にエリクソンのダブル・バインドは、第一次メッセージ・レベルでの定式化がよりあいまいなように見えます。しかし、メタコミュニケーションレベルで、同時に患者の無意識のダイナミクスの多くの面を利用する際は、より複雑なように見えます。エリクソンの治療的ダブル・バインドは、もし適切でないならば第一次メッセージ・レベルで拒否できるように可能性を提供する一方で、メタコミュニケーションレベルでの肯定的同意 positive agreement を常に強調します。エリクソンは次のように言っています。「私が患者をダブルバインドに入れているあいだ、患者は無意識で、私が決して自分をダブルバインドに入れたままにはしないだろう、ということも感じています。患者は、私がいつでも譲るということ

ベイトソンの 統合失調症的ダブル・バインド	エリクソンの 治療的ダブル・バインド
1. 二人あるいはそれ以上の人間――通常、「犠牲者」である子どもが母または両親と兄弟の組合せによって陥る。	1. 二人あるいはそれ以上の人間――通常、患者とセラピストは肯定的な関係におさまっている。
2. 一度の単純な外傷的出来事ではなく、同じダブル・バインドで繰り返される経験。	2. 効果があることがわかるまで一つ以上の形式のダブル・バインドが提示さる。
3. 第一次的な否定的禁止命令――「……をするな、さもなければ罰する」	3. 第一次的な肯定的命令「……し続けたほうがいいと思う」
4. 第一次の禁止命令と矛盾するより抽象的な［メタ］レベルの第二次的な禁止命令。第一次の禁止命令と同様に生存を脅かす処罰あるいは信号によって強化される。	4. 第一次（意識）とメタコミュニケーション（無意識）の間で、創造的な相互作用を促進するより抽象的なレベルの第二次の肯定的な暗示。
5. 犠牲者が現場から逃れるのを禁ずる第三次的な禁止命令。	5. 患者を治療的な課題に拘束しつつ、患者が望むならいつでも去れるようにする第三次の肯定的理解（ラポール、転移）
6. 最終的に、犠牲者がダブル・バインドのパターンの中に自らの世界があるという知覚を学習すれば、完全な構成要素がそろう必要はもはやない。	6. 患者の行動変化が、転移と喚起されたダブル・バインドから患者を解放すれば、患者は治療を離れる。

を知っています。その場合私は、患者を他の状況で別のダブル・バインドに入れて、彼らが建設的に使用できるかどうか確かめます。なぜならそれが患者のニーズをより適切に満たすからです」。エリクソンにとって、ダブル・バインドは建設的な変化のために患者に可能性を提供するのに便利な道具なのです。一つのダブル・バインドでうまくいかなければ、うまくいくものが見つかるまで、エリクソンは別のもの、さらに別のものと試します。

⑨無意識とメタコミュニケーション

さまざまなダブル・バインドの議論全体を通して、私たちが「無意識」と「メタコミュニケーション」という用語を気軽に同じように使用していたことに、読者は気づいたかもしれません。実際、これらの言葉は、交換可能になりつつある途中かもしれません。これは、新しくより効率的な命名法を開発することによって、深層心理学の世界観の根本的な変化を目撃できるかもしれないことを示唆しています。哲学者は、「無意識」という言葉がこれまで好きでありませんでした。フロイトの精神分析が当初受け入れられなかったのは、学術的・哲学的立場から、この言葉が拒絶されたからでした。「無意識」という言葉の使用は、精神医学と身体医学の隔たりと同様に、いまだに学術的で実験志向の心理学者と臨床家を隔てています。しかし、「メタコミュニケーション」という用語は、数学（mathematicological イタリア語）的枠組みの中で作られ、それは、臨床家だけでなく研究者にとってもぴったりとくる世界の見方なのです。私たちは、深層心理学の用語を修正して、現在の数学、サイバネティックス、そしてシステム理論の概念と、さらにうまく適合するものにしていく新しい時代精神の出発点にいるということでしょう。

ダブル・バインドの練習

一．以下のために、肯定的なメタコミュニケーションによる多様なダブル・バインドの独自のリストを作ってください

a．トランス状況を構築してください。

b．さまざまな古典的催眠現象を構築してください。

c．トランスを承認してください。

d．さまざまな臨床的問題のために治療の選択肢を構築してください。（例えば恐怖症、強迫、うつ病、不安、習慣の問題）

e．さまざまな緊急事態の是正処置を構築してください。

f．学習、創造的想像 creative imagination、問題解決を構築してください。

g．意識と無意識の関係を構築してください。

h．あなたのオリジナルのダブル・バインドのうちどれが最も効果的か調べるために実験的な状況を考案してください。

二．下記のことを生じさせる否定的なメタコミュニケーションで、ダブル・バインドの力学を調査してください。

a．競争的状況

b．搾取される状況（経済的、社会的、その他）

三．あなたは、ダブル・バインドと戦争や不況のような社会的な破局、あるいはダブル・バインドと神経症や精神病や恐怖症のような精神的問題との関係を調査するために、どんな実験的状況を考案することができますか？

無制限な形式の暗示

このセッションへの注釈は、エリクソンによる大事な話で終わりになります。エリクソンは、散弾アプローチをしばしば使用して、無制限な形式で患者がさまざまに反応できるようにします。これは、特異性の高い直接的な命令と暗示で患者にながながと話す古い権威主義的アプローチとは大きく異なっています。そのような方法で暗示を提示することで、エリクソンは三つの重要な目標を達成します。（一）すべての反応が催眠現象として認められると定義されているので、暗示で患者が失敗することはない。（二）どんな行動が治療目標の達成に利用できるかの手掛かりとなる患者の反応能力（「反応階層」）の調査。（三）患者がすることすべてが適切な催眠反応として定義されるので、患者は抵抗したり状況から離脱することができない。患者が何をしても暗示の後に来る催眠の状況へと、患者をさらに駆り立てることになる。

抵抗する患者に使ったテクニックについての一九六四年の論文で、意識レベルでのあらゆる反応を有効な催眠現象と定義している一方で、エリクソンは、意識と無意識の間で解離を生じさせようとしています。次のように、それが一部実行されます。

「今、この部屋に入ってきたとき、あなたは心を両方持って来ました。つまり正面の心と背後の心です」（教育的な水準によっては「意識」と「無意識」を使ってもよい。要するに解離の暗示がなされている。）「さて、実際のところあなたが意識的な心で私の話を聞くかどうか、私は気にしません。なぜなら、意識はいずれにしろ、あなたの問題を理解していませんし、さもなければ、あなたはここにいないからです。なので私はただあなたの無意識に向かって話したいと思っています。なぜなら、無意識はここにあって、私の話を聞くために十分に近くにいるからです。あなたは道の喧騒や上空の飛行機の音や隣の部屋のタイピングの音を意識に聞かせておいてください。あるいは、あなたは意識に浮かんでくる考えならなんでも、体系的な思考でもでたらめな考えでも、考えてけっこうです。私はあなたの無意識に話しかけたいだけです。そして無意識は、私の言うことを聞きます。なぜなら、たとえあなたの意識的な心が退屈になったとしても、無意識は聞こえる距離にいるからです（退屈すると無関心になって、気が散って、眠ってしまうことさえある。）」

この数行で読者は、これらの暗示が、いかに意識が有効な催眠反応としてすることができることを何でも実際に承認して定義するだけではなく、さらにエリクソンが、自明の理、解離、含意、ダブル・バインド、そして最終的に退屈で意識を弱めるアプローチさえも同時に使用する方法を観察できます。トランスと暗示に効果的な手段を同時に使用する無制限な形式のアプローチは、エリクソンの独特のスタイルです。この無制限な形式のアプローチの多くの実例を次のセッションで研究していきます。

無制限な形式の暗示の練習

一．無制限な形式で暗示を形成する練習をはじめてください。あらゆる反応を受け入れ可能なものとして承認し、定義する暗示です。これは、セラピストと患者の失敗への恐れが最も顕著に現れるトランス誘導の際に特に重要です。無制限な形式で誘導暗示を組み立てることで、セラピストも患者もリラックスできます。重視すべきは患者とセラピストの探究と予期の収束であり、それがラポールと治療的な進展を大いに促進します（Sacerdote, 1972）。

二．患者がトランスの中にいるかどうか、あるいはどんな経験がなされているか確信がないとき、どんな種類の反応でも適切なものとして容認するような無制限な形式の暗示を形成してください。

三．患者が特定の現象を経験する準備ができているか確信がもてないとき、どの程度の反応でも適切なものとして受容する無制限な形式の暗示を形成してください。始めたばかりの催眠療法家が、すべての古典的な催眠現象に対するありうる反応の程度と単位の見分け方を知り、学んでおくことは有用です。

四．失敗の可能性を認めない無制限な形式の治療的暗示の形成を学んでください。

ありうるすべての種類の反応をカバーする暗示

無制限な形式の暗示と密接に関係しているものの方向性が反対のものとして、ありうるすべての種類の反応をカバーするために慎重に定式化された暗示があります。無制限な形式の暗示がどんな反応も有効であると認めるのに対し、ありうるすべての種類の反応をカバーしている暗示は、通常患者の反応を許容可能な狭い範囲に制限します。無制限な形式の暗示は、患者の独創性が明らかになるあらゆる反応の試みを承認します。ありうるすべての種類の反応をカバーする暗示は、それに比べて患者の選択を狭い範囲に制限します。エリクソン（Erickson, 1952）は、以下のような誘導で、腕浮揚テクニックを用いたアプローチを例示しています――

すぐに、あなたの右手、それとも左手かもしれませんが、上へ上がり始めます。あるいは、その手は下へ下がるかもしれません。あるいはその手はまったく動かないかもしれません、しかし、私たちは何が起きるか待っています。たぶん、親指が最初でしょう。あるいは、あなたは何かが小指で起こっていると感じるかもしれません。しかし、あなたの手が上へ上がるか、あるいは下へ下がるか、あるいはそのままでいるかどうかにかかわらず、本当に重要なことはそういうことではありません。むしろ大切なことは、いかなる感覚があなたの手に現れようともそれを感じるあなたの能力です。

無制限な形式の暗示が患者の反応可能性を探ることに

役立つのに対して、確実な方向に患者の反応を集中したいときには、ありうるすべての種類の反応をカバーする暗示の方が役に立ちます。たとえば麻痺を経験するように被験者を動かすためには、ありうるすべての種類の反応をカバーする暗示を以下のように続けることができます。

今や、あなたは、その腕が何かを感じるのはどこか、そして感じないのはどこかに気がつくことができます。そこはうずいているかもしれないし、麻痺しているかもしれないし、まったく何も感じないかもしれません。

腕に麻痺しているところ、あるいは知覚がないところがあることを患者が示したら、セラピストは麻痺を望む場所まで広げるために、調査質問 exploratory questions に進みます。視覚の変化と正のあるいは負の幻覚が起きるかどうか探るためには、以下の通りに進行します。

そして今、あるいはまもなく、あなたの無意識の準備ができれば、あなたの視野に空白、あるいは深い靄が かかるかもしれません。(休止) そして、その深い靄はどのように生じるでしょうか? 霧、あるいは影があるでしょうか? そして影は、確かな形へ、影自身をいつ並べ始めますか? (休止) あなたは目を開けていますか、それとも、閉じていますか? (休止) 靄がかかっているか、あるいは霧深いか、あるいはぼやけているか、わかるのが楽しみです。あるいは、あなたが目を開けるとき、そこにあるものは、とても明るく、鮮明で、ハッキリしていますか? 背景の色に変化があるでしょうか? いくつかが異常に鮮明過ぎて、他のものを見えなくしていますか? あなたはその進展を驚きながら、気持ちよく待つことができます。

この一連の暗示は、変化した視覚に対するどのような反応も、成功した興味深い経験として許容します。このことは、患者とセラピストがこの特定のときと場所で、変化した知覚のどんな反応可能性が利用できるか調査するのに役立ちます。

ありうるすべての種類の反応をカバーする練習

一．患者の応答性を古典的な催眠現象の経験に向けて集中するために、ありうるすべての種類の反応をカバーする暗示を形成する方法を考えてください。(次章でエリクソンは時間歪曲を使って、いつになく明解な例を示しています。）

二：食事、レクリエーション、買い物など、一般的な日常的状況で、ありうるすべての種類の反応をカバーする暗示を練習することは面白いことです。そのような活動の何を、いつ、どこでと可能性をおおまかに暗示することで、パートナーの選択の自由が強化されます。

観念運動シグナリング

観念運動シグナリングは、過去半世紀に発見された中で最も役立つ催眠の形式かもしれません。エリクソンは、自動筆記の使用から腕浮揚の開発、そして最後は観念運動性シグナリングにいたる、彼を導いた一九二〇年代から一九三〇年代の一連の発見をふり返りました（Erickson 1961）。エリクソンは、観念運動シグナリングの導入の全体を概説しています（Erickson 1964c）。それはトランスを誘導し、トランスを深くし、そして以下の言葉を使ってトランスの最中にコミュニケーションをするためのものです。

読者に間接的な暗示の箇所を明確にするために、傍点の部分はエリクソンが配置しました。意識・無意識のダブル・バインドが形成されている部分を読者は認識することができます。

誰もが知っていることですが、人は言語的コミュニケーション［教育レベル、知能レベルが低いことが確かな場合は「言葉によって話すこと」］、あるいは手話によるコミュニケーションができます。もちろん、もっともありふれた手話は、頭でイエスかノーをうなずいて示すときのものです。誰もがそうします。人差し指で「来い」の、手を振って「バイバイ」の合図ができます。その指信号は「はい、ここに来て」を意味することもあり、手を振ることは実は「いいえ、さっさと行って」の意味になります。言い換えると、その頭、その指、その手をイエスかノーどちらの意味にも使うことができます。私たち全員がそれをします。あなたにもできます。時々、私たちは人の言うことに耳を傾けるとき、意見に納得したり、意見の相違があったりすると、知らずに頷いたり、首を振ったりしているかもしれません。指とか手で、そうすることは簡単なことです。さて、あなたの無意識に、単純にイエスかノーで答えられる質問を一つしたいと思います。あなたの無意識だけが答えることができる質問です。それに関しては、あなたの意識も私の意識も、さらに私の無意識さえも、答えを知りません。あなたの無意識だけが、どの答えを伝えることができるかわかっています。そして、その答えはイエスかもノーかもしれないのです。頷くことによって、頭を振ることによって、人差し指を持ち上げることによってかもしれません。そうすると、イエスという答えが右の人差し指、ノーという答えが左の人差し指が右利きの人にとって普通ならば、左利きの人は逆です。あるいは、右手が上がるかもしれないし、左手が上がることもありえます。しかし、私がイエスかノーの答えを求めれば、答えが何であるかはあなたの無意識だけが知っています。そして、質問されるとき、あなたの無意識でさえ頭の動きで答えるか、指の動きで答えるか知らず、その答え、まさに答える方法を、無意識が明確にしたあと、あなたの無意識はその質問を考え抜いて、決めなければなりません」。（この全ては、観念運動性の行動が、敏感に不可避な出来事に左右されるようになることを言葉で言い表す一連の暗示の基本的な説明です。すなわち、被験者は「考える必要があります」、そして観念運動性反応を実際に求められることなく、「決定する必要があります」。含意はそこに単にあるだけです。そのため、含意は抵抗するのが難しいのです。）

そのような観念運動性シグナリングを真に自主的で無意識的なものにするために、患者は自分の動きを観察する機会がない状態でトランスに入らなければならないか、何らかの方法で気を散らされていなければならないと私たちは考えています。このため、エリクソンは患者が自分ではほとんど気づいていない自動的な頭の頷きや首の振りをよく探すようにしていました。観念運動性シグナリングに関する形式的指示なしでも、患者が自分の言葉でのメッセージを否定するために、これほどの頻度で頷いたり首を振ったりすることは驚くべきことです。しばしば非常にゆっくり、かすかにであっても、持続的にうなずいたり、頭を振っていたりする無意識レベルから来る運動を見分けます。話の内容を意識的に強調するときのより大きく、もっと速い頭の動きと、これらの遅い、省略された動きを区別する必要があります。

可能な場合はいつでも、私たちは観念運動性シグナリングのその人固有の自然な手段を利用するようにします。普通の会話において、患者がするどんな自然で自動的な動きであっても、その動きのメタコミュニケーション的価値について研究することができます。さらに、もっとはっきりしている頭や手の運動、目の瞬き（遅い、あるいは速い）、体をずらすこと、足の動き、腕の位置（例えば、「防御」として互いに交差するような）、唇の濡れ、嚥下、顔の表情、例えば眉をしかめたり、口とあごのまわりが緊張したりするようなことは、それらを解説するために言葉で表現する研究をすることができます。

観念運動性シグナリングをエリクソンが導入してから、他の研究者たち（Le Cron, 1954 ; Cheek and Le Cron, 1968）は、さまざまな催眠現象を促進する際のその有効性を調べました。安定した催眠ワークをするために重要なことは、被験者がどこにいるかいつでもわかっていることです。多くの被験者は、トランス状態で話すことに気乗りしません。被験者がそのようなことをすると、通常の連想と行動を引き起こすパターンが目覚めてしまうかもしれません。こうしてトランス体験の自主的な面が抑制されてしまう傾向があります。観念運動性シグナリングは、発話よりも独立して機能することができる反応システムであるように見えます。そのため観念運動性シグナリングは、トランスの間にコミュニケーションするためにはより便利な形式です。トランスでは、話すことより、指、あるいは手を動かすか、うなずくことのほうが簡単だと被験者は言います。被験者が観念運動性シグナリングが自主的であると理解すると――意識的に動く努力をなんらすることなく、自発的に起こるように被験者は経験します――トランスの現実を変性状態として承認する傾向があります。

実際のところ、認識、意志力と観念運動性シグナリングの間には、多くの関係がある可能性があります。最初、多くの被験者は運動が起こる前にどんな運動が起こるか「知り」「感じる」ことができることに気づいています。このため被験者は、観念運動性運動が本当に自主的だったか、あるいは実際のところ自分で運動を手助けしたか、確信が持てません。トランスの経験を深めることで動きの認識が減少し、それらの動きが本当に自主的なものとして受け入れられるようになります。おそらく、観念運動性運動を理解することなくトランスをすでに経験している人たち（本を読んだり、映画を見たり、面白い話し手の話を聞くことに夢中になっているときのような、周囲の現実が無視され、その人の注意が固定して集中する「一般の日常的な催眠状態」）にとって、観念運動性運動は、完全に意外なこととして自律的にやって来ます。こういった被験者は、観念運動性運動に魅了されて、どんな反応が起きるか不思議に感じます。答えが何であるか被験者に「わかる」前に、観念運動性運動は明らかに先に来るからです。別の被験者は、実際の観念運動性運動の前に思考感覚反応を経験する傾向があります。実際に動く前に被験者は指にかゆみ、チクチクした痛み、暖かさなどの感覚を「感じます」。

観念運動性シグナリングについて無批判な見方をすれば、そのような動きは「無意識の本当の反応」である、ということになります。患者が言葉であることを言いながら、それが観念運動性信号と矛盾するとき、これは特に当てはまります。患者が気づいていない葛藤についてそのような矛盾が重要な手掛かりであることを示唆する多くの臨床経験がありますが、この見解を確かめる統制された実験的研究は現在までありません。このため、現在の段階の私たちの理解では、シンプルに、観念運動性シグナリングは——他のいかなる言語的・非言語的なコミュニケーション形式がそうであるように——研究され確認されなければならないもう一つの反応システムである、としておいたほうが無難です。観念運動シグナリングはトランス経験の自主的な面と互換性を持つコミュニケーションシステムなので、トランスワークにおいて特に興味を引くものです。

観念運動シグナリングの練習

一．一九世紀の読心術実験（Drayton, 1899）、霊媒の現象、テーブル・ターニング（コックリさんの原型）のような降霊現象やウイジャボード（降霊術もしくは心霊術を模した娯楽のために用いる文字板）（Bramwell, 1921）、シュヴルール振り子（Weitzenhoffer, 1957）の形をとった観念運動性シグナリングの歴史的側面を調査してください。いわゆるオカルト現象や超常現象の多くは、無意識に送られ受け取られる不随意の筋肉運動や観念運動と観念感覚の反応として理解されるかもしれません。

二．日常生活の観念運動シグナリングの形式として、不随意的な筋肉運動と明らかなものをすべて研究してください。内面的な対話をしていたとき、どのように無意識に頷くのか、頭を振るのか、そして唇、手、指を動かすのかに注目してください。顔を読む——気分と感覚の変化を示すわずかな顔の動きを認識する——ことを学んでください。そしてコミュニケーションの非言語的な形（Birdwhistell, 1952, 1971; Scheflen, 1974）としての姿勢と動きを研究してください。

三．トランスにいる間、各々の患者の個性に添うかたちで、自主的なコミュニケーションの自然な形式としてどのように観念運動性シグナリングを導入することができるか計画してください。

四．患者が、内部の反応（暖かさ、麻痺、幻覚などの経験）を経験したら観念運動性シグナルを受けとれるような暗示の形成を学んでください。トランストレーニングとすべての古典的な催眠現象の経験を大いに促進するコミュニケーションシステムを構成するために、観念運動性シグナリングと暗黙の指示（第五章参照）を組み合わせることができます。

五．観念運動性シグナリングと思考感覚シグナリングの信頼性と有効性を評価するために、慎重に統制された臨床的、実験的状況を計画して実行してください。

第三章
握手誘導

Three

　このセッションで、エリクソンは非言語的な握手誘導を追加して間接的アプローチを続けます。シーラ博士がトランスを経験する学習を援助する上での大きな問題は、彼女が長年の正規の教育で培った高い知性と強固に構造化した現実志向 reality orientation をゆるめることです。非言語的なテクニック (Erickson, 1964a) は、特にここでの仕事にふさわしいものであり、気を逸らすことと混乱を促進します。今や、気を逸らすことと混乱は、誘導アプローチにおける基礎的プロセスだと、エリクソンは考えています。

　シーラ博士は、トランスの古典的指標であるカタレプシー、霧に覆われる現象 fogging phenomenon、制限された意識 restricted awareness、そして快適さを、すぐに経験します。このセッションの終りまでに、彼女は忘れられていた記憶を再調査し、おそらく回復しています――さらに驚くべきことに、彼女は暗示されていない自然発生的な麻痺を経験し始めています。トランスの現実に関して、最も有効な変性状態の基準になるそのような古典的な現象（低下した脈と呼吸のような他の心理生理学的指標とともに）が、自然発生する経験においてはあると、エリクソンは指摘します。

　このセッションでは、以前に確認されなかった二つの強力な間接的アプローチを前面に持ってきました――それは条件つき暗示 conditional suggestions と複合暗示 compound suggestions です。もちろん、エリクソンはずっとそのようなアプローチを利用していました。しかし、ロッシ夫妻がその二つに注目したのはこれが初めてです。さらに、エリクソンのトランス現象の承認に対する、手順への信頼性は、暗示を強化する間接的手段として、初めて注目されました。心理学理論でいう「承認」という用語と、エリクソンの用法は類似していますが、「強化」という用語とは同一ではありません。承認は、特に患者の信念システムに言及します。何かを承認することは、何かが起こったことを確認する（強化する？）ことを意味します。具体的には、催眠ワークにおいて、エリクソンが求める催眠現象を、患者が経験して、体験したことを信じることに対して「承認」という単語を使用しています。トランスを承認することで、患者がトランスを経験したことを理解し、信じることができます。退行を承認するということは、患者が確かに退行を経験したと、後から認めることを意味します。

トランス誘導の力における混乱

エリクソン◎さあ、静かにして、心の中で、二〇から一へ逆にカウントしてください。

カウントを始めることができます。さあ。

［エリクソンは、シーラの手を振りますが、彼女の手を放す前で留まります。徐々に、そして、躊躇しているように見える中で、エリクソンはシーラの手の別の場所を、自分の指で交互に押さえて、その後、手を放します。エリクソンが最後に手を放したときがいつか、シーラでさえハッキリわかりませんでした。シーラの手は、空中にカタレプシーの状態で取り残されます。この握手の間、エリクソンは彼女の顔の方を見ていますが、彼女の背後の壁に焦点を合わせます。シーラはエリクソンの顔を見て、そして、エリクソンの視線を捕えようとしているか、あるいは彼が彼女を実際に見ているかどうか気づこうとしているように見えます。彼女は、彼の遠くを見る視線に少し当惑しているように見えます］

エリクソン―彼女は、現実と完全な接触ができないので、感情が乱れています。感情の乱れは、彼女が起きたことを知的に認識していても、当惑しているためです。彼女は、当惑していることを実際、不満に思っています――彼女は、不満を解消しようとしていますが、解消することが大変であることを経験しています。それが、教養がある被験者の反応です。

ロッシ―それは、トランス誘導に対する知的で教養がある被験者の反応ですか？

エリクソン―そうです。それがごく普通の反応です。

トランス誘導における混乱

エリクソン◎目覚めていると思いますか？［彼女の背後に向けた視線を変えずに言いました］

ロッシ―今、ここであなたは「目覚めていると思いますか？」というとても特徴的な質問をしています。どうしてですか？

エリクソン―それは、「眠っていて、それを知らないという可能性が大いにあります」ということを意味しています。

ロッシ―それが含意ですね。

エリクソン―それは被験者の中に強い疑いを起こします。そして、それは被験者を非常に不安定にします。知らない人があなたに近づいて、「あなたは、私を知っていますか？」と言ったら、言われたことに、あなたは疑問を持ち、あれこれ記憶を捜します。

ロッシ―それで、言った人に対して当惑します。

エリクソン―そうです。当惑、それは条件つきトランスを強めます。

ロッシ―なるほど。それはトランスを補強し始めます。そして、彼女の当惑した感覚がすでに始まっていることが示されました。それから、あなたがいつ手を放すかわからない握手誘導が、現実か、現実でないか困惑するプロセスを始めます。本質的に、この誘導の力学は、一種の混乱テクニックです。

エリクソン―そうです。混乱テクニックです。私のテクニックすべてにおいて、ほとんどすべてに、混乱があります。テクニックの中に混乱があります。

メタコミュニケーションとしての無意識の文脈

シーラ◎私は決して本当には知りません。［笑う］

ロッシ―この即時型反応は、トランスの開始を再確認し承認します。

エリクソン―「私は決して」と彼女が言ったとき、彼女は無意識に、あなたとの他の文脈すべてに、「決して」を張りつけます。彼女だけが、そうしていることを知りません。あなたが「知りません」と言ったとき、あなたは、知りたいと思っていて、そして他の人の指示を受ける気があることを認めています。

ロッシ―私は、これはあなたが作っている非常に重要な点であると思っています。「私は、決して本当には知りません」「あなたと」、と彼女が言う場合、それは、単なる何気ないメッセージのように見えるかもしれません。しかし、メッセージの重要性を理解していないとしても、メッセージがあなたとの関係を、正確に記述したものであると、あなたは思っています。実際に、彼女はメタコミュニケーションしています――彼女は、あなたとコミュニケーションについて情報交換しています。大部分のメタコミュニケーションは、無意識的になされます(Bateson, 1972)。

霧に覆われる現象

私はそう思います。私は少し霧に覆われていると――思います。

(休止)

エリクソン―霧が覆うということは現実が暗くなることです。

ダブル・バインドの質問が変性状態を意味すること

エリクソン◎あなたは本当に目覚めていると思いますか？

エリクソン―さらに私は質問で次のように示唆します。あなたは違います、あなたは今、違う状態にいます。しかし、彼女は私がそのことを示唆していることを知りません。

ロッシ―この質問がダブル・バインドへ、向きを変えるように求めるものなら、あなたの声の中に疑問が含まれています――「イエス」と答えれば、彼女は今、目覚めているが、あなたの疑問に照らして再考する必要がある、と思ったことを認めています――彼女は、「ノー」と答えれば、目覚めていなかったことを認めます。あなたは、理由を彼女に理解させずに、トランスに再び投げ込んでいます。あなたはこのような気づかれない操作をすることで、トランス誘導を効果的にし、暗示の承認を容易にしています。文脈（メタコミュニケーション）を構築して、患者の意識的セットと通常の反発、先入観、そして限界すべてを回避する方法で、連想を開始するので、気づかれない操作は効果的です。

自己暗示を組み立てること

シーラ◎いいえ。［笑う］私は本当に快適です。

（休止）

［エリクソンは、彼女の方を見続けていますが、向こう側を注目しています］

シーラ◎あなたはジッと見ています。［笑う］

エリクソン―気持ち良さに関する彼女の言葉は、自分を安心させる方法です。あなたは、快適さについて、話したいと思うような方法に変更する必要があります。さらに、彼女はその状態にとどまり、もっと快適になることを示唆しています。それは、あなたが被験者に言うことを避けていることです。しかし、被験者に自分のことを言わせます。

ロッシ―「私は快適です。また、私はここにとどまり、ますます快適になるつもりです」、それは、もっともっとトランスに入るという意味です。状況を組み立てることは、あなたのアプローチに特有のものです。したがって、患者は、あなたが直接暗示をして、拒絶されるかもしれない危険を冒す以上に、適切な自己暗示を作ります。あなたがしていることを、被験者が気づかないように、被験者の連想プロセスを構築することができるなら、ずっと効果的です。

エリクソン―その通りです。「あなたは深く、深く入っていきます」と言う必要がありません。

トランスの特徴としての快適さ

ロッシ―さて、カタレプシー、あるいは「止められた展望 stopped vision」がトランスの特徴であると同じように、快適さがトランスの特徴だと、あなたは言うのですか？

エリクソン――はい。なぜなら、あなたが快適であると言ったからです。あなたは不快な椅子でさえ快適にします。それには、あなた側の協調活動が必要となります。

ロッシ――そうすると、快適さ、そして自分を快適にしたいということがトランスの特徴だと言えます。

エリクソン――はい。現実を失うことは、とても不快ですから、あなたはその現実を別のものと入れ替えなければなりません。

ロッシ――その別の現実が「快適さ」ですね。

エリクソン――正解。

ロッシ――彼女は、この時点でまた笑っています。

エリクソン――笑うことは防御反応です。そして、脅威がない限り、あなたは身を守る必要はありません。

ロッシ――そして、笑うことで「外の」現実を喪失します。

限られた意識を経験すること
Limited Awareness

瞬きのように左目の筋肉が閉じたので、私はちょっとへんな感じです。

エリクソン――ここで、彼女は片方の目に意識を集めることができるだけです。

ロッシ――彼女の意識が実際には、この時点で左目に限られているということを、彼女は認識していません。あなたが患者の意識に関する重要な推論を作るのは、ちょうど同じような明らかに無害な発言からです。

催眠反応を容易にするために期待を構築すること

エリクソン◎［ロッシ博士に対して、しかしシーラの背後に向けた視線を変えないで］彼女が静かに待ち受けて、期待していることに気づいてください。あなたが圧力を加えていないことを患者が知っている限り、あなたは待っています。どのようにトランスに入ることができるか、患者に発見させています。

エリクソン――あなたは、何か起こりそうだと知っているから、待つことができます。

ロッシ――あなたが待っているということには、トランスがそのうちに起きるという隠れた含意があります。それは単なる含意ですが、それに気づかずに、実際、患者は行動を構築します。新しい催眠経験の最初の徴候として可能性があるどんなに小さな変化に対しても、反応の二者択一 response alternativeness へ彼女を引き入れるかもしれないという期待を、あなたは彼女の中に構築しました。

何気ない行動におけるトランス指標

［被験者はぼんやりとドレスをもてあそんでいます］そして一方の手の甲を他の手で触っています。

あなたは、彼女が気分よく感じているか、あるいはあなたをちらっと見ることで、生じているトランスから抜け出るか、どれくらい気づいていますか？

エリクソン―彼女は自分のドレスをもてあそんでいます。しかし、それさえ今や、十分な現実ではありません。したがって、彼女は自分の手を触れに行きます。

ロッシ―自分に触れることは、今急速に解離している現実を再構築する型にはまった努力です。実際に、それは、自己陶酔 self-absorption の指標であり、そして自分の外側のどんなものをも制限した意識です。もちろん、それはトランス経験を定義する方法です。

幻覚のトレーニング

今、彼女がするべき次のことは

実際に幻覚を作り出すことです。

具体的な光景について、話しましょう。

以前に彼女が見たことのないもの

しかし、彼女が好きな光景。

（休止）

さて、彼女がその光景に何を入れるか誰が知っていますか？

鳥、木、潅木、岩。

ロッシ―なぜ彼女が以前見ていない光景について、話したのですか？

エリクソン―彼女が記憶を捜しているのを、私は確認できました。しかし、彼女に何かを作らせるために、さらにもっと、彼女を彼女自身へと向かわせたいと思っています。鳥と木の名前を詳細に挙げることによって、私はより密接に、より厳密に、彼女の注意を集中させます。私は、正確に方法を言うことなく、彼女の注意を方向づけることができます。

ロッシ―患者がどこにいるか知ることは、催眠を使った初期のワークでは難しいことでした。それは、あなたがしているように、ある限られた場所に彼女を入れることを、私が学んでいないからです。これは、あなたがしっかりと患者をワークにとどめておくと言ったとき、言おうとしたことです。

意識と無意識に関連があること

彼女が具体的に幻覚を作ることは、非常に重要です
そして、幻覚を保持すること、
そして、幻覚を言い表すことができるようにしてください。

(休止)

エリクソン—ここで具体的な何かを彼女がすることは、とても大事です。何か、「具体的な」何かを、彼女がするということが大事なのです。一体全体、それは何ですか?

ロッシ—ああ、わかりました。あなたは、今、ワークのために彼女の準備をしています。「私は重要ないくつかのワークをしました。わかりました。しかし、それは何ですか?」と彼女は考えます。

エリクソン—その通りです。今からするワークに、彼女にもっと興味を持たせるようにすること。

ロッシ—ここにパラドックスがありますか? 誘導での目的は意識が邪魔しないように、彼女の意識を解離することでした。それで、ここでは、あなたは意識に指示しています。あなたは、意識を無意識に集中させているのですか?

エリクソン—いいえ、無意識に対して全面的な協力を提供するのが意識です。あなたは、無意識に対して意識を供給しています。

ロッシ—あなたは彼女のすべての意識的な認識を集めて、無意識にそのエネルギーを与えていますか?

エリクソン—はい。

[エリクソンはここで、今抱えているケースの一つを解説します。そこでは、患者の意識は、まだ無意識の中で定式化されているある洞察を扱う準備ができていません。患者の意識がまだ理解していない象徴的な描画と文書を、患者は作り出しています。]

連想によるトランス学習

[ここでエリクソンは、二〇分で元患者の詳細な病歴を伝えます。患者は一つの光景を描きました。その光景は催眠トランスで見たもので、個人的な力動に関連したものでした。エリクソンは、ロッシに向かって話

しているように見えます。被験者は静かに座って、明らかにトランスの中にさらに深く入って行きます]
過去に関連した幻覚を引き起こす際には、何が起きますか?
小さな少女のときのシーラの映像
彼女がずいぶん昔に忘れた何かを楽しみながら
(休止)
また、私は、その場面が現れてほしいのです。
実際になるようにしてください。
そして、私はシーラにその場面を始めてほしいのです。
感じながら、検知しながら、考えながら、
その状況は何年も前のことでしたから。
そして、そこには何の記憶もなく
そのときから、今日までの年月に。
ですから、シーラは小さな少女になることができます。
楽しく遊びながら、
長いこと忘れていた遊びを。
そして、今あなたは退行することができます。
そして、その中に入ることができます。
(休止)
[この時点で、エリクソンのオフィスの外の裏庭で、実際にシーラの子どもたちが遊んでいました。ですから、子どもたちの笑い声とかすかな喧騒を中の私たちは聞くことができた可能性がありました]

ロッシ―患者がトランスにいる間、あなたはこのような病歴 case histories を与えています。ですから、患者は連想によって学習することができます――患者は我がことのように、その病歴と一体感を持つことを学びます。そして、患者は同じようなことをする傾向があります。

エリクソン―そうです。彼女はそこで年齢退行しました。そしてその場所で彼女は、子どものときの空想、大人になってからの希望、そして、現実をそれぞれに持っていました。

患者の内的経験でのセラピストの声

あなたが聞くことができる私の声の中に、
囁くような風、
葉のざわめく音。
(休止)
それから、私の声は、隣人、
大人の友人、親類、顔見知りの声になります。

ロッシ――ここでは、あなたは声を彼女の内的経験に統合していいます。
エリクソン――その通りです。どのように、あなたの声を患者の内的経験に統合しますか？　普通の生活で、あなたが覚えた言葉を使用します――「囁くような風」。私たち全員は、囁きを体験しています。
ロッシ――したがって、あなたは、それによって、囁くことと近いことをつなげて連想します。
エリクソン――そして、近くに……
エリクソン――私は彼女がしたくないことを何も頼んではいません。
声は、友人、親類、知人の誰かの可能性もありました。

忘れられた記憶を回復すること――時間歪曲

あなたは、そのうちに何かを話します。
長く忘れていたことを
今、思い出しました。
（休止）
とても幸せな記憶
その後、その翌年、あなたは覚えています、
そして、その翌々年、
そして、その翌々年、
そして、時間は速く経過しています。

エリクソン――「そのうちに」はいつですか？
ロッシ――いつでもありえます。
エリクソン――その通りです。
ロッシ――あなたは、特定の健忘をここで起こそうとしていますか？　あなたは、彼女に忘れられた記憶を回復させる努力をしていますか？
エリクソン――はい。
ロッシ――あなたは時間歪曲の可能性をその最後のフレーズで加えていますか？
エリクソン――はい。

年齢退行を承認すること

そして、あなたは成長します
（休止）
大きな少女になりながら。

エリクソン――これは退行を承認しています。というのは、前に彼女が幼かったならば、今では大きくなっているか

らです。
ロッシ―たとえそれがわずかな間だけで、単なる初期の記憶のひらめきだったとしても、彼女は、そこにある記憶の多少に関わらず、今、退行を承認しています。

患者を集中させて、ついていくこと
――一般的で具体的な意味を持つ言葉

そして、いつか、あなたは知らない人に会います
そして、あなたは彼にそれについて話します。
そして、その知らない人に会うとき、
あなたは彼に話します
美しい光景について。

エリクソン―だれでも女性は、過去に知らない人と出逢いたいと思ったことがあります。
ロッシ―あなたは、そこで、特定の動機づけを取り上げています。
エリクソン―しかし、あなたはそれを定義しませんでした。あなたは、さらに彼女に自分の定義を作らせています。
ロッシ―平凡な、あるいは一般的な現実だけでなく、彼女の心のとても親密なチャンネルを、あなたは利用しています。あなたが知っているあらゆる女性が持っていたということは、一般的な現実ですが、各々の女性は知らない人と特定の経験をします。あなたは、知らない人という一般的なカテゴリーを暗示しても大丈夫です。しかし、それはあらゆる女性に、特定の記憶を喚起します。
エリクソン―初心者のセラピストの一般的な問題がここにあります。あなたは、患者に一連の連想を始めさせます。しかし、患者は患者自身の流れに沿って、考えを漂わせるので、セラピストは放っておかれて途方に暮れます。その後、間違った方法で、セラピストが割り込もうとするので、患者は激怒するようになります。セラピストは患者についていくことができるような言葉を使いませんでした。こうするために、私たちは、一般的で、個人的重要性が高い特定の言葉を使用します。あらゆる女性は、少女時代、一〇代、青年期に知らない人と出逢いたいと思っています。その知らない人が、最終的に、彼女の恋人になり、夫になるからです。
ロッシ―たとえ被験者が何を経験しているか必ずしもわからなくても、一般的な意味と個人的に重要なこれらの言葉は、患者を集中させて、特定の個人的連想についていくことができます。

年齢退行を承認すること

そして、今、その数年を通りぬけ、進んでいます。
一九七二年の一〇月になるまで。

エリクソン—Aという時間から、Bという時間、そしてCという時間に進んでくれるように患者に求めています。それは、Cという時間を通して、Aという年が本当だったと承認します。そうして、ある意味、あなたは退行を承認しています。

偶有的暗示

あなたがそこに着くと、正確な日付にあなたが達したとき、
(休止)
あなたは目覚めます
全部の記憶とともに

ロッシ—現在の日付に達することで、トランスから偶然、覚醒する場合、彼女が起きるためには、現在へ進むことが、その過去において必要だったと再度あなたは承認します。一般的に、あなたは、暗示で起こるであろうどんな回避不能なふるまいでも連想しようとします。「あなたはその椅子にさまざまな方法で座るまで、トランスに入らない・・・・(暗示された行動)でください」というのが、あなたの好きな例えの一つです(患者が椅子に近寄るので、避けられません)。「出て行くときはドアを閉めなさい」とあらゆる母親が言います(ジョニーはドアに近寄ることが避けられません)。

健忘のための解離ダブル・バインド

あなたは理解します
催眠が使用されたことを、
あなたはトランスに入ったことを覚えていないでしょう
トランスに入ったことを覚えている必要はありません。
(休止)

ロッシ—これは、健忘を促進する単純な解離ダブル・バインドのように見えます。「あなたは、催眠が使用されたことを理解します」というその通常の文脈から、あな

たは、トランスに入った記憶を分離します。それから、「トランスに入ったことを覚えている必要はありません」と話して、解離を補強します。

健忘のための後催眠暗示

シーラ◎ウーン。［彼女は、少し背伸びしたり、顔に触ったりすることで、身体にリ・オリエンテーションしています］

エリクソン◎今朝、トランスに入ることができたと思いますか？

シーラ◎ふーん？

エリクソン◎今朝、トランスに入ることができたと思いますか？

シーラ◎あー、はい、私はしたと思います。私は、再度できると思いますか？

エリクソン◎ふーん？

シーラ◎ええ、私は、そうすることができたと思います。

ロッシ―「私は、再度できると思いますか？」と彼女が聞いたとき、それは、トランスにいたことを彼女が理解していることを意味しています。したがって、彼女が、催眠を使用したことを忘れるという、あなたの後催眠暗示は失敗しました。

エリクソン―後催眠暗示は、実際に失敗しなかったことを別にすれば、失敗といえるかもしれません――彼女は、まさにトランスを「認識しています」。昨日、何をしたかキチンと理解できなくても、あなたは昨日が存在したことを理解することができます。

ロッシ―たとえ昨日があったと理解していたとしても、昨日した多くのことを、健忘している場合があります。トランス経験の一般的なカテゴリーを思い出したとしても、必ずしも特定する内容ではありません。「あなたはトランスに入ったことを覚えていないでしょう……催眠が使用されたことを理解」できると、あなたが最後のセクションで言ったとき、彼女はまさに文字通り、あなたの暗示に従っています。「理解して」と「覚えている」の間には、微妙であっても、まさに実質的な違いがあります。あなたはわざわざこの時点で健忘をテストしません。というのは、まだトランスにとても近い状態にいるので、トランスへの連想の懸け橋を構築します。したがって、健忘に関するあなたの暗示に従う可能性を失くすことができるからです。

エリクソン―その通りです。

問題を見つけるための質問

エリクソン◎どんな記憶が心に浮かびましたか？

シーラ◎メインにいました。海の傍、ヒトデとかを見ています。

エリクソン◎メインにいるの？

シーラ◎ええ、ロブスター捕りの漁師のおじが、私に明日は五時に起きて、一緒にビーチに行こうと言いました。

エリクソン◎わかりました。さて今朝は、何がありましたか？

シーラ◎私が一二歳のときのその光景に時間を戻していたと思います。

エリクソン◎どんな意味、時間を戻すって？

シーラ◎そのことを思い出していたと思います。

エリクソン◎背はどれくらいでした？

シーラ◎五フィート一インチか五フィート二インチ。

エリクソン◎なぜあなたはおじさんに言ったのですか？

シーラ◎ああ、おじさんはあまり話をしませんでした。私は翌朝起きて、おじさんと行きました。

エリクソン◎もう目が覚めていますか？

ロッシ―なぜここで、これら特定する質問 specific questions をすべてしているのですか。

エリクソン―治療において、患者の問題がどこにあるのかわからないとき、あなたは特定する質問をします。私はたくさんの異なった局面を開いて、調査しています。

ロッシ―なるほど。おそらく、この記憶と関連した感情的な問題がありました。

エリクソン―はい。もしここに問題があるとしたら、これらの質問のいくつかは、それについて彼女が話す機会になるかもしれません。しかし、ここでは、彼女は率直な質問として扱っています。

解離による健忘

シーラ◎［笑う］私は、私はそう思います、はい。

エリクソン◎今朝、トランスにどうやって入りましたか？

シーラ◎えーと、あなたは、私の手か何かを取りました。

エリクソン◎「何か」って何ですか？

シーラ◎そうね、私はあなたが何をしたか知りません。そうそう、あなたは手を取って、私を見ました。

エリクソン◎それはあなたの最高の説明ですか？

エリクソン―彼女にこれらの質問を尋ねることで、私はさらに健忘を促進しています。
ロッシ―どうやって？ トランスに入る方法を彼女に尋ねることが、気を逸らすこと distraction であり、トランスで実際にあったことを忘れるのに役立つのは取るに足らない細部 unimportant detail だと、あなたは言っているのですか？
エリクソン―そうです。それは気を逸らすことです。「何か」と言うくらい彼女がぼんやりしているときには、彼女の記憶が縮こまっていることを示します。
ロッシ―「私はあなたが何をしたか知りません」と彼女が言ったとき、彼女は、混乱アプローチが成功したこと、そして、意識的な気づき conscious awareness を制限していることを認めています。

霧に覆われる現象

シーラ◎はい、そう思います。私はそのことをよく知りません。私はあなたを見ていましたが、見ていることが恥ずかしくなりました。それで、あなたの髪の毛の上端を見ていました。それから、髪の毛は霧がかかってぼやけ始めました。

エリクソン◎その霧を説明してください。

シーラ◎うーん。すこし、霧がかかってきます。曇っているか、あるいは霧がかかっています。まったく焦点が合いません。遠くのように、海の傍のように、霧がかかってきます。あなたは、もはや点に集中することができません……それはその場面を戻したかもしれません。なぜならそれが海の霧のように見えるからです。……少しの間、それは歪みました。そのガラス glass で見ることができたように。［エリクソンが催眠を誘導するために、凝視点 fixation point によく使うエリクソンの机の上にある不規則に切られたガラス片を、シーラは再び指し示します］ものは歪められて、引き伸ばされます。

エリクソン◎何時ですか？

シーラ◎残念なことに、私はちょうど見ました。今は一一時一〇分です。しかし、もっと長く感じました。

ロッシ―この霧がかかるというレポートは、昔の文献に載っている古典的な催眠の徴候でした。そして、ジプシーが水晶球で映像を見る直前に、特徴的な霧、あるいは雲を見るということを、私は最近知りました。被験者が深トランスの中で「映像を止めた」とき、あなたは、それを被験者が明らかに経験する白い背景の特徴と言いました（Erickson, 1967）。そのような霧がかかるのはどんな意味ですか？

エリクソン―あなたが外部の現実から逃れるとき、霧がかかります。それが現実を遮断する方法です。霧が立ちこめた日に歩いて外へ出るとき、あなたが孤独を感じるように、霧はあなたを一人ぼっちと感じさせます。

間接的なトランス誘導を始めるダブル・バインドの質問

エリクソン◎まだ目覚めていると思いますか？
シーラ◎ええ、少し遠くに感じます。しかし、私は実際には目覚めていると感じます。私にはわかりません。
はい、私はそうです。

ロッシ―彼女は目覚めていました。そして、今、あなたはこのダブル・バインドの質問を使って、彼女の覚醒状態に疑いを投げかけ始めます。

エリクソン―その通りです。

ロッシ―もちろん、彼女がすぐに述べる「遠く」という感覚は、もう一つのトランスが始まっているという最初の徴候です。

エリクソン―トランス状態になることは、「立ち去ること」に似ています。なぜなら外的現実から遠く離れていくからです。

腕浮揚誘導――含意による解離

エリクソン◎さて、右手に注意を向けてください。
（休止）
右手が上に動こうとしているかもしれません。
（休止）
それは、震動し、上がり始めます。
顔に向かって
［シーラの腕は顔へ浮揚し始めました］

（休止）
手が顔に触れたとき、深呼吸することができます。
そして、深く眠って、
そして、手を降ろせなくしてください。

エリクソン―おわかりですね。彼女は、一つの手を見ています。彼女の残りの手はどこですか？

ロッシ―含意は、彼女が体の残りを失くしたということです。したがって、これは解離を生じています。そして、解離はトランスの特徴です。ですから、これが起こり始めるとすぐに、あなたはトランスになります。

エリクソン―しかし、「あなたの体の残りを見るのを止めてください」とわざわざ言っていません。

ロッシ―そして、それは「私は、そうすることができません」という典型的反応を起こすだけです。あなたは、暗に解離のための暗示をします。

ありうるすべての反応をカバーする暗示――被験者の経験を利用すること

あなたの腕は完全な快適さを感じています。
楽に、
あるいは全ての感覚がなくなっているかもしれません。
あるいは、木のような感覚が生じているかもしれません。
あなたの腕ではないという感覚、
その腕を扱う方法を見つけることに、関心を持ってもらいたいのです。
［シーラの手が、顔まで浮揚したので休止する］

ロッシ―ここでは、彼女が顔の傍で手を保持したとき、あなたは主観的な経験に関する可能な選択肢を彼女に与えています。これによって、あなたの暗示を実行するどんな主観的な手段でも、彼女は利用することができます。直接暗示を支えるために、ありうるすべての主観的な経験をカバーする（あるいはカバーするように見える）ことによって、「手を降ろせなくしてください」という直接暗示を促します。あなたは退屈な、あるいはつまらない仕事になることを、面白い自己分析 self-exploration に代えます。

人の潜在能力を調べるための
カタレプシーの含意と間接暗示

もちろん
あなたの左手に何かが起きます。
そして、それはそのまま残ります、そして、目が覚めたとき、
あなたは失くします。
右手の全てのコントロールを。
（休止）
そして、私は、あなたに関心を持っていてほしいのです。
あなたの右腕のその解離に関して。
その性質と特徴は――
誰でもわずかに違った状況を取り扱うからです。
（休止）
あなたの腕は動かないままでしょう。

ロッシ―あなたは彼女の左手に何かが起こることに気づいていましたか？　それとも、それは間接暗示でしたか？

エリクソン―私は、「左手に何か起こしてください」と彼女に実際に伝えています。含意は、それを右手が模倣するということです。さらに、彼女の左手に何が起こるか知りません、という含意が存在します。

ロッシ―暗示に際してのこの間接的な方法は、トランスを深めます。

エリクソン―それはいつもトランスを深くします。彼女自身の患者に使うために、知識を持っていたいという知的な願望は、シーラにとってハンディキャップとなります。

ロッシ―知的な願望がハンディキャップなのですね。なぜならあなたは、彼女の意識を活発にしたくないからです。あなたは、むしろ彼女の個人的な違いが自然発生的にハッキリ現れる方法を調べるのですね。

エリクソン―彼女は違いを見つけ出さなければなりません。そして、彼女は違うことに異議を唱えることができません。

ロッシ―これは魅力的です！　彼女が状況に対処する際に、彼女自身の個人差を探るのを援助するような行動を開始する間接的暗示として、あなたは含意を使います。実際に、あなたは彼女を操作したり、コントロールしたりしていません。むしろ、あなた方双方に驚きと有益な

ことができる、彼女独自の反応可能性が明らかになるような方法で、あなたは提案しています。従来的カタレプシーのように見える彼女の腕を動けなくしている間でさえ、実際、人間の潜在能力の調査の余地を残そうとしています。腕を動けなくすることは、麻酔（「それは感覚をすべて失くすかもしれません」）、快適さ、厳格、観念感覚反応（「木製の感覚」）など、潜在している才能が彼女にあるかどうか、明らかにする主観的なプロセスです。

覚醒に左右される後催眠暗示

そして、私は望むなら、どんな方法でも二〇から一へと数えることができます。

そして一と数えると、あなたは目が覚めます。しかし、あなたの腕はそうなりません。

（休止）

二〇、一五、一〇、五、四、三、二、一

ロッシ―あなたは後催眠暗示に目覚めを関連させることがよくあります。これは、目覚めの避けられない振る舞いが「あなたの腕は［目覚め］ない」という後催眠暗示に左右されるようになる偶有的暗示の別の形式です。

相互に強化する二つの暗示による後催眠麻酔

シーラ◎ふーん。［彼女は顔の傍に静止した右手に気がついて笑います。彼女は左手を伸ばして、右手の甲をこすります］

エリクソン◎なぜ手をこすったのですか？

シーラ◎手が麻痺しているのを感じたからですよ。

ロッシ―彼女が手の甲をこするというさりげない方法によって控え目に示されたので、この「麻痺」または無痛覚を見逃すことは簡単です。こすることについてのあなたの質問が、実際、麻痺しているという告白を持ってきます。あなたは、「ありうるすべての反応をカバーする暗示」を、それ以前に与えたので、彼女は、可能性がある麻痺 possible analgesia への何気ない暗示にこのように従っています。さらに、この催眠後の無痛覚は、「一と数えると、あなたは目が覚めます。しかし、あなたの腕はそうなりません」とあなたが与えた覚醒暗示で示唆された解離の結果です。これは、一つのプロセスを補強するために、相互に強化する暗示を二つ以上与えることができる方法についての優れた例です。

間接暗示誘導に関する質問

エリクソン◎さて、左手に何が起きていますか？
シーラ◎右腕は、まだ固っています。
エリクソン◎左手に何か起きています。
シーラ◎［彼女は、左手が少し固まって、動かなくなっているのに気がついて笑います］

ロッシ―この時点で、彼女は明らかに覚醒しています。しかし、あなたがこの質問をするとき、もう一つのトランスを間接的に誘導していますか？

エリクソン―はい。

ロッシ―これは、間接的な方法でトランス誘導する優れた方法のように見えます。ですからシーラは誘導されたトランスさえ認識しません。あなたは、悪意のない質問で、彼女の左腕に起きていることを尋ねます。この質問を受けて、彼女はその腕に注意を集中せざるをえません。あなたの質問は実際に何かが起こるだろうという暗黙の暗示 implied suggestion です。そして、何かが起こるとき（その動き、意識、感覚などであろうとなかろうと）、解離の始まりを何かが知らせます（それが被験者の意識的な決断なしで、単独で起こるように見えるので）。そして、もちろん、解離はトランス経験の大きな特徴です。

エリクソン―そして、被験者は解離を自分の手柄にします。あなたは、「こうして、そうして」と被験者に話していません。そうして、多くのセラピストは、考える方法と感じる方法を患者に話します。それは、ひどく間違っています。

ロッシ―患者が自分の手柄にすることができる方法で、トランスを誘導することは、さらに効果的です。

トランスを補強する驚き

エリクソン◎それはあなたをビックリさせますか？
シーラ◎それは、少しゾクゾクする感じがします。

エリクソン―この質問もまた、メッセージです。

ロッシ―あなたは、「ビックリ」と、混乱の状態を示唆することで補強します。そして、あなたは――

エリクソン―トランスを強化します！

解離のための複合暗示

エリクソン◎それは起こりそうです。そして、あなたは起こることをコントロールしません。

シーラ◎私はそのことについて、あなたが話したことを忘れています。だから、私は何が起きるか知らないのです。

［左手が空中で、さらに硬直していることに気づきます］

エリクソン◎［ロッシに］起こっていることに、思い当たることは？［彼女の左手に動きがないことが徐々にハッキリしてきました］

ロッシ━これは、あなた特有のスタイルの複合暗示です。「それは起こりそうです」という最初の部分の自明の理は、イエスセットを開いて、「そして、あなたは起こることをコントロールしません」という第二の部分で、あなたの強く指示的な暗示の承認を容易にする傾向があります。あなたがこのことを述べたさりげない方法は、とても敵意を和らげたので、あなたが解離の強い暗示をしていたということを、私はそのとき理解さえしていませんでした。

カタレプシーと麻痺

シーラ◎さて、私の手が、眠りか何かに落ちる感じがするような、少し奇妙な感じがします。私自身わかりません。しかし、左手もまた、少し麻痺したようになっています。

エリクソン◎今、何がその手に起こっているか明確にすることができるように、起きていることを見つけてください。

シーラ◎えーと、少し麻痺した感じがします。

エリクソン◎何か他のことが起こっています。

シーラ◎ええ、それは少しまた動いています。

エリクソン◎［ロッシに］実は、もちろんこのとき、その動き回ることが抵抗の形なのです。

（休止）

ロッシ━彼女が「起こることをコントロールしません」というあなたの暗示は、混乱、そして最後にカタレプシーと関連する麻酔のプロセスを開始します。

エリクソン━最後の余談（ロッシに）は、実際に何かが起こっているという間接暗示です。

ロッシ―なるほど。実際、私へのあなたの発言は、彼女への間接暗示です。

分割現象としてのカタレプシー
Segmentation Phenomenon

あなたの肘を通して、そして、あなたの手首を通して、あなたの腕に起こっていることをあなたは発見することができます。

(休止)

あなたは起きたことを見ます。

最初、左腕全体に、極度の可動性がありました。

そしてその後、肘の動きがさらに少なくなって、

その後、最後には手首まで動きがなくなって、

そして最後に、指が。

したがって、あなたの腕は少しずつ固定しました。

(休止)

今、次にすることは何だと思いますか?

エリクソン―すべての患者は、分割して催眠現象を経験する自分のパターンを持っています。彼女がどのようにそれをするか知ることは重要ではありません。しかし、この種の説明をすることで、彼女と最後までつき合うstay withことができるようになります。あなたの患者と最後までつき合うことは、とても重要です。

ロッシ―したがって、これは、彼女の左腕に何か起きたと暗示するだけの間接的トランス誘導でした。あなたが理解した出来事は、徐々に広がっていく不動状態immobility(カタレプシー)、そして無感覚(麻酔)でした。これらの反応は、高度に個別的問題です。そして、セラピストの技術の多くは、それらの自発的な兆候を発見する中にあります。それらの催眠現象を確立しながら、「次にすることは何だと思いますか?」という質問をすることで、あなたは終わります。無制限な形式を使った調査のためのその質問によって、彼女が経験するであろう催眠現象の準備をします。

解離を始める質問

それを見つけ出すことができますか?

シーラ◎私は、今の時点では少し奇妙に感じています。

エリクソン◎あなた(ロッシ)は、たぶん何が起きているか気づいています。

[シーラに] もちろん、あなたは、完全に目が覚めて

いないことに気づいています。

エリクソン―彼女が「それを見つけ出す」なら、何が起きているか断言します。

ロッシ―彼女はさらに解離して反応しますが、その感覚を「奇妙」と表現しました。

ロッシ―精神状態に対する疑いを強めることで、ここでの二つのメッセージは、トランスに彼女を入れます。

エリクソン―そうです。

偶有的暗示
Contingent Suggestion

シーラ◎手を下に下ろしても、大丈夫でしょうか？

エリクソン◎そのとき、あなたの目は閉じます。

（休止）

ロッシ―これは別の偶有的暗示です――起ころう（腕を置く）としている回避不能な行動を、あなたは、暗示された行動（「あなたの目は閉まります」）に関連させています。あなたの暗示は、患者自身の動機づけに肩車のように乗っています。彼女にトランスを維持する別の暗示を受け入れさせるために、何か一つするという彼女の望みを利用します。

トランスの終了と承認

私はあなたの腕が、とても快適であってほしいと思います。

それから、あなたは快適に目覚めることができます。

そして、目を開けると目覚めることができます。

［ロッシに］そして、トランス状態で、患者が目を開くような何かが起こったとしても、あなたは最初に患者に目を閉じさせて、そしてその後、目覚めるために患者に目を開けさせます。それは、「経験の存続期間」を基にしています。

［シーラは目がさめて、少し伸びをして、彼女の顔に触れ、彼女の髪をなでて、彼女のスカートを直すことで体に対してリ・オリエンテーションします。］

エリクソン◎それで、今どんな感じですか？

シーラ◎良いわ。

エリクソン◎疲れましたか？

シーラ◎いいえ、全然。

エリクソン◎今、目覚めている間に、先ほどと同じ位置に、あなたの腕を上げたままにして、どれくらい疲れるか確認してください。

［シーラは腕を上げたままにし、すぐに疲れることを認めます。］

エリクソン—あなたは、患者に目を閉じさせます。なぜなら、全体の経験には存続期間があって、患者が目覚める前には目を閉じさせるからです。

ロッシ—もう一度、あなた自身の目的のために、習慣に組み込まれたメカニズムを利用しています。ここでどんな経験をあなたはしてきましたか？　誰かあなたのオフィスからトランス状態のまま帰った人はいますか？　どれくらい、あなたは人々をトランス状態にしたままでしたか？

エリクソン—人々はオフィスから出た後、歩いて戻ってきて「私を目覚めさせた方が良いと思います」と言いました。［特に優秀な催眠被験者たちに、問題を解決するために必要な期間（一つのケースでは二週間）、トランスにしておいた二、三の例を、エリクソン博士は現在話しています。その催眠被験者たちは、トランス状態を誰にも気づかれないで、日常的な活動をします。トランスの目的は、いくつかの内面的問題を連続して解決できるようにすることでした。］

ロッシ—あなたは「目覚めている間に、先ほどと同じ位置に、あなたの腕を上げたままにして、どれくらい疲れるか確認してください」と彼女に言い、トランスを承認しています。もちろん、これは、彼女の手が疲れるという強い暗示を含んだ指示です。目覚めているときより手が速く疲れるので、そのことで彼女はその前にトランスにいたにちがいないと承認します。

トランス誘導の力学における混乱

ロッシ—ほとんどすべての誘導技術において、混乱は患者の現実志向を解体するものだと、以前、あなたは言いました。それは、通常の覚醒との関係を断つのですか？

エリクソン—はい。あなたは、通常、あなた自身と他の人について、どうなっているかを知っています。混乱すると、あなたは突然、自分が誰か懸念を抱くようになります。そして、他の人は次第に消えて行くように見えます。

ロッシ—混乱は、トランスに入るキッカケですか？

エリクソン—はい。もしあなたが自分に確信がないなら、他のどんなものにも確信は持てません。

ロッシ—実際、あなたが患者に疑いを投じるなら、彼らはあなたから多くの現実感 reality sense を得ますか？

エリクソン―それはすべての現実についての、患者の疑いが溢れ出ます。自信がないことがあれば、避けようとします。

ロッシ―なるほど！　患者は、それについて自信がない場合、現実から身を引き始めます。

エリクソン―その通りです！　彼らは、それ［現実］が何か知りません。

ロッシ―それから、あなたが気持ちの良い内的現実の暗示をそれに加えるなら、患者はむしろ頑張ってやろうとします。

エリクソン―不信の状態より、悪いことはありません。

ロッシ―特に誰もが見ている聴衆の前にいる場合。

エリクソン―その状況から逃れたいなら、トランス以外の場所はありません。

ロッシ―そういうわけで、催眠は観衆の前でとてもよく機能します。それは、ステージ催眠術師が影響力を手に入れるところです。

エリクソン―はい。ステージ催眠術師は、その状況を利用するだけです。そして、攻撃的な態度、そしてさまざまな策略によって故意に、その状況を不愉快にします。患者は、その状況から逃げるために何でもします。［エリクソンは、トランスへ患者を入れるために、自分がどのように不愉快な状況を作ったかという例を挙げます。これらの概説はロッシの一九七三年の論文に何例かあります。（「心理療法での精神的ショックと創造的な瞬間」）］

ロッシ―そうすると、この混乱があなたの非言語的なパントマイムテクニックの基礎だと言えますか？

エリクソン―その通りです。

ロッシ―それは、じっと見つめたり、あるいは被験者を通して見たりすることの基本となるものです。これらはすべて、被験者を当惑させる方法で、被験者自身に対する疑いを持たせる方法です。

エリクソン―彼らは思い巡らします。しかし何について思い巡らしているか知りません。それがまさに混乱です！

ロッシ―目で凝視するのと同じくらい簡単なことであっても、あなたは、その点に集中します。しかし、あなたがその点に集中し続けるなら、遅かれ早かれ、あなたの目は疲れてきます。あなたは目が霞んできます。これらすべてが混乱を誘導します。

エリクソン―その通りです。

ロッシ―そうすると、実際、混乱は全ての誘導テクニックの基本ですか？

エリクソン―混乱は、素晴らしいテクニック全てにおいて基本です。目を閉じるのと同じくらい簡単なことです。被験者は目を閉じて、視野を遮断するので、何かを実際に失くしています。しかし、催眠を使っている人のほとんどが、何を失っているか、被験者が知らないことをわかっていません。被験者は目を閉じるだけ、と彼らは思っています。

ロッシ―私たちが目を閉じるときには、多くのことが起こっています。目を閉じると、多くの現実を断念しなければなりません。

エリクソン―点に焦点を合わせていると、あなたは、周辺視野を自動的に減らしています。それから、点がすべての視野を占有して、点はさらに大きくなります。あなたは点が大きくなることがないということを知っています。それでも、点は大きくなります！

ロッシ―それで、それは再び現実を歪曲して、被験者を混乱に放り込みます。

エリクソン―被験者は、どうすべきかわかりません。それでそのとき、セラピストは、どうするべきか、被験者に話します。セラピストは、被験者が抗弁したり、論評したり、組織化したりする根拠を提示 lays out します。

ロッシ―それで、私たちは、良い催眠誘導の基礎が混乱であると要約して報告をすることができますか？

エリクソン―普通の人生では、常にハッキリしているはずの周囲の現実が混乱します。もし、周囲の現実がハッキリしなくなったら、被験者は、何か話して、解決することを望みます。（例えば、私は、この市のどこにいるかわかりません――私はどこにいますか？　私は、この場所がわかりません。それは何ですか？）

ロッシ―ついでに言うと、混乱すると、自動的に退行を促進する傾向があります。混乱は、そのような質問をした子どものときに、被験者を関連させます。

エリクソン―その通りです！　そして、あなたはそれを要求していません。しかし、あなたは受容的な態度を引き出しています。そして、あなたのとても率直な質問を、被験者が解釈する可能性があります。あなたが質問する方法を理解しているなら、あなたが望む答えが得られるように、あなたは被験者に質問します。

ロッシ―したがって、混乱は誘導の最も基礎的な現象ですか？

エリクソン―私たちは、「外の現実がぼやけること」とそのことを呼んでいます。現実がぼやけてくると、混乱します。

ロッシ―それでは誘導の力をフロー図でまとめます――

一．外の現実がぼやけること
←二．混乱
←三．暗示を明確にするための感受性
←四．適切なトランスワーク

握手誘導の力学

握手誘導は、トランスを始めるためにエリクソンが開発した魅惑的で、有効な手続きです。それは、基本的に、思いもかけないことによって、瞬間的に混乱させ、被験者の習慣的フレームワークを中断するものです。暗示を解明するための感受性は、もっと刺激されたい、指示されたいという期待によって開始されます。一九六一年のワイツェンホッファーへの手紙の中で、エリクソンは、握手誘導のアプローチはカタレプシーを始める手段だ、と書いていました。エリクソンが被験者の手を放すと、手はカタレプシーになったまま固定するか、エリクソンが動かし始めたどんな方向にでも動き続けました。催眠に対するかかりやすさを評価するテストとして、そして誘導手順として、エリクソンはこのアプローチを使いました。握手誘導が成功するための必要条件は、アプローチされる被験者側の意欲、適切な状況と状況に経験が適合して継続することです。全体のプロセスといくつかのバリエーションの概略を以下に示します。

握手誘導

開始——ごく自然に、握手を始めます。それから、私は手を緩めて「催眠タッチ」を始めます。親指の握りを緩めて、ギュッとした握りから優しいタッチに変えます。小指を引っ込めそのままにして、中指で被験者の指を微かにこすって——注意を引きつけるのに十分であいまいな感じにします。被験者があなたの親指のタッチに注意したら、小指でのタッチに変えます。あなたの被験者が小指のタッチに注意を向けたら、中指によるタッチに、そして再度、親指に変えます。

この注意の喚起は、単なる喚起ですから、刺激要素となって反応を起こしません。

被験者が握手をやめようとすることを、この注意の喚起が引き止めます。そしてそれは期待というウェイティングセットを確立します。
その後、ほとんど同時に（個別の神経認知を確実にするために）、手（手首）の下面を非常に優しく触れて、わずかな上向きに押す力を示唆します。この後に、わずかに下へ似たようなタッチを続けます。そして、被験者がいつ止めたのか正確にはわからないほど穏やかに、接触を止めます――そして被験者の手は、上がりもしない、下がりもしない、カタレプシーになったままにされます。時々、手がもっと堅くカタレプシーになるように、手の側面と内縁にタッチをします。

終了――被験者に何をしているかわからせたくないなら、普通、その場に相応しいことを一つ、二つ言って注意をそらします。そして、気軽に終了してください。時々、被験者は「あなたは何と言ったのですか？　私はしばらくそこでぼんやりしたようになっていたので、何にも注意していませんでした」と言います。これがわずかに被験者を悩ませていて、被験者の注意が手の刺激に集中し固定していたことを示しています。それで、被験者は瞬間的に失神していたので、何の話か聞き取れませんでした。

ユーティライゼーション――どんなユーティライゼーションでも、トランスの深さを増すことにつながります。すべてのユーティライゼーションは、最初の手順の継続、あるいは拡張として進行する必要があります。非言語的にされることが多くあります。例えば、被験者がぼんやりと私を見ているなら、私は下にゆっくりと視線を移し、それによって被験者に自分の手を見させるかもしれません。そして、「この部位を見てください」とあたかも言っているかのように、私は手に触れます。これは、トランス状態を強めます。その後、被験者があなたや自分の手を見ているか、ぼんやりとじっと見ているかにかかわらず、上から、あるいは横から、患者の持ち上がった右手に触れるために、あなたの左手を使うことができます――下向きの動きの暗示を与えるだけなら。下方への軽い突き、あるいは押しが、時々必要です。強い押し、あるいは強い突きが必要な場合は、麻痺の状態をチェックしてください。

私が同僚たちにこの手順をしたとき、深い手袋状麻痺を生じたので、私と握手したがらない同僚が何人かいます。私が最初に安心させなかったからでした。私は被験者と握手して、被験者の目を見ました。ゆっくり、しかし速やかに、顔の動きを失くし、表情を出さないようにしました。その後、被験者の背後の遠くの点に、目の焦点を合わせました。そうした後に、私は、ゆっくり、気づかれないほどの動きで、被験者の手から、自分の手を離しました。そして、ゆっくり、直線的視野を外れた一方の側へと、自分の手を動かしました。私は握手誘導の解説をいろいろしてきましたが、以下の説明はとても写実的なものです。「私はあなたのことを聞いていました。それで、私はあなたに会いたいと思っていました。そして、あなたはとても興味を持っているように見えました。そして、あなたはとても暖かく握手しました。突然、私の腕がなくなりました。そして、あなたの顔は変わって、とても遠くへ離れて行きました。それから、あなたの顔の左側が消え始めました。そして、さらに左側の顔がゆっくり消えるまで、私はあなたの顔の右側だけを見ることができました」。被験者の目が、まっすぐ前に固定したその瞬間に、私は被験者の視線から外れて左へと動いたので、最初に私の顔の左側が、それから右側も「消えました」。「あなたの顔はゆっくり戻りました。あなたは近づいてきて、微笑んで、土曜日の午後、私を使いたいと思う、と言いました。それから、私は手に気がついて、あなたに、手のことを尋ねました。というのは、私は腕の感覚がまったくなかったからでした。あなたはそうして経験を少しの間してもらっているのですよ、と言いました」。

軽いタッチで、その持ち上がった右手（今、握手の位置でカタレプシーになっています）に、下への動きを、あなたは暗示しました。同時に、あなたは自分の他の手で、被験者の左手に、上への動きを示す優しいタッチをします。それから、あなたは、被験者の左手を上がらせます。そして、右手を下がらせます。右手が膝に届くと、手はそこで止まります。左手の上への動きは止まるかもしれませんし、動き続けるかもしれません。私は、左手にもう一回、タッチします。そして、左手を顔に向けて、片方の目に手の一部が触れるようにします。私のタッチには、目を閉じさせる効果があるので、一言も言わずに、とても効果的に深いトランスに誘導できます。

非言語的暗示は他にもあります。例えば、被験者の右手が、私がしたことに反応なくて、どうしようもない状況に見えるなら、どうでしょうか？　もし被検者が私の顔を見ていない場合であっても、状況に調和の取れていない私のゆっくりした動きは（注意：調和の取れていない out-of-keeping）被検者に私の顔を見ざるをえないようにします。私は表情を凍ったようになくして、視線を変えます。そしてゆっくりと頭を動かすことによって、ゆっくりと目的なく動いている私の右手の方へ向かう被検者の左手に被検者の視線を向けます。少し、優しく被検者の左手に、私の右手は上への動きを伴って触れながら、被検者の右手が動くまで、私はできるだけ手を優しく固くして被検者の右手をギリギリ必要なだけ下へ、しばらくの間押します。このように、被験者が左手の腕浮揚を触覚型暗示に従って受け入れるという暗示をした後、被験者の右手の動きを私は再確認します。この上への動きは、被験者がインスピレーションを開始しているそのとき、被験者の呼吸が私に同調していること、そして私の右手が被験者の左手に、その上へのタッチをしていたことで増大します。私が息を吸い込む時、そして上へ、後ろ向きに頭を持ち上げるときの身体の上への動きを、被検者が周辺視で捉えることによって、このことはさらに増強されます。このとき私は彼の左手に上向きのタッチを与えています。

エリクソンによる握手誘導の記述は、初心者にとって、少し驚くような内容です。それをすべて覚えておくためにはどうしたらよいでしょうか？　どのようにしたら、そのような優しいタッチとそのような技術を習得できるでしょうか？　とりわけ、トランスが生じるように、被験者の注意と内的関与 inner involvement をさらに集中させる手段として、その状況で起こることすべてを利用することを、どのように学習したら良いでしょうか？　明らかに、そのような技術を習得するためには、熱心さ、そして我慢がある程度必要です。それは、特定の方法で、単に握手するという問題以上のことです。エリクソンにとって握手することは、人と接触する中での出来事です。それから、内側へ向けて注意を固定して、そして、状況をトランスが生じるように設定するために、エリクソンはこの出来事を利用します。

エリクソンは握手しながら、被験者が注意している場所に自分の焦点を完全に合わせます。最初、慣習的な社交上のことだと被験者は考え、そのことに注意していま す。その後、被験者の手は予想外のタッチで放されるので、瞬間的に混乱して、被験者の注意はすぐさま自分の手に集中します。この時点で、「抵抗する」被験者は、素早く手を引っ込めて、その状況を終わりにするかもしれません。トランス経験の準備ができている被験者は、何が起きているか知りたがります。被験者の注意は固定して、そして、指示する刺激 directing stimuli に対してさらに、被験者は受け入れ、そして用意しています。指示するタッチは、被験者の認識では、タッチを評価できない穏やかで、珍しいものです――被験者は、自分の手を一つの位置に固定しておくために、非言語的な合図を連続して素早く与えられましたが（開始の最終節を参照）、被験者は合図に気づいていません。被験者の手は、静止するように指示するタッチに応じます。しかし、被験者は理由がわかりません。これは運動感覚レベルの自動反応の単純な一例であり、被験者は初めての握手誘導経験であったために，はじめは意識的な分析を行えません。動きを方向づけるタッチは、同レベルの、認識と理解の面で同じように乖離した反応を引き起こします。

被験者は、普通ではない方法で、訳もわからず反応していることに気づきます。現在、被験者の注意は、答えるため、あるいは、いくつかの方針のため、懸命に探索する中で内方へと方向づけられます。この内部の方向づけと探索は、「トランス」の基礎的性質です。普通の現実志向の通常の感覚知覚的なプロセスを少しの間停止する内部の検索に、被験者は頭がいっぱいになるかもしれません。それから、被験者は麻痺、視力あるいは聴力の欠落、時間歪曲、デジャヴ、方向感覚の喪失、あるいはめまいなどを経験するかもしれません。この時点で、被験者は、一つの方向、あるいは別の方向に、内部探索（トランス）を強めることができる言語的、あるいは非言語的暗示に対して、心を開いています。

非言語的アプローチの練習

一．トランス誘導に対する非言語的アプローチを学習する鍵は、観察、我慢、そして少しずつ学習することです。あなたは通常の方法で握手しながら、相手の目と顔を慎重に観察する習慣をつけることで、握手誘導の学習を始めることができます。次のステージは、いつもより少しゆっくり、手を放す練習をすることかもしれません。それから、あなたのためらいに対する非言語的な反応（例えば、混乱、期待）を「読む」ために、被験者の顔を慎重に見ながら、明らかにためらって、手を放す方法を学んでください。あなたの経験が進展すると、このレベルでさえ、あなたのためらいに対する感受性の程度によって、誰が良い被験者かを認識し始めます。「あなたと最後までつき合う」、そして握手のペースを理解することができる被験者は、急いで進める人より明らかに敏感で、良く反応します。

次のステップは手を途中で放すことかもしれません。したがって、被験者は瞬間的に混乱します。それから、とても穏やかに残りの手を放すことを、あなたは練習できるので、手を放したとき、空中で止められ、瞬間的に手はそのままになっていることが、被験者は理解できません。あなたは、非常に穏やかに話すことによって、この影響をしばしば高めることができます。したがって、被験者の注意は、さらにあなたに関心を向けることになります。最終段階では、静止（カタレプシー）、あるいは動き（腕浮揚）のための非言語的な刺激として、指示するタッチを加えることを学びます。サチェルドッテ（Sacerdote, 1970）は、非言語的な方法でカタレプシーを誘導するための類似した手続きを解説して、分析しました。

二．トランスを始めるために、注意を内側に向けて固定し集中するために、日常生活の中で、非言語的にタッチするどんな状況を利用することが学習できますか？

複合暗示

①受け入れセットのパラダイム、強化、あるいは記号論理学

エリクソンのアプローチが、驚くほど単純だったのは、彼が複合暗示を使用したからです。その最も単純な形の複合暗示は、「そして」、あるいは、わずかな休止という、繋がっている二つのメッセージから成り立っています。一つのメッセージは、受け入れセット、あるいは「イエスセット」を始動する典型的ではっきりとした自明の理です。他のメッセージは本来の暗示です。このセッションでは、たとえば、そのとき、シーラ博士は、腕が固くなっていて、動かなくなっていて、「ゾクゾクする」ようになっていると感じ始めていました。エリクソンは、複合暗示で解離に向かう傾向を強化しました――

エリクソン◎それは、起こりそうです

ロッシ―シーラ博士自身がデモンストレーションして、解説しているように、それは実際起きるので、これは明らかな自明の理についての最初のメッセージです。

エリクソン◎そして、

ロッシ―接続語の「そして」は二つのメッセージをつなぎます。

エリクソン◎あなたは、起きることをコントロールしません。

ロッシ――二つ目のメッセージが本来の暗示を含んでいるので、彼女が現在経験している解離を強化します。このセッションのエリクソンの最後のメッセージの中に、多くの含意を伴ったもっと複雑な複合暗示がります。

エリクソン◎今、目覚めている間

ロッシ――これは、トランスが終了しており、目が覚めている状態を強化することを強く示しています。トランスが終了したことを彼女が実際に知っているので、これはさらに後に続くことのために、彼女の心を開く自明の理です。

エリクソン◎その同じぎこちない位置で、あなたの腕をそのままにしてください

ロッシ――「そのままにする」という語は、彼女が努力をしなければならないことを意味しています。そして、「ぎこちない」はそれが難しいことを意味します。これは可能性を強力にセット・アップしますので、それに続く本来の暗示は実際に起きます。

エリクソン◎そして

ロッシ――接続語「そして」は、以前の自明の理（彼女は目覚めていて、そして、そのぎこちない位置で腕をそのままにすることができます）に次の提案を関連させます。

エリクソン◎どのくらい疲れるか見て下さい。

ロッシ――本来の暗示。当然、彼女は腕が疲れていると素早く認めます。このように、トランス状態が起きている状態とは異なっていることを承認します。これにはさらに、トランス状態で異なることをすることができるという含意が含まれています。

複合文の他の例は、以下の通りです。

エリクソン◎一つの点を見てください。そうすると、私はあなたに話しかけるつもりです。

ロッシ――この例では、セラピストは、自分の行動をコントロールしています（「私はあなたに話しかけるつもりです」）。そして、「一つの点を見てください」と話すことによって、セラピストは実際に暗示を強化することができます。

エリクソン◎無意識の心の活動以外、実際に重要なものは何もありません。そして、それは、あなたの無意識の心が求めるものすべてである可能性があります。

ロッシ――無意識の活動の重要性を、その独立した活動である明白な自明の理によって、暗示し、その後、強化しています。

エリクソン◎無意識が夢見ることができて、あなたが容易にその夢を忘れることができることを、私たちは知っています。

ロッシ――この夢に対する間接暗示はそれ自身科学的な自明の理です。人が夢を忘れることができることは、さらに自明の理によって強化されます。「あなたが容易にその夢を忘れることができる」というメッセージは、さらに健忘のための間接暗示です。

エリクソン◎あなたは、呼吸の回数、脈拍の回数、血圧の値を変えることができます。それを知らずに、あなたは、良い催眠被験者として静止をデモンストレーションしています。

ロッシ――トランス誘導の最初の期間の後、被験者が実際とても静かにしているとき、身体機能の変化についてのこのメッセージは、「あなたは……良い催眠被験者として静止をデモンストレーションしています」というセラピストの間接暗示を容認するイエスセット、あるいは受け入れセットを開始する自明の理です。

ロッシ◎あなたは、しばらくの間、気持ちよくリラックスして楽しみ続けることができます。そして、目覚めた後、あなたは、共有するいくつかのことを関連させることができます。そして、建設的な仕事を続けることができる無意識の中に、あなたは残りをそのままにすることができます。

ロッシ――満足できる催眠療法のセッションが終了した後、

記憶を再生し、忘れるという後催眠暗示の受け入れセットを開始している間、「気持よくリラックスする」という報酬によって、以前に起こったすべてのことが強化される傾向があります。「無意識の中に、あなたは残りをそのままにすることができます」は、健忘のための間接暗示で、セラピストと患者の意識セットを制限して、偏らせている影響を受けずに、無意識が単独で治療を続けることができるようにしています。

複合文が二つの部分から成ることは、これらの例から明白です――

一．許容できる事実からなる自明の理は、暗示に関する受け入れセットを確立したり、あるいは受け入れセットを強化したりすることができます。自明の理に患者の動機づけをする性質がある場合、自明の理はさらに有効になります。

二．本来の暗示は、自明の理の前か後に置くことができます。自明の理が複合文で、暗示に先行するとき、自明の理は、あとに続く暗示のためにイエスセット、あるいは受け入れセットを立ち上げます。自明の理が複合文で暗示の後にくるとき、自明の理は、暗示を強化する機能という立場になります。上記の例からわかるように、エリクソンは両方の形を使っています。両方の形の効果が同じであるか判断することが、将来の研究の課題です。もし、そうであるなら、記号論理学でとても一般的な交換法則 commutative law（自明の理と暗示の位置の逆転）は、複合文の使用法にもあてはまる可能性が示されています。これらの催眠の形が、記号論理学で見つかる法則のタイプに従っていることを、このことが意味しています（Henle, 1962）。強化の形（自明の理が提案の後にくる）の方が、効果的であるとわかるなら、そのときには、学習理論の古典的な法則は、催眠において複合文を理解するために相応しいもののように思われます。受け入れセットの形（自明の理が提案に先行する）の方が効果的とわかるなら、エリクソンが重要と考えたように、そのときには、肯定的な期待が、実際、催眠暗示において、有意な要因であるという証拠になります。

②ショックと創造的な瞬間のパラダイム

無意識の探索のどれかが、患者の内部の関連したプロセスで開始されている間、複合暗示の別の挑発的で興味深い形式は、ショックとその結果として起きた創造的な瞬間というモデル（Rossi, 1973）を利用します（Erickson and Rossi, 1975）。いくつかの例を示します。

エリクソン◎さて、最初のステップはもちろん、あなたの足を解くことです。

（休止）

そして

腕を解いてください。

ロッシ――エリクソンは、この気軽に提示されたメッセージで、魅力的であるが、堅物の女性との催眠を始めました。そのメッセージ、「あなたの足を解いてください」には性的な含意があるために、いささかショックを与えています。休止することで、ショックを組み込むことができて、そして、不明瞭で、混乱させ、そして半分定式化された質問を、その迅速に配列した創造的な瞬間に始めることができます。そしてそれが「正しい」含意を捜している無意識の活動をさらに高レベルで呼び起こします。二番目の「腕を解いてください」という部分は、前に遡って、上記の性的ショックを許容できるようにします。性的な隠喩 allusion は、本当はそんなつもりはなかったこととして、今ここで正当化されます。しかし、ショック効果は、無意識レベルで効果が持続します。二回目の「解いてください」というメッセージは、性的ショックによって始められた高いレベルの精神的な活動を、多くのレベルで、もっと多くの調査セットを「解いて」、開けるための他の関連したネットワークと経路の中へ、今ここで押しやります。

エリクソン◎私はささやきを聞くことができます、

（休止）

森の中の風の。

ロッシ――「ささやき」という言葉に対するショック反応がある可能性があります。もちろんそこには、多くのレベルでの含意（秘密、セックスなど）があります。休止はショックと創造的な瞬間を使って、高い水準で無意識の探索を開始することを可能にします。その後、白日夢、空想、そして、活動に向けた——他のトランスを喚起する寓話 allegorical work のために詩的ムードを高めている間に、「森の中の風」は上記のことを無害にします。


エリクソン◎秘密、感情、行動など、あなたがそのことについて、むしろ話したくないことは
（休止）

あなた自身のトランスで、あなた自身の心で、個人的に、そして客観的に調べることができます。

（休止）

手元の問題を手伝うために

ロッシ——「秘密」は、トランスの安全性の中で、創造的な瞬間を始める別のショックを与える言葉です。休止によって、ショック、そして非常に情緒的な記憶の内部の探索を活性化することができます。その後、潜在的に平静を乱された記憶は、状況を「個人的」、「客観的」評価として、今ここで定義することで比較的安全になります。そう一つの休止が、この安全な調査を進行させます。その後、最終的なフレーズで、この活動が「手元の問題を手伝う」ことを保証することを加えて、さらに肯定的に強化します。これらの例では、休止は重要な要素です。そして、複合文の最初のショック部分に反応して、創造的な瞬間を発達させます。明らかに、催眠暗示のこの最初のショック部分は、精神的な活動と探索を高水準に開始することに最も役立つので、その後、二番目の部分によって開かれる関連したネットワークに、ショックを放出することができます。要するに、その後、精神的な活動を高水準で始めた後、あらかじめ定められた方法で、ショックを問題域に集中させることが、この形式の暗示によって可能になります。

複合暗示の練習

一．このセクションでは、複合暗示を分析するためのアプローチを紹介しました。受け入れセット、学習理論、あるいは記号論理学（あるいはその三つすべて！）のパラダイムに従って、複合文が機能するかどうか判断するために、多くの基礎研究を行う必要があることが理解されるかもしれません。研究者は、これらのパラダイムの相対的な有効性を検討

するために、比較試験を設計し実行することによって、これらの問題を調査することができます。臨床を志向する読者は、暗示の受け入れを促進するために、ワークショップでの実習で使われる両者のタイプの複合暗示を構築することで、この問題を調査することができます。言語化、音声力学、および他の特性における自分のスタイルの機能として、一つの形、あるいはもう一つの形で、さらに効果があることを臨床医たちが見つけるかもしれません

二．患者の発話とセラピストの発話において、自然に複合したこと compounds を調査するために、治療セッションのテープ録音を聞き直してください。患者が個人的な問題を説明するように、強迫観念、徴候、その他を引き起こす連想パターンに対する洞察を得るために、患者の複合したこと compounds を調査してください。セラピストが患者に話しかけるとき、観念作用 ideation と行動のどんなパターンが、セラピストの発話の中の自然に複合したこと compounds によって、意識的、あるいは無意識的に強化されますか？

三．特に個々の患者にとって容認できる自明の理と暗示を結びつける催眠誘導を構成してください。受け入れるのが簡単な複合文において、そのような自明の理といろいろな催眠現象が関連する方法を計画してください。

偶有的暗示と連想ネットワーク

催眠暗示（偶有的暗示）に左右されるような流れに、患者の自発的な反応をさせたいとエリクソンが考えたとき、別の複合暗示の形式を使用して状況を整えます。患者の行動階層において、催眠反応は低いかもしれませんが、患者の行動のレパートリーにおいて、そして通常のすぐに起きるプロセスにおいて、反応パターンの高さに関係しています。進行中の行動の勢いを止めることは、本当に難しいことだと患者は気づきます。そこで、すでに開始している行動パターンを完成するために、許容できる条件文として催眠暗示を加えます。偶有的暗示は、患者の進行中の流れに「便乗します」。回避不能で最も起こりそうな反応は、催眠反応の実行に左右されるようになります。このようにエリクソンは、ほとんど異議を起こさない方法で、患者の自然の反応の流れに自分の暗示を組み合わせます。

ジョニーがドアから外へ走って出るとき、「出て行くときはドアを閉めなさい！」という母の禁止命令は、偶有的暗示の中で最も単純な形です。行動のすでに起こっている流れ、「出て行くときは」は「ドアを閉めなさい」に左右されるようになります。「ドアを閉めない限り、あなたは出かけることができません」と実際には、母親が示唆しているからです。体系的にトランスを深めるのに用いられる他の例は、以下の通りです——

あなたがその点を見続けると、あなたの目が疲れて、すべて自ら閉じるでしょう。

あなたが目を閉じてそこに座り続けると、あなた自身がもっとリラックスし、かつ快適になっているのに気づくでしょう。

あなたがその快適さを深めていると感じると、あなたは動くことも、話すことも、あなたを悩ませることも必要がないと認識します。

あなたの体の残りの部分が、良い催眠の被験者に特有である不動の状態を維持していると、あなたの右手はページを横切って鉛筆を移動させて、あなたがトランスの中で経験したいことを自動的に書きます。

そのような連鎖で、暗示を結びつけることは、「トランス」と呼ばれている新しい首尾一貫した内部の現実を徐々に形成する指令を相互に補強するネットワークを作成します。それ自身の道しるべ、規則と「現実」を伴う意識の変性状態として、トランスに対して「体」あるいは実質を与えることは、そのような連想ネットワークを構築することになります。

エリクソンは、多数の複合した形の偶有的暗示を大きなグループの前で、被験者に何度も使用したことがあります。

エリクソンは、個人診療で、トランスのトレーニングをして上手くなった患者と同じように、初めてでもトランス誘導しました。「あなたはそこのその椅子にずっとall the way座るまで、トランスに入らないでください」、と被験者が椅子に近づいたとき、エリクソンは言いました。

トランスに入らないでください。

エリクソン——「しない」という否定を使うことで、「トランスに入る」ための暗示に対する抵抗の可能性を和らげます。

あなたはずっと all the way 座る～

ロッシ―進行中の不回避な行動の流れの一部として、これは、先に述べたことに対して、「イエス」セット、あるいは受け入れセットを確立します。

～まで

エリクソン―今、患者にとって容認できる形で、トランスの可能性を再導入する偶有的な形式です。

その椅子に

ロッシ―先に述べたことすべてについて、別の即時の肯定的な力価 valence を置く受理可能な指令です。

そこの

エリクソン―被験者がその椅子に座るなら、トランス状態になるという選択を受け入れていることを、「そこの」は意味します。被験者が座ることができる他の椅子があることがわかります。その場合、トランスに入りません。

この複雑な偶有的暗示は、このように一般的なパラダイムになります――

否定↓暗示↓偶然↓進行中の行動の流れ

幻視、健忘、そして後催眠暗示という劇的な経験につながった偶有的暗示は、連結している鎖でできている連想ネットワークの古典的な例でした。観衆の「抵抗する」メンバーにトランス誘導をするために、エリクソンはアプローチしました。たとえば、あるとき、一人の歯科医が妻に、デモンストレーション被験者になれば、トランスを経験して学ぶことができると説得しました。彼女は、断固として拒絶して、観客席の柱の後の席に隠れようとしました。エリクソンは彼女を見つけ出して、以下のように進行しました――

エリクソン◎私はボランティアが好きです。ですから、私もまた、ボランティアを指名したいと思います。

ロッシ―この複合文では、「ボランティア」という、喜んで同意できる言葉を出して、誰でもボランティアになる可能性を作ります。

私が指名したい人は、柱の後で隠れ続けている白い帽子をかぶっているかわいい女性です
シーラ◎コロラド・スプリングスからずっと、私の夫は、私に被験者になるように説得しました。私は夫に、そうしたくない、と言いました。
エリクソン◎さて、あなたがそうしたくないと思ったことに気づいてください。

エリクソン――この発言が意味することとは、「あなたがそうしたくないと思った」と、ボランティアになりたくないことを過去のことにすることです。これには、もう一つの含意が含まれているので、このフレーズはダブル・バインドでもあります――意識レベルでの「あなたはそうしたくないと思った」は、無意識レベルでは、実際、そうしたかったということを、ほのめかすことができます。

そして今、あなたはその柱の後ろから完全に出てきて、ステージまで、遠路はるばるall the way来たほうが良いと思います。

ロッシ――これは偶有的暗示です。その暗示の「こちらまで来る」は、柱の背後から出るという彼女の進行中の行動に便乗します。

シーラ◎〔彼女は前へ進みながら〕でも、私はそうしたくありません。
エリクソン◎どうぞ、この椅子にずっとall the way座るまで、前に進み続けている間にトランスに入らないでください。

エリクソン――「しないdon't」という否定を利用する別の偶有的暗示によって、さらに否定を緩和している間、否定的態度を認識したり、表現したりすることができるようになります。

ステージの上にいても、あなたは深いトランスに入っていないということを知っています、

エリクソン――自明の理と深いトランスに入っていないという安心があります。彼女が軽い、あるいは中程度のトランスに入っているかもしれないということを、この文章は示唆しています。

しかし、あなたはその椅子に、さらに近づいています

エリクソン―前の文と一緒になって、この文章は、彼女が椅子に近づけば、近づくほど、トランスに入ることを示唆しています。

そして、あなたは、気にしていない、と認め始めています

ロッシ―「始めて」は今、彼女の否定的な「気にしていない」という態度を利用する内部探索のプロセスを始めます……

あなたがトランスに入っているかどうかを。

ロッシ―……「あなたがトランスに入っている」可能性へ、彼女を持っていくために。

あなたが近づけば近づくほど、トランスに入る快適さに、さらに気づくことができます。

ロッシ―「快適さ」という肯定的な動機づけを加えた別の偶有的暗示です。

しかし、あなたが椅子に、ずっとall the way座るようになるまで、ずっとall the way中に入らないでください。

ロッシ―前に説明した古典的な偶有的暗示です。

ずっとall the way下へ。[座ろうとしたとき、彼女に言いました]

ロッシ―これは、二つのレベルのコミュニケーションです――それは、二重に意味があるメッセージです――(一)「ずっと」座りなさい、そして(二)「ずっと」トランスに入りなさい。座るという彼女の行動は、レベル一のメッセージを、彼女が受け入れていることを意味します。しかし、彼女が座ったとき、さらに彼女はレベル二において、トランスに入るための暗示を理解することなく受け入れています。

エリクソン―簡単に受け入れることができる他の暗示を使って、進行中の行動のあらゆる部分を連結することで、トランスの別の一部を生じさせること、彼女の前への動

き全てを、私は関連させました。

あなたは、コロラド・スプリングスから、はるばるall the wayやって来て、ずっとall the way椅子に座っています。

ロッシ―奇妙な方法ですが、この文章は、コロラド・スプリングスからのすべての行動が、彼女の現在のトランス経験に向かう、どうしても変えられない行動inexorable movementだったことを意味してします。これによって、長い歴史が行動に与えられて、彼女のトランスの重要性が増します。

あなたはトランスに入りたくなかったことをわかっていました。あなたは、なにか他のことのほうが良いと、わかっていました。あなたがそのことをよく考えると、

ロッシ―次の暗示につながる一連の三つの自明の理。

そこには何か他のことがあります。

ロッシ―本来の暗示が、再度彼女に内部探索をさせます。

ですから、なぜそれを見ないのですか？

ロッシ―彼女の注意を集中させる無制限な形式の質問。さらにこれは、幻視経験を可能にするための間接暗示（「見る」）です。

（休止）

シーラ◎［何もない壁を見ながら］私は、キッチンの窓から、スキーヤーたちを見ると、ワクワクします。

ロッシ―彼女は上記に応えて文字通りに、エリクソンが、以前に暗示した「ワクワクpleasure」を伴って「スキーヤーたちを見ます」。

エリクソン◎他に何がそれを強めますか？

ロッシ―さらに個人的な連想をしていくことを、彼女にできるようにする別の無制限な形式の質問です。

シーラ◎私がスキーヤーを見ているときは、オーディオをいつもつけています。

そうすると、お皿洗いが簡単になるのです。

ロッシ―彼女は、さらに音楽を聞いているとつけ加えました。幻覚的行動を可能にする最も簡単な方法は、恣意的なアイテムよりもむしろ患者自身の連想を呼び起こすことです。

夫――［ここで、観衆の中にいた夫が立ち上がり、以下のことを言いました］

そうです。キッチンの窓の近くに、スキーヤーたちが山の上から滑ってくるのを見ながら、彼女は皿洗いをしています。

［その後、夫は出産のための催眠トレーニングを彼女に始めたいと希望していることを、エリクソンに話しました］

エリクソン―私は、あなたが将来、催眠を取り入れたら良いと思います。

ロッシ―これは、将来の行動のために、彼女の新しい選択肢を与える無制限な形式暗示です。

あなたが目覚めた後、それについてあなたが私に尋ねると思って下さい。

ロッシ―これは将来の催眠ワークに関して、彼女の希望と要求を表に出すことができるという後催眠暗示です。彼女が目覚めているとき、彼女が求めていない出産のための催眠トレーニングについて、特定の暗示を持ち出すことは、将来のトランスワークの可能性を大きく破壊しますし、倫理に反します。

シーラ◎［彼女は、目覚め、ステージを見回しました］

私は、催眠被験者に志願しないと夫に話しました！ 私は、その柱の後で隠れていました。そして、今、私はここにいるのでしょうか!? トランスに入っていたに違いありません。

エリクソン◎あなたが感じている快適さは、本当に素晴らしいと思いませんか？

ロッシ―自明の理（快適はトランスの特徴です）の質問は、彼女の怒りの反応を弱めるために、肯定的感情を喚起します。

シーラ◎トランスで私は何をしていましたか？

ロッシ―健忘を示唆しています。

エリクソン◎あなたは本当に知りたいのですね？
ロッシ―これは、彼女のトランス経験の記憶痕跡を整列させます。したがって、記憶痕跡は、意識に入る準備ができています。

シーラ◎私は、絶対知りたいのです！
エリクソン◎そこを見てください！［エリクソンは意味ありげに、彼女が最初に幻覚を起こしたときに見ていた窓のない壁を見て、指さしながら］
シーラ◎おお、あの人達、スキーをしています！［彼女はスキーヤーの幻覚を盛んに見続けます。そして、スキーヤーの行動を説明しています］

ロッシ―その同じ壁を凝視しながら、目を開けた幻視の形式で、それらの記憶痕跡を意識的に経験するための道筋を提供するために、彼女の強い動機はここで利用されています。記憶痕跡を幻覚の形で放出できるようにした予期しないアプローチによって、トランスは再誘導されました。

［その後、シーラはこの二回目のトランスのことを健忘して、再び目覚めます］
エリクソン◎ステージに最初に上がって来たとき、あなたは、そのトランスで何をしたと思いますか？
シーラ◎［まるで以前に彼女がスキーヤーのことを話さなかったように、彼女がおそらくスキーヤーを見て、再度それについて、すべてを詳細に繰り返したと、シーラは言います。それから、将来、催眠の使い道がないかどうか、彼女は疑問を口にし始めます。］

ロッシ―彼女は、将来に催眠を取り入れる可能性について、現在、後催眠暗示に従っています。

エリクソン◎ええ、あなたは結婚しています。
シーラ◎そうですね、子どもがほしいと思っています。
［その後、シーラは、出産に催眠を利用する可能性について議論します。数年後、彼女は、とても上手く催眠を利用しました］

ロッシ―結婚について連想することは、当然結婚・出産・催眠の間の関係を想起します。

偶有的暗示の練習

一．第一章で強調された行動における規則性について、患者を観察することに価値があることは、ここで明らかになります。偶有的暗示の有効性は、大部分、暗示に時間を適切に合わせることに、そして進行中の行動の規則的なパターンに関係させることに依存します。患者は特定の行動パターンに「閉じ込められ」れば、閉じ込められるほど、それが便乗する適切な暗示のために、さらに強力な伝達手段になります。

個々の患者で観察した日常行動におけるほぼ自動的に進行する全てのパターンと、結びつくことができるような単純で複雑な偶有的暗示を明確に述べてください。これは、進行中の連想、あるいは行動のどんなパターンであっても継続するように、患者を激励するのと同じくらい簡単なことです。さらに治療的な反応を構築するために、変更する暗示を加える方法と最後に暗示を加える方法を、徐々に学んでください。

二．心理療法の反応を促進するために、単純で複雑な偶有的暗示を利用することができる方法を計画してください。

三．催眠現象だけでなく催眠誘導を促進する連想ネットワークを構築してください。エリクソンの人工複合体artificial complexesと実験神経症の構築に関する研究（Erickson, 1944）は、連想ネットワークを考案する方法を研究するために、特に価値があります。そのような連想ネットワークの定式化は、催眠の現実を構築することについての最もはっきりした実例となるでしょう。

複数の仕事と連続した暗示

以上、見てきたように、一つよりもむしろ二つ以上の催眠暗示を提供することは、さらに効果的です。しばしば、簡単な仕事を一つこなすと、その勢いで、より難しいものに進めるようになります——偶有的暗示のケースのように。

一連の繋がり、あるいは連鎖の暗示を使うことは、行動パターンを構築する効果的方法です。一つの項目を実行することが、次の項目の合図、そして刺激として役立ちます。エリクソンは、催眠の現実を学習し、実験した初期の数年間に、そのような一連のものをしばしば使用しました。エリクソンは、研究所で被験者たちに、想像して「段階的に、そして、正しい順序でプロセスを心で経験してください」と指示して、想像上のテーブルの上の想像上の果物の一片に手を伸ばすという実験をしました（Erickson, 1964）。実際に、手を伸ばして、本物の果物を取り上げるなら、皮膚の外側の本当の物に対する一連の刺激－反応インタラクションが必要です。しかし、心でこの仕事を実行するなら、感覚刺激、知覚的パターン、運動感覚の合図などの記憶を使って、自分の心の範囲内で完全にインタラクションします。この内部の焦点および自分の精神的プログラムの利用は、トランス経験の本質です。一連の自分の内部プログラムを利用する段階を必要とするような精神的作業に、被験者を置くことは、したがって、別の価値のある催眠の形式です。

このため、エリクソンが複合文を作成するとき、エリクソンは連続した、複数の、あるいは複合的な仕事をしばしば与えます。エリクソンの大好きな言葉は、「そして」のように見えます。一点に集めた内部の焦点の中に、被験者を同時にトランス状態に維持している間、暗示が互いを相互に補強できるように、「そして」によって、エリクソンは暗示を一連につなぐことができます。

注意を内方へ固定して、想像上の仕事に集中させることは、このようにトランスを誘導する間接的な手段です。一連の場面または映画（視覚のタイプのために）を見ながら、内部の音楽（特に音楽トレーニングをしている人たちのために）などを聞きながら、被験者に一連の初期の記憶をチェックさせることによって、この内部のトランスを誘導している焦点は、簡単に達成されます。これはファンタジーの基礎です。そして、視覚化はトランス（「家－木－人」または「黒板」の視覚化、その他）を誘導するために、アプローチします。

連想ネットワークを作っている何気ない、自然主義的な暗示の連鎖は、催眠後の行動を促進するために、特に効果的です。エリクソンの初期のセミナーの一つ（Erickson, 1939）からの次の例は、特に効果的です。なぜならすべての喫煙者に共通する、行動と動機の典型的なパターンを利用するという意味で、このタバコに関する暗示のシリーズが自然主義的なものだったからです。自然に連なっている、すでに多少とも組み込まれた行動での出来事に被験者は同調します。

目覚めた後、被験者は、（一）ポケットのタバコのパッケージを、一生懸命捜しているD博士に気づきます。

（二）それで、被験者は自分のパッケージを差し出します。その後、（三）D博士は、ぼんやりしていてタバコを返すのを忘れます。そうすると被験者は他に持っていなかったので、タバコを返してほしいと強く感じます。

習慣的行動パターンを自動的、そして部分的に無意識が実行する方法で、自然主義的、あるいは「組み込まれた」側面を、この一連の暗示は利用します。被験者が精通している行動パターンを利用することで、初期のトランストレーニングは大きく促進されます。これらは、ほとんど意識的な努力を必要としないので、このように脆弱な性質を持った初期のトランス経験に干渉することはありません。

複数の仕事と連続暗示の練習

一．被験者が二つ以上の仕事で忙しい状態におかれる催眠誘導を考案してください。（一）その場所を見ている間、被験者は、（二）まぶたに生じる感覚には何にでも注意するよう要求されます。（一）腕浮揚している間、（二）無意識は、問題を解決する必要がある、すべての連想と記憶を整理することができます。

二．ダブル・バインドが働くようになるように、二つのレベル（意識と無意識）上で遂行される複数の仕事を明確に述べてください。

三．解離と古典的な催眠現象の経験に、段階的につながる連続した暗示を明確に述べてください。

四．被験者自身の自然な行動パターンを利用することで、催眠後の行動を促進することができる連続した暗示と連想ネットワークを考案してください。

第四章
相互トランス誘導

Four

エリクソンが催眠被験者に好んでするトレーニングの方法は、トランス経験豊かな被験者を、初心者に観察させることです。しかし、このとき、エリクソンは、観察させるだけでなく、二人の被験者それぞれが、相互作用してトランス経験を促進するような相互トランス誘導を構成します。

このセッションでは、エリクソンは最初に、心理生理学的なトランスの徴候を指摘することから始め、その後、トランスでの顕著な特徴について、話しました。つまり、離れているという主観的感覚 feelings of distance――患者の内的現実とラポール、患者の声質の変化とトランス状態で話すことを学習することです。さらにエリクソンは、患者の体のいろいろな部分で脈拍 pulsations を観察することの重要性を説明し、患者を慎重に継続的に観察する必要性があることを強調します。エリクソンは、患者の行動における苦しみの指標 indications of distress に気づくために、特別な注意をします。さまざまな巧妙なアプローチを使って、患者の意識と無意識の知識との間での内部のバランスを完全に保護して、この苦しみ distress を究明します。

このセッションで重要なことは、トランスは無意識の学習が活発になっている状態である、というエリクソンの見方を説明していることです。被験者は単にそこに座っているだけではない、という核心に辿り着くために、被験者（精神病での入院患者）の一人に二〇〇時間使ったことを、エリクソンは指摘しました。しかし、通常目覚めているときのように、意識的に、患者は自分自身に指図することができません。この精神的な活動のための推進力は、無意識から来ているので、ここでの学習は学校でやるような知識を得るタイプのものではありません。それは自主的に進める学習であり、知識を得るというよりは、むしろ経験するという学習です。エリクソンは、シーラ博士が学習してきたことは、そのほとんどが知識を得るタイプのものだ、と指摘した後、その人自身の内部経験を通して自発的に学ぶことが、トランスを深めるもう一つの方法だ、と説明しました。

メンタルセットを解放する驚き

［思いもかけないこととして、H博士（現在エリクソン博士と一緒に治療している非常に経験豊かな催眠被験者）は、このセッションに誘われ、ロッシとシーラに加わりました］

ロッシ―あなたの仕事で、驚きが果たす役割は何ですか？

エリクソン―驚きの作用をお話しすると、患者は特定のメンタルセットであなたのところへ来ると、患者はあなたがそのセットに入って来ることを期待していますが、あなたが患者を驚かせると、患者はメンタルセットから抜け出します。それで、あなたは、別のメンタルセットを、患者に適合させることができるようになります。

ロッシ―患者が問題を持つ原因となった誤った意識セットを、あなたは取り除くのですね。

エリクソン―混乱テクニックと同じ効果があります。

間接暗示

エリクソン◎さて、私は彼女を見るつもりです。私は、あなたがた［ロッシとH］二人に彼女を観察してほしいのです、

瞬目反射を。

［三人ともシーラを見ている間、三〇秒間の休止］

エリクソン―ここでシーラの話をすることで、私は実際には、彼女に間接暗示をしています。彼女が一見自然な

方法で、瞬目反射を見せるとすぐに、ここで初めて、私は多くのトランスの基準となるようなことがあることに気づきます。

ロッシ―これは間接暗示というあなたが好きなアプローチです——あなたは、最終的に、催眠反応するように、観衆に何か言って、あるいは一連の連想を開始させる方法として、他の人の経験を話します。それは間接的な形の観念運動暗示、あるいは観念感覚暗示です。

間接誘導における観念運動活動 ——トランス状態の判定をはじめる

彼女のまぶたが少しピクピクしました。

そのピクピクに加えて、顔面から表情がなくなっています。

呼吸に変化があります。

さらに血圧が下がっています。

さらに脈拍が下がっています。

反射がなくなっています。

私があなたに、彼女のことを話していることに、彼女は気づいています。

今、リズムがわずかに変化しています。

そして、彼女は浮遊し始めています、

まさに深いトランス状態へと。

エリクソン―シーラについて話したことすべてが、Hへの暗示でもあります。しかしHはそのことを知りません。

私がシーラにしたすべての暗示によって、Hの中に理解が自然と引き出されます。そして、ある程度、その理解は彼自身が理解したことを実行するよう要求します。

ロッシ―それは、催眠における観念運動の基本原理です。あなたは、Hに気づかせることなく、催眠誘導を始めるために、基本原理をここで利用します。［ここでエリクソンは、観衆の前で、何人かの経験のない被験者と催眠をデモンストレーションする典型的手順を解説します。エリクソンは、いろいろな現象をデモンストレーションしながら、催眠的な「空気」で周りすべてを取り囲むことで、抵抗する被験者が影響を受けるまで、協力的な被験者で抵抗する被験者を取り囲みます。抵抗する被験者が影響されていると感じ始めると、被験者はすぐに「驚きの表情」を示します。そして、エリクソンは、いかに感情が「興味を持っていて」、そして「惹きつけられている」か、述べることによって、驚きを補強します。被験者がこのアプローチで恐れからうまく逃れると、多く

の場合、最初に怖がっていた人たちが、いっそう深いトランス状態になります］

患者の現実とラポール

そして、彼女はこの現実から立ち去っています
異なる現実に入るために
そこでは、ロッシの現実とHの現実は入れ替わり、
そして、私のものは、どんどん重要でなくなります。
そして、私の声が？
私は正確には知りません
彼女が私の声を聞く方法を。
多分遠くの音のように、
そして、彼女は、私の声を聞く必要がないと感じます。
私は彼女のすぐ傍にいます
彼女が私の声を聞けるように。
身体の運動性の喪失、あるいは変化から
あなたは、それに続くことができます、
それは、彼女の心を通り抜けている個性 character と思考過程 ideation について、あなたに何かを伝えることができます。
［エリクソン夫人が呼ばれました。彼女が入って来ると、シーラの子どもたちを静かにさせるように言われます。子どもたちはオフィスの外で、大声で遊んでいます］

エリクソン―彼女を私たちの現実（エリクソン、ロッシとHによって共有される三つの部分に別れた現実 tripart reality）から切り離すことは、彼女自身の現実に集中させることで、トランスを深められるようにします。

ロッシ―なるほど！　催眠療法家がセッションの最中にドアのノックでさえぎられたら、郵便配達人や配管工と話さなければなりません。その場合、患者は放っておかれ、患者自身の内部の現実に放置されるので、現実を分離しておけば、患者はトランスでの現実を深めることができます。

エリクソン―私は、苦労して発見しました。初期のころ、私は常に目覚める被験者を何人か経験しました。それは、私にとって大きな問題でした。私は被験者を別々の部屋で、同時に治療しました。それで、私が部屋から出て行くと、患者は目覚めました。私は、ある方法を使って、患者をその場に残す必要があることを発見しました。そうすると、患者はトランスを維持しました。私は、患者が放置されていないことを、患者に保証する必要があ

りました。患者は、私が戻ってくると信じることができました——私は、一時的にいなかっただけでした。最初は、私は、それを言葉で患者に話していたのですが、後になって、非言語的な合図を使う方法を学びました。

ロッシ—例えば？

エリクソン—「私はここにいます。あなたはここにいます」（たとえ実際に、エリクソンがどこにいたとしても、エリクソンは、被験者とエリクソンが常にラポールがとれていると被験者が考えるような方法を、部屋の中のどこでもこの手法を繰り返して、デモンストレーションします。）私が立ち去るとき、「たとえどこにいようとも、私はいつでもここにいます」と、私は言います。被験者が声の場所をどれくらい知っているか、誰にもわかりません（Erickson, 1973）。

ロッシ—それは、すべて無意識の学習です。

エリクソン—そうです。［ここでエリクソンは、荒海を航海する船に乗っているかのように、声の場所を、上下に動かし、上に下に前に後ろによろめいて、場所の変化を模倣することだけで、催眠被験者に船酔いを実際に生じさせた方法を書いた論文（Erickson, 1973）の話をします］

トランスで話すことを学習すること

ロッシ◎シーラ、今どんな気分ですか？

シーラ◎う〜ん［とても遠くに離れているかのようにとてもソフトに］すばらしいですよ。

ロッシ◎意識状態について、私たちに説明することができますか？

エリクソン—睡眠に入っているときに話をしても、社会的に受け入れてもらえないことを、生涯にわたって人々は学習します。寝ているとき、あるいはトランスに入っているときに話すと、本音を言ってしまうと恐れている人が多いことに驚いてしまいます。

ロッシ—それで、あなたはトランスで話す能力について、特別な指示と安心を患者に与えなければなりません。そして、あなたは、患者がどのように感じているか、尋ねるだけで安心を与えます。

エリクソン—私は、「快適」とか「すばらしい fine」のような言葉をすでに使ってきました。それで、彼女が「すばらしい」という言葉を使用したので、快適さを感じるために、彼女が私の暗示に従っていることが、私にもわかります。

催眠での声質

シーラ◎あなたの声が聞こえています。（離れた場所にいるロボットのような声）（休止）

ロッシ―あなたは、ロボットのような、あるいは遠く離れているような声質が、何に由来すると考えていますか？

エリクソン―筋緊張が異なっているせいです。彼女の顔は表情を失くしています。声をコントロールしている筋肉を含めて、全ての筋肉が柔軟性を増し、弛緩しています。

トランスにおける無関係な刺激

［笑う］

あなたは、私をくすぐっています。

［あたかも彼女がほとんど目覚めているかのような、私的な声］

［実は、ロッシがマイク・コードを調節していたので、不注意にも、マイク・コードが彼女のひざのところで上下に動いていました］

ロッシ◎それは全くのアクシデントで、くすぐっていたのはマイク・コードでした。どのように、そのくすぐりを経験しましたか？

シーラ◎多分、私がこの状態から出るかどうか、確かめるために、あなたがくすぐっていると思いました。

［大きな笑い声］

私は、エリクソン夫人が中へ入ってきて、彼女が私のつま先を踏みつけたことを知っています。しかし、痛くありませんでした。

［あたり一帯まで聞こえる笑い声］

ロッシ◎意識状態は、今どうですか？

シーラ◎ええ、目覚めてきています。

ロッシ◎完全に目覚めていますか？

エリクソン―トランスにいる間、すべての無関係な刺激を無視するようにと、彼女に指示しなかったので、このような覚醒反応をしました。あなたはどんな性質の刺激であっても、トランス状況に入り込めることを知っている必要があります。そして、あなたはそれに対処することを学ぶ必要があります。電話が鳴っても、エリクソン夫人なら深いトランスの中にいるかもしれません。そして、トランスの中に入ったまま、電話の応答をするかもしれません。もし、聞きなれない声が聞こえたら、彼女はすぐに目覚めるでしょう。しかし、電話の相手を知っていたら、シャキッとした声でも、彼女はトランスに入ったままですから、電話の人は、彼女がトランスに入っていると気づかないでしょう。しかし、電話の人が私の催眠被験者の一人なら、その人はトランスを認識するでしょう。

トランスでの離れた感覚

シーラ◎ああ、私は戻りましたが、少し離れた感じです。(休止)

エリクソン―その「離れた」という感覚は、トランスの徴候です。離れたというその感覚を、本当に説明する人は誰もいませんでした。

ロッシ―あなたなら、それをどのように説明しますか？

エリクソン―観衆の前のあらゆる話し手は、観衆が私といる、あるいは、私といないという感覚があります――観衆は、私から遠く離れています。

ロッシ―離れたという感覚は、共通の共有世界が不足していることを感じることからきています (Rossi, 1972a)。

エリクソン―そうです。

意識の理解を弱めること

エリクソン◎シーラには、そのワークができることを発見する機会がありました。

今、私には、できるだけ愚かでいる権利があります。

私には必要ありません、

すべてを理解することは。

進歩的な理解が、あなたの側にあります、

Hの側に

別の人の側に

(休止)

そして、Hは怖がる必要がありません

憎しみについて

あるいは、その言葉、愛を怖がる必要はありません。

あなたは、それらの言葉についての新しい知識を怖がります。

(休止)

ロッシ―あなたが「できるだけ愚かでいる権利があります」と言うことによって、あなたは、ほとんど意識的に理解する必要がないことについて、誇張したユーモラスな暗示をしています。このことは、この時点で、シーラとＨは意識を使う必要がないことを意味しています。後から、シーラとＨは意識的な理解を発展させることができますが、今のところ無意識に処理させています。それから、あなたは「怖がる」などの治療に関係する二、三の言葉をＨに言いました。

合図としての声のトーン

そして、ロッシとシーラは、ここで私たちに加わることになりました。
二人は、来ても良いか、知りたいと思って電話しました。
そして、ここに二人が参加することが、二人にとって利益になり、そしてあなた（Ｈ）にとって利益になることが私にはわかりました。

ロッシ―明らかに、あなたは非言語的な手掛かりから、Ｈがこの時点で、安心を必要としていると感じたので、この合同セッションの実用的な面について話しました。その後、一緒にいることが、誰にとっても利益になることを強調しています。

エリクソン―そうです。「あなたにとって」とＨに話したとき、声の方向を変えて、さらに声のトーンを変えていることに気づいてください。

ロッシ―このような声の合図を、シーラとＨは、自動的に、そして、正しく解釈します。それで、彼らは、たとえあなたが非人称代名詞を使用したとしても、あなたが誰に話しかけているか、常に理解します。

トランスにおける別の名前

なぜなら
私は、相互交流をさせることができました
交流は、あなたにとって、ハービー［以前、催眠している間に、Ｈの人格に割り当てられた名前］にとって、シーラにとって、ロッシにとって非常に価値がありました。

ロッシ―Ｈが持っているように、何人かの患者と広範囲な仕事をする場合、時々、患者にトランスでの別名を与えています。どうしてですか？［エリクソンは、一人の人（恋人、仲間、親、あるいは子ども）が、それらの関係の特別のムード、あるいは様相を引き出すために、もう一人の人に愛称を与えている日常生活での多くの例を挙げます。子どもは、父親の呼び方を場所と機会に応じて、「父」あるいは「おとうさん」あるいは「パパ」と使い分けて言います。トランスにおいて、患者が経験した特定の自我状態に、後から戻ることができるように、セラピストは特別な名前で、その自我状態を区別したいと思うことがあります］

相互催眠でのラポール

［Hはとても注意深くシーラを見ていましたが、おそらくシーラの意識状態を調べようとしていたからでした。しかし、ハービーの話になった瞬間、ハービーは、さらにジッと見つめて観察しました。シーラはこれに気づいているようで、二人は、凝固したように、瞬きもせずに、互いの目を黙って、深く覗き込みます］
ロッシはシーラを見ることができます。そして、あなた（H）は特定のものを発見することができます。
（休止）
［シーラとHの瞬きが変化します。シーラのまぶたは最後にパチパチしてから、閉じます。さらにHの目も閉じます］
そして、シーラは新しい発見をしました。しかし、あなた［H］も新しい発見をしました。
（休止）

ロッシ―このように、次第に軽いトランスを生じさせながら、二人がうっとりした様子で、静かに座っているという催眠の雰囲気を整えています。今、お互いを見ながら、二人は自動的に、お互いの催眠行動（例えば、じっと見つめていること、瞬きすること）を模倣して、より深くトランスに入ります。

エリクソン―そうです。この時点で、シーラとの距離以上にHとの距離は大きく離れていました。

ロッシ―トランスにさらに深く入っていたという意味ですか？

エリクソン―Hは大きく離れていました。Hは、シーラとあなたを除外して、自分自身と私だけの現実に入ろうとしていました。

ロッシ―そうしてここで、あなたは、さらにHの内部の現実へと、シーラと私を連れてこようとしていました。

しかし、あなたは、Hがシーラと私を除外する傾向があるとどうして言えるのですか？　Hは、私たちから遠ざかっていて、あなたの方へ体ごとそっくり向いていましたか？

エリクソン―患者はあなたを真っ直ぐ見ていました。しかし、あなたに注意していないということが、患者にはわからなくても、あなたにはわかります。

ロッシ―そうですね、患者の目は、夢見るような表情で見ています。

エリクソン―しかし、あなたは正確な言葉でその「夢見るような表情」を定義することができますか？

ロッシ―それは難しいですね。しかし、あなたは、これは経験すれば身につくと言っています。今まで、それはほとんど、あなたにしてみれば無意識の直観的知識でした。

エリクソン―その通りです。

トランスと言葉の個人的な意味

さて、あなた方二人は、望んでいます
深いトランスを
現実の幻覚を伴って、
そして、非現実的な、
そして、無定形な物を組み合わせた幻覚を伴って。
無定形な物、無定形な感情、関係、
そして、アイデンティティ。
（休止）

エリクソン―「あなた方二人は深いトランスを望んでいます」と言って、ここで私は、二人の間に区別をもたらし始めています。

ロッシ―あなたは、別々の人として、各々に、そのメッセージを言っているのですか？

エリクソン―そうです。二人は各々、自分のために、個人的な意味を持った自分のトランスを持つことができます。患者としてのHについては、治療の一部として、拡散した感情diffuse emotionsを経験することは重要です。トレーニング中のセラピストであるシーラとしては、後から専門的に対処するように求められる不定形の感情との関係を、認識することを学ぶことは重要です。

ロッシ―同じ言葉でも、人が違うと、違う意味になります。同じ人に、レベルごとに異なる意味を持つ特定の言葉を、あなたがよく使うことと、このことは同じです。

時間歪曲──全ての可能な反応を暗示すること

そして、あなたが時間を過ごすとき、
時間は、強さを変えることがあります。
時間は凝縮することができます
時間は拡大することができます、
ですから、あなたはほんの数秒の間に、人生を振り返
ることができます。
(休止)
その数秒は拡大することができます
年という
単位に。
さらに、数日は凝縮することができます
一瞬に。
あなた方二人にとって
それは、あなた方の学習の問題です
(休止)
患者を扱う際に
患者の痛みを取るために
そして、患者に全ての痛みを経験することを教えるた
めに
瞬間的な一過性の疼痛として。
痛みは、その瞬間だけ、とてもひどい可能性がありま
す
たとえ痛みが一日中続くとしても。
あなた方二人とも、時間を拡大する方法を学びたいと
思っています
意識を拡大する方法を、
そしてあなた方二人とも知ることが必要です
そのようなことを
時間、感覚、痛み、感情の収縮することを。
一時間の愉快な講義は、
講義が終わると、始まったばかりに思えるかもしれま
せん。
あるいは、退屈な講義の中で、椅子が痛くなり始めて、
そして、あなたは疲れ、そしてあなたは思い巡らしま
す
この時間がいつ終わるのかと。
あなた方二人とも、過去にそんな経験をしました。
そんな経験をしたときを知っています。
今、あなた方は、それらを自分に適用することになり
ます
自分が理解できる方法で

そして、他の人が理解できる方法で。

（休止）

エリクソン―時間歪曲が、ここでの二人の異なる文脈において、二人ともに役立ちます。

ロッシ―あなたは、どんな程度でも患者が自分で使えるものを見つけて、動作する全てのタイプの時間歪曲（凝縮と拡大）を暗示します。このように、あなたは、あらゆるレスポンスを示唆する基本技術に従っています。その結果、暗示が失敗することはほとんどありません。患者が経験することすべてが、あなたの包括的な暗示にカバーされているので、成功として数えることができます。

エリクソン―ここで再度、学習に関する問題を、異なる方法で、一人一人が手に入れます。その他多くの問題についても。

ロッシ―あなたは、暗示の真実味と容認性を強化するために「イエスセット」を誘導するために、一般的で日常的な自明の理（これらの教養がある被験者が双方とも確かに経験したこと）を使います。

活発に無意識が学習する状態としてのトランス

そして、あなた方二人は理解しています
徹底的に
トランスが
私によって実際は誘導されていないことを
逆に自分によってということを。
（休止）
そして、Hは、シーラがまぶたで何かをするのを見ました
そして、それをHは繰り返しました。
そしてHを見ながらシーラは
Hがしたことを、次に繰り返し、
そして、彼女はトランスに入りました。
その後、Hもまた、トランスに入りました。
ロッシに関しては、
彼はそれを学習しました
他の人に催眠被験者が接近して
していることと同じことをします
人々が口にする言葉で。
猿が見ます、猿がします

そしてそれが理解の方法です
子どもたちは
子どもたちは見ます、子どもたちはします。
(休止)
私があなたに話していることに重要なことはありません。
時間はまさに過ぎ去り、
そして、私は望んだようにすることができます。
(休止)

ロッシ―ここで、被験者が受け身になって、催眠療法家に依存しないように、あなたは被験者にトランス学習に対する責任を持たせます。

エリクソン―そうです。それをしていることがわかっているとき、自分自身の行動を変えることができるということを理解します。

ロッシ―そうした理解をすることは、魔法を減らして、治療的に自分が変化するように、さらに動機づけする大事な方法になります。セラピストは、患者に創造的な仕事をするセッティングと機会を提供します。トランスは、実際、無意識が活動していても、意識が指示していない活動的なプロセスです。それで良いですか？

エリクソン―その通りです。

ロッシ―これは現代の催眠へのあなたの重要な貢献のうちの一つです――それは自主的に起こる、とても活発な内部学習の状態として、催眠を概念化する催眠状態のオートマトン概念から逃がれることです。それで良いですか？

エリクソン―はい。

ロッシ―トランス状態で、意識からの妨害を受けずに、自分の仕事をするために無意識を解放しました。

エリクソン―そして、試行錯誤しながらの学習に合わせて、被験者が自分の仕事をするために。

ロッシ―以前、催眠は被験者が暗示療法を受動的に受け入れる状態と思われていました。

エリクソン―何をするべきか、そして、いつそれをするべきか話すことによってです。

ロッシ―しかし、あなたのアプローチは、受動的なものとは反対の場合が多いですね。あなたは、被験者が内部の仕事をすることができるトランス状態に被験者を入らせました。

トランスでの活発な学習

さて、あなた方それぞれが、何かを学んでいます

自分に関係することを。

あなた方は、心理療法における自分の心理的テクニックを開発しています

テクニックを開発していることを知ることなく。

Hは今、気づいています

シーラがHに与えた視覚刺激に大きく反応していることを。

そして、シーラもまた、それに気づいています。

(休止)

ロッシ―例えば、ここで、自分のために内部の学習、内部の仕事を行うように、二人に指示しています。二人はそこに受け身で座っているだけではありません。これはシーラが経験している困難の一部である可能性はありますか？　彼女は考えを持っていません。それでも、自分の内部の仕事をするには、あまりに受動的です。

エリクソン―彼女は、見ながら、周りをスキップしていた、と私たちに話しました。

ロッシ―それは、一緒に作業することを学んでいる被験者に特有のことです。被験者はピョンピョン飛び回っています。しかし、それはあなたが探している状況ではありません。

エリクソン―私の被験者の一人は学ぶのに二〇〇時間かかりました。彼はちょうどそこに座っていました。シーラは、学習者であり、学者でした。彼女は知的に学びます。しかし、彼女は経験から、何かを学ぶ方法を知りません。私は、経験から学ぶことを、彼女に説明しなければなりませんでした。

脈拍を観察すること

エリクソン◎［ロッシに］その脈拍に気づいてください［シーラの顔の中で］

今、私はロッシに話しかけるつもりです。ですから、あなたは注意する必要はありません。

ロッシ―脈拍について、コメントしたいですか？

エリクソン―トランス状態の顔を私が観察していると、脈拍がわかるいろいろな場所があります。あなたは、指を使って手首で測る必要はありません。患者の足首、首、

こめかみをよく見てください。変化する脈拍を観察してください。その変動からしばしば何かがあなたに伝わってきます。あなたは、脈拍を筋緊張に関連させることを学びます。あなたは、筋肉が緊張していることで脈拍が増加していることを、すぐに理解することができます。しかし、脈拍が速くなればなるほど、筋肉がより緊張していることを知っていても、ある程度、緊張するまで、筋肉の緊張を実際には理解することができません。今、脈拍がゆっくりになって、緊張は少なくなっていはす。身体の部分ごとのすべての挙動を、あなたは観察するべきです。

トランスでの苦悩——間接的な質問

エリクソン—あなたはさらに、汗の徴候、青白さ、表情の変化、苦悩のあらゆる徴候を探します。あなたは、こうしたときに用心します。

ロッシ—あなたがそれらの苦悩のシグナルに気づいたとき、あなたは話すことにとても用心深くなります。それは精神的外傷となる可能性があります。

エリクソン—その通りです。

ロッシ—したがって、トランスにいる間でも、意識に漏れ出るものがあるか注意します。

エリクソン—そんなときは無理強いしません。

ロッシ—トランスが終わったときはどうですか？　そのとき、あなたは患者にトランスでの苦悩について尋ねますか？

エリクソン—もっとも一般的な言葉だけで。［エリクソンは、「ここはどう、そこ、上に、下に、ここからそこまで」など、を言っている間に、患者のトランス状態での頭の運動を、どのように穏やかに模倣するか、というデモンストレーションを今、しています］

ロッシ—意識にとってそれらのデータを扱うことが安全なら、意識はあなたのとてもおおまかなヒントに気づきます。安全でないなら、意識は、あなたが意図していることを、理解しません。

終わりまでトランスを深めること——自然発生的な学習

［エリクソンは完全にHとシーラを、約一〇分間無視します。エリクソンは一緒に取り組んでいる机の上の原稿について、ロッシに話しています］

私は、最初にHを目覚めさせようと思います。

さて、H、落ち着いて、
二〇から一まで逆にカウントしてください。

一つ数えるごとに、二〇分の一ずつ目覚めながら。

今、カウントを始めてください。

（休止）

［Hは目覚めて、身体をリ・オリエンテーションしています］

さてシーラ、あなたに黙って数え始めてほしいのです、心の中で、二〇から一までカウントを始めてください。

（休止）

［彼女は目覚めて、身体をリ・オリエンテーションしています］

ロッシ――二人が同じ時間で目が覚めたことは、むしろ注目に値します。

エリクソン――おわかりですね。あなたが被験者にワークしているとき、必ずしも被験者に何かを与えることなく、あなたは、被験者にトランス状態を経験する機会を持たせます。あなたは、被験者の好きにさせます。それが、トランスを深くします。被験者は、何をすることができるか、さらに気づくようになります。被験者は受容能力の中で、さらに容易にできるようになります。

ロッシ――あなたが被験者の好きにさせるときが、被験者にとっては自由な学習の期間になります。

エリクソン――はい。

ロッシ――しかし、シーラはあなたにイライラしていました。なぜならシーラが一人でトランスを深める方法を知らないからです。

エリクソン――あなたが意識的に学ぼうとして、何とかなるものではありません。学習は、自発的に起こります――あなたは、学習が起こったということを後から、知るだけです。［ここでエリクソンは、自然発生的な無意識の行動の例を、他にも挙げます。例えば、暑い日には、いつもより多い塩を、食物に振り掛けます。しかしそれを意識せずにしています。たとえ幼児でさえ、気候が暖かくなると、無意識レベルで自然に、余分に塩をつけることを学んでいます］

ロッシ――再度、治療的トランスが、意識の介在なしで自主的に起こる能動的学習の状態であることを、このことは強調しています。

驚き

無意識の創造力の自然なパターンを促進しようとするとき、エリクソンは、人々の習慣的連想パターンを捨てさせるために、「驚き」をしばしば利用します。直接暗示で提示する際の問題は、習慣的連想パターンが患者内部の経験と慎重に結びつかない限り、習慣的連想パターンが、自主的で創造的なトランス経験の面に干渉する可能性があるということです。トランスが単独で動くいくつかの内的現実の中心の場合には、そのとき、セラピストが直接暗示をすると、その自律的な内部の流れに侵入するのかもしれません。直接暗示は、任意のレベルで、何かしようとするという患者の意識的な意向 conscious intention を不用意に起動させるかもしれません。患者に、「思いもかけないこと surprise を待っていてほしい」と頼むと、無意識のプロセスが、真の自律的反応を徐々に動員している間、患者は動かないままでいることができます。

「驚き」は、ほとんどの人にとって気持ちのよい言葉です。その言葉は、いろいろな楽しかった幼児体験やサプライズパーティー、そして贈り物を連想によって呼び出します。自我は、通常、驚きを受け入れます。驚きはいつでも、被験者がコントロールできないということを意味しています――そして、もちろん、それは自主的な機能を促進します。このように、「驚き」という言葉は、楽しいことを期待する多くの人にとって、コントロールをあきらめ、好奇心を持つための条件つき合図になります。

エリクソン◎あるいは、驚きを手に入れたいですか？　今、それとも後で？

ロッシ―その質問によって、実際に楽しいことが起きる、と示唆しています。その驚きに対して、時間をさらに追加しています。

まもなく、私は空中にあなたの手を持ち上げるつもりです。

その後に起きることがあなたを驚かせます。

エリクソン―被験者が、いろいろな驚きを経験するとき、驚かせることができるものは、どんなことですか？

ロッシ―普通ではないことです。

エリクソン―そして、そこにある普通ではないことは何ですか？　手はそこにとどまったままで、被験者は手を降ろすことができません。

あなたは、できることすべてにほとんど気づいています。しかし、あなたが経験できる最も驚く体験は、立ち上がることができないということに気づくことです、い……ま……。

ロッシ―このメッセージの最初の部分は、自明の理です。被験者は自分にできることを知っています。立つことができないという驚きは、さらに通常の意識セットを弱めて、下半身を動けなくするショックとしてやって来ます。このように、この驚きは、しないこと not doing の別の古典的な例です。「い……ま……」という言葉で、引き伸ばされた驚きは、被験者から好奇心の反応を呼び起こします。そして「それはどんな意味ですか？　何かが起こるのですか？　何が起きたのですか？」と自問します。これらの質問によって、動かないという自主的なプロセスのための機会と時間を生み出すことができます。その後、典型的な被験者は、暗示を検証するために、体の上部を動かし始めますが、ウエストから下の部分は動かないままにします。しばしば、もっと驚かせることとして、セラピストは被験者の腿をピシャリと叩いて、尾骨麻酔 caudal analgesia を経験させることができます。

驚きのもう一つの例は、腕浮揚を使ったアプローチに、患者自身のバリエーションを表現できるように、許容的アプローチを論議したときのエリクソンの話に関係していました。

「セラピストの態度は、完全に許容的である必要があるので、患者は、腕浮揚に対していろいろな反応をすることができます――どんどん押し下げられたとしても。私は、そういうことをしたある大学生のことを考えています。大学生が腕浮揚を長いことした後、『それはむしろ――少なくとも私にとっては――興味深いことです。押し下げることをやめられないことに、いつ気づくかは、あなた次第だと思うからです』と、私は言いました。大学生は、自分は抵抗している、と考えていました。押し下げを止めることができなかったことに、彼はとてもびっくりしました。そしてそのことに彼は衝撃を受けました。彼は、止めることができなかったことに、驚きましたし、興味を持ちました！　押し下げるのをやめることができていたなら、絶対に驚きませんでした。押し下げるのをやめることができなかったので、興味が湧いて、驚きました。押し下げることをやめることができなかったとき、驚いて、「何が起きたんだ？」と、彼は尋ねました。私は、『少なくとも、腕がトランスに入ったんだね。立てますか？』と言いました。彼は立てたでしょうか？その単純な質問によって、『少なくとも、腕がトランスに入ったんだ』ということを、念押ししました。そして、足へとトランスは広がりました。もちろん、彼は立つことができませんでした。ここで一つの結論に到達します。彼の身体はトランスに入っていました。なぜなら、もはや身体をコントロールしていなかったからです。それは、明らかに、彼が望んだものでした——自分自身をコントロールしない状態として催眠を考えることでした」

　腕を浮揚するように暗示されたとき、手を押し下げたことでわかったことは、学生は、明らかに暗示に従っていなかったので、この学生が経験したショックと驚きは、これ以上ないほどのものだったにちがいないということでした。このケースで、エリクソンは、「押し下げるのを止めることができなかったので、興味と驚きが学生に湧いてきました」と述べました。エリクソンは、実際、挑発的なメッセージである『それはむしろ——少なくとも私にとっては——興味深いことです。押し下げることをやめられないことに、いつ気づくかは、あなた次第だと思うからです』を使って、興味、ショック、そして驚きを呼び起こすことに成功しました。エリクソンは、学生の信念システムを少しの間停止して、ショックと驚きを呼び起こしました。まさにその瞬間、「あなたが押し下げるのをやめることができないということに気づく」という暗示を、エリクソンはつけ加えました。

驚きを使う練習

一．驚きには、催眠ワークで考えられる機能が、いくつかあります。

a．ショックと驚きは、個人の習慣的なメンタルセットを、少しの間弱めることができます。そして、その認識と理解は、新しい方法で自発的に再編成されるかもしれません。

b．楽しい驚きを予想することは、特性を動機づけ、個人的な何かをオープンにし、気づかせ、そして期待させたままにします。その何かは内部から、あるいはセラピストの重要な暗示から、どちらかの新しい洞察の可能性があります。

c．楽しい驚きを予想することは、自我をリラックスさせます。そしてそれによって、自主的なプロセスが、トランスと互換性を持つ方法で機能できるようにします。古典的な催眠現象の経験を強化するために、驚きの上記の特徴を利用する方法を計画してください。

二．基本的な世界観と習慣的視点について学ぶために、とても「驚いた生活体験」を尋ねてください。とても驚いたことは何でしたか？

三．あなたが人の世界観について何かを理解したら、ショックを受けて、驚くように、その世界観の少し外側にある、単純で純真なことを言ったり、したりすることができる方法を計画してください。当然ですが、機転と良識 good taste が、そのような冒険のためには必要です。認識を自発的に再編成して、そして／あるいは、思いもかけないことを危機的な瞬間に提供するという提案を受け入れるように、習慣的セットの瞬間的な停止と理解のパターンがあると き、あなたは経験次第でダブルテーク▼訳註1と笑いを人々から引き出すことを学ぶことができます。プロのコメディアンや一部の上手な話し手は、このようなアプローチを使っています。

混乱――再構成アプローチ

エリクソンが、コンテキストの中で繰り返した主要なテーマは、患者は、何が起きるか「知らない」という驚くべきことでした。もちろん、意識には制限がいつでもあります。意識は、いつでも瞬間から瞬間へ移動しながら、いろいろなことに集中します。どんな瞬間でも、意識は限られた範囲の情報に焦点を合わせることができるだけです。エリクソンは、意識のその瞬間的な焦点の外の場所に絶えず変化を伝えることで、この制限を利用します。患者の意識がAという場所に焦点を当てると確信することができたら、エリクソンはBという場所に変化を伝えます。患者の意識がBに再び焦点を当てるために戻るとき、患者は、驚きに直面します――予想外の変化が伝えられました。この驚きによって、患者は普通の現実感覚を捨て去ります。患者が混乱してくるので、セラピストが失われた現実を再構成するために導入するどんな提案にでも手を伸ばして、受け入れます。

第一章で、私たちは、エリクソンがトランスに特有の

▼訳註1　驚いて見直すこと。

高い被暗示性hypersuggestibilityを見つけなかった理由について、議論しました（Erickson, 1932）。私たちは、エリクソンが言っていたことを、現在、さらにはっきりと理解することができます。催眠誘導に対する、多くの古めかしい権威主義的なアプローチのショックと驚きの下で、再構成するための混乱－必要－メカニズムが、とても自動的に働き、まるで患者がトランスにおいて、とても影響を受けやすいかのようにみえた理由ははっきりしています。しかしながら、このいわゆる高い被暗示性は、実際には、受け入れ可能な再構成を自動的に受理することです。そして、この受理によって、催眠誘導、あるいは通常の自我の視点を構築しない手段で生じた、耐えられない混乱が終わります。

　混乱再構成アプローチによる暗示の受理のために必要とされる基本的プロセスは、以下の通りです。

混乱
ショック、ストレス、不確実性などのための
←
非構築
普通の視点の
←
再構成
必要とされる
←
受容力
治療的な暗示に対しての

読者は、前章の「トランス誘導の力における混乱」において示されたフロー図のステージ二と三の中間のステップとして、上記を理解することができます。セラピストの暗示が受理されるかどうかは、（一）非構築unstructuringの程度の最適さに、そして、（二）治療的な方法で、患者を再構成することへのセラピストの暗示の適切さに正比例します。再構成として認めることができるものは、多くの治療の必要性とゴールの機能です。

　エリクソンは、催眠を誘導して、暗示の受理を容易にする場合だけでなく、セラピーで混乱再構成の基本的な方法を使用します。エリクソンは自分がショックを使った多数の例を説明しました（Rossi, 1973b）――例えば、患者が今の動揺している現実感を再構成する際に、治療的な暗示を理解できるように、患者の問題を不安定にするために。

　誘導において、エリクソンが混乱再構成を使用したか

なりドラマチックな例は、看護師がデモンストレーション被験者を務めるために、しぶしぶ観衆の前に現れた状況でした。彼女がエリクソンに近づいたとき、一つの椅子からもう一つへ、彼女の予想を裏切る変更を指示することで、どの椅子に座るべきかに関して、エリクソンは彼女を混乱させました。（エリクソンは非言語的に彼女に、一つの椅子までの道を教えながら、言葉で別の椅子を示しました。）彼女が完全に困惑したとき、「あなたはその椅子に何としてでも座るまでにトランスに入ってください」と、エリクソンはようやく言いました。そして、同時に、彼女がどの椅子に座るべきか、明らかに示しました。

　そのようなアプローチは、速い機転と実践経験を持ったセラピストだけにしかできないことは明らかです。しかし、セラピストによって創造的に利用することができる日常生活、そして心理療法の中で、再構成するための混乱－必要－状況には多くのタイプがあります。例えば、大きな音、あるいは予期しない出来事という瞬間的混乱は、説明的暗示を要求するので理解に際して、瞬間的ギャップが生じます。エリクソンは、いつも陽気で、治療状況に、暗示を受け入れるように、心を混乱させるパズルや奇妙なものを取り入れるというやり方をしています。彼は、誰かに、楽しくて簡単な数学的な質問をしますし、あるいは、『信じようと信じまいとBelieve-It-or-Not』▼訳註2の記事から、魅力的な奥義esotericaをダラダラと話し続けます。そのような単純な手段によって、エリクソンは、通常の意識セットの制限を混乱させ、説明と再構成の必要性を気づかせます。「イエス」または受け入れセットが確立されると、その後、患者は、セラピストが導入する新しいことなら、何でもありがたいと思います。

　自分の治療行為therapeutic practiceにおいて、これらの混乱再構成を気持ちよく使うことができるいろいろなレベルについて、読者は自分のためにその程度を決定しなければならないでしょう。故意に混乱を刺激することについて、セラピストがどのように感じるかにかかわらず、混乱再構成プロセスを容易に認識することには、大きな価値がある可能性があります。ほとんどの患者は、セラピーで解決することを望んでいますが、自分自身の混乱を十分に持ち込みます！　しかし、病理的、あるいは問題の指標として、否定的に混乱を見るのではなく、セラピストは、患者の世界を再構成することができる機会として、混乱を見ることができます。

▼訳註2　米国のテレビ番組。

混乱と再構成の練習

一．驚き、混乱、そして再構成は、すべてが緊密に関連するプロセスです。治療の中で、驚き、混乱、そして再構成を創造的に利用することを学ぶには、セラピストはある程度、柔軟性のある世界観を持つ必要があります。したがって、創造性を志向するセラピストは、絶えず自分の習慣的フレームワークの限界から抜け出すことができる人生経験を探します (Rossi, 1972b)。

二．不確実性、相反する感情、そして混乱は、治療に来る人の典型的な不満です。これらは頻繁に、セラピストが取り除こうとする徴候として取り扱われます。私たちは、実際に、個性の創造的な変化と成長ができる、どのような準備段階に患者がいるのか、今では理解することができます。患者の世界観の中で変化するものの輪郭を、そして成長を強化することで変化を促進できる方法を、これらの不満の中で認識することを学んでください。

能動的に無意識が学習する状態としての治療的トランス

エリクソンは、治療的トランスが無意識レベルでの能動的な学習状態であることを明らかにします。すなわち、意識的な目的と設計が介在しない学習です。トランス経験は精神的な出来事が、通常自主的に進行する夢の経験にたとえられるかもしれません。

これが無意識レベルでの真実の学習（新しい反応の取得という意味において）、あるいは単なる自動行動かどうかに関して、疑問がここにあるかもしれません。新しい学習の証拠は、常に結果の中にあるに違いありません――催眠経験の結果として新しい反応能力を、患者は実際、証明しますか？

絶えずエリクソンが強調していることは、意識していない学習です。例えば、この章の導入セクションにおいて、「あなた方は、テクニックを開発していることを知ることなく、心理療法における自分の心理的テクニックを開発しています」と、H博士とシーラ博士に言っています。患者の意識的な参照枠の通常のバイアスと先入観の多くが活発でない場合、エリクソンは、そのような学習が変性状態で、さらに効果的に、創造的に起こりうる、とはっきり信じています。治療的トランスは、このように意識の通常のバイアス、そして気を逸らすことが最小化される状況です。そこで新しい学習が最も効率的に起きます。

この見方は、創造的なプロセスとして、一般に知られていることと完全に一致しています（Rossi, 1968, 1972a; Ghiselin, 1952）。そこでは、無意識レベルで実際に起きている創造的な過程の新しい組み合わせを、意識が受け取っているだけだということがわかりました。さらに、それは、リエボー、ベルネーム、そしてブレイド（Tinterow, 1970）の初期の催眠療法的アプローチと一致しています。そして、彼らは、時々ヒーリングトランスに患者を短い間置きました。そして、その後、治療が起きる方法をそれ以上、正確に直接暗示することなく、患者を「目覚めさせ」ました。「治療」を達成することができる患者内の創造的で自律的なプロセスを推進するために、彼らの時代の信念システムと一緒に、そのような初期のセラピストたちによって提供される「いやしの空気」は、間接的、非言語的暗示として機能しました。しかし、二〇世紀の現代人は、これらの自主的で治療的なプロセスの機能のランクを下げる傾向がある唯物論的で、過度に合理主義的な信念システムによって、ハンディキャップを負っています。意識的レベル、そして自由意志のレベルにおいて、精神的なことすべてが遂行できると思っている意識（Jung, 1960）に対して、不幸なことに、現代人は自信過剰になっています。そのような自由意志による努力は、しばしば自然治癒プロセスを邪魔しています。これらの見当違いの意識的な努力に対処するために、エリクソンは、患者の意識的な制限を困惑させる手段として、患者の無意識が、新しい解決を生み出すための機会を持てるように、混乱と再構成のような間接的アプローチを発展させました。

第五章

連想によるトランス学習

Five

このセッションで、エリクソンは催眠反応をデモンストレーションするために、もっと熟達している被験者（L夫人）を使いました。そして、再度、シーラ博士が連想によって学習することができるようにします。エリクソンは驚きから始めます――エリクソンは、初めての催眠誘導を、L夫人にしてもらうようにシーラ博士に依頼します。すると彼女は催眠誘導の基本原理を利用しながら、独創的な方法で驚くほど上手く、これをこなしました。これは突然のリクエストだったので、シーラ博士が事前にリハーサルできなかったことが重要です――それは、シーラ博士の直観力と、トランスを個人的に経験した際に、これまでに得た無意識の学習に頼ることが必要でした。エリクソンは、頭を使った知識ではなく、経験した知識を使うことを学ぶように、彼女に奨励しました。

エリクソンは、このセッションで本物のトランスワークをする際の基本的な問題として、無意識の学習というテーマに戻ります。エリクソンは、シーラ博士がまだ「無意識に必要なすべての学習をすることを安心してまかせていません」とコメントしました。エリクソンは、トランス状態では、普通の自我意識での方法を使わないで学習していると、明言しています。意識は学習に必要ではありません。事実、エリクソンは、学習が意識の干渉で偏ることなく起きた方が良いと考えています。

実験心理学において、学習が意識の関与なしで、実際に起きることが証明されました（例えば、いわゆる潜在学習）。そのような意識していない学習は、トランスで患者と作業するエリクソン好みのやり方です。エリクソンは、実験的な文献の中で、催眠と見なされるものの中で、そのような多くの事実があることをコメントしました。数分間という持続時間の短い誘導の後に、標準化された暗示をする場合（短い誘導は考慮に入れないか、あるいは、患者の個人差を有意なものとして考慮に入れずに）、実際に、無意識に学習したものを混ぜ合わせて、患者は意識的な決断をします。トレーニングが不足している催眠被験者の特徴は、このように意識的な決断と指示に依存していることです。そのような被験者はすぐに限界に達し、本物の催眠現象を経験することができるようになりません。なぜなら被験者の意識セットと学習された限界が、無意識のメカニズムの効果的な機能に干渉するからです。

そのような無意識のメカニズムを利用する二つの間接的アプローチが、このセッションで明らかになります――暗黙の指示と質問。これらのアプローチは、臨床催眠において、エリクソンらによって開発されました。実験室でのコントロールされた研究、ならびにフィールドと臨床調査で、これらのアプローチのパラメータを研究することは、魅力的で重要なことです。今や、治療のゴールに向けて言語を使用することには、複雑であっても、大きな可能性が秘められていることが認識され始めています。

エリクソンは、L夫人（彼が以前に催眠をかけた優れた催眠被験者）に、このセッションに参加してほしいと頼みました。エリクソンは、L夫人に催眠をかけてほしい、とシーラに頼むという予想外の行動をしました。今回初めて、エリクソンは一人の術者として、催眠を使ったワークを見学します。シーラは、被験者に暗示することから始めます。

上手くいった誘導練習

シーラ◎目を閉じて、リラックスして、とても好きだった空想の場所にいる、あなた自身を想像してください。

（休止）

湖とか川のほとり、あなたが好きなそんな場所。

（休止）

ますますリラックスして、深呼吸して、リラックスします。

［被験者はこの時点で、深呼吸しました］

あなたはますます快適に感じ始めます。

（休止）

エリクソン――「空想の場所にいる、あなた自身を想像してください」と、暗示をとても個人的なものにしています。「湖とか川のほとり」と、ここで、現実を紹介しています。彼女が「あなたが好きなそんな場所」を加えたとき、それは患者の現実になります。「深呼吸して」はとても無難な暗示です。というのはどんな患者でも呼吸する必要があるからです。

ロッシ――そうですね。そうして、シーラは、L夫人が当然していることに協力しているので問題が起こりません。

エリクソン――また、希望するなら、どんな形容詞でも、この場合なら「深呼吸」と加えることができます。形容詞「深い」は、不可避な反応に関連して、物事を促進する暗示です――患者は呼吸する必要があります。

ロッシ――したがって、ここでのシーラは暗示を上手く使って進行しました。

エリクソン――はい。しかし、それらの暗示は、L夫人をこの部屋から、はるか遠くへと連れて行きます。その暗示はL夫人をある特定の記憶へと連れて行きます。しかし、シーラはどれも知りません。

ロッシ――それが問題です。実際に経験豊かな術者は、一般的な診査をしなかったとしても、患者が置かれた状況を正確に知っています。

催眠のトートロジー（類語反復）

あなたは、この世界が独自の世界だとわかると、とても好きになります。

（休止）

オーケー。すこし合図をしましょう、オーケーですか？

（休止）

ここで、これを「イエス」の指にしてください。

エリクソン――以前に戻るということが暗示されましたが、L夫人がこの世界が、あまり好きではない理由は何でしょうか？　この世界を好きになるようにと、L夫人に話していません。明らかな事実だけを言っています。被験者は自動的には従っていません。L夫人は本当にこの場所が好きだと、ここで同意して、シーラがL夫人を尊重していることを感じます。

ロッシ――そして、またシーラはここでとてもうまくやっています。L夫人は好きな場所でリラックスし、快適さを経験し始めます。その後、シーラは、L夫人が「この世界が独自の世界だとわかると、とても好きになります」と話します。実際これは、催眠のトートロジーです。シーラは楽しい経験をセット・アップし、次に、それが楽しい経験であると言います。しかしながら、体験に熱中していて、L夫人は類語反復を認識しません――シーラの内部経験の説明は、表面的にはとても正確なので、L夫人は快適で、さらに尊重されていると感じます。

含意と間接暗示

[シーラは、L夫人の右手の人指し指を軽くたたきます]

そして、あなたが非常に落ち着いていると感じているとき、

そして、快適に、あなたは、「イエス」に集中することができます

そして、あなたはその指が浮かんでいくのに気がつくかもしれません。

オーケーです。今あなたはそれをすることができます。

あなたは、「イエス」に集中することができます。

[L夫人の指が浮揚している間、休止]

結構です。

エリクソン――「あなたは、集中することができます」というメッセージは事実であって命令ではありません。もし「あなたはできます」と言ったら、「あなたはそれをすることができます。あるいは何かほかのことをすることができます」という意味です。それは直接の指令ではありません。それは安全に指示する方法です。

ロッシ――それで、シーラがそれを理解するかどうかにかかわらず、彼女は、あなたとの個人的催眠ワークにおいて、何かを学んでいました――彼女は、含意と間接暗示を使う方法を学びました。

間接的な指示

あなたは、あなた自身が数分使いたいと思うそれぞれの時間を見つけます。リラックスしながら、とても快適に穏やかに感じながら

そして、あなたはこの感覚に戻ることができて、あなたが好きなこの世界にいつでも入ることができます。

実際にこの穏やかな感覚を必要とするときがあります。

(休止)

オーケーです。さて、あなたが戻ってきて、私たちに加わりたいと思うときはいつでも、深く息を吸って、伸びをすることができます。

[L夫人は目覚め、伸びをして、身体にリ・オリエンテーションします。一般的な会話を約五分間します。その後、エリクソンがL夫人に催眠をかけます]

エリクソン―はい。「実際に必要とするとき」。どんなとき？　当然、いくらかの時間のいくつかの記憶がありますす。したがって、これは自分を調べることです。彼女は調べますが、シーラは彼女に調べるように言っていません。

ロッシ―そして再度、とても間接的で無害な方法で、シーラは、調査旅行にL夫人を送り出しました。

エリクソン―自己探査、それなのに名前などを捜すという目的もなく、穏やかさを求めるために。

ロッシ―シーラはあなたとの催眠ワークで、間接的アプローチでの暗示について、何かを学んだようにみえます。

リカピテュレーションによるエリクソンの誘導

エリクソン◎あなたが昨日したことを、今日させたいと思います。

[休止の間、L夫人の生後六週間の赤ちゃんが、背後でとても大きな声で泣き始めますが、L夫人は気にしません]

あなたは、一から二〇まで、カウントすることができます。

さて、あなたは今日、変化したことを知っています

そして、とても深くトランスに入ります。

ロッシ―この単純な誘導メッセージにおいて、あなたは、以前成功した催眠ワークをリカピテュレーションしています。そして、あなたは、現在の催眠ワークを容易にする連想を、それによって復活させています。

ロッシ―ここで、なぜ「変化していること」という話をしたのですか？

エリクソン―以前、L夫人とワークしたときには、赤ちゃんの泣き声はしませんでした。したがって、彼女が

変化すれば、この新しい刺激に悩まされずに順応できます。

ロッシ―今日は、赤ちゃんを無視して、と直接、彼女に話していません。

エリクソン―「変化」と私が言っていることを、彼女なら十分理解できると思っていました。

ロッシ―「赤ちゃんの泣き声を無視しなさい」と直接言ったら、彼女は確実に抵抗したでしょう。

エリクソン―そんなこと女性はしないですよね？

直接命令することなく「能力を失うこと」

そして、あなたは先日、学びました
あなたは、立ち上がるための
その能力を失う方法を。
さて、あなたは、腿の上で、右手をそのままにする能力を失うことができます

ロッシ―「あなたは立ち上がれなくなります！」と、あなたは彼女に命令しません――私たちみんな一度か二度、立てなくなるときがあるのは、自然なことだと、あなたは強調します。能力を失うことは、本当に簡単なことです。トランスでは、何かしようと全力を出すことより、むしろ何もしないことがとても簡単です。

エリクソン―それは、自分について知らないことの一つです。人々は、立ち上がる能力を失うことができるということを知りません。人々は、話す能力を失うことができるということを知りません。「私は、その場にバカのように、何も言えずに立っていました。私は話したくても、できませんでした！」と言うのは、いつでも起こることです。

当然の行動を暗示すること

なぜなら、あなたがたとえ何をしたとしても、
それは、顔に向かって動くでしょう。
[L夫人の手は顔に向かってスムーズに浮揚し始めています]
あなたは、一人きりで経験をすることができます
声とともに
私の声とともに。
そして、すぐに、あなたは目が開いているか、閉じているかということさえわからなくなります。
あなたは知る必要がありません。

そして、今、あなたの手は、あなたの顔に張りついて
います。
（休止）
あなたは、コロンビアに戻ることができます。
（休止）

エリクソン―「手は私の顔まで上がって来ません！」が、ここでの患者の通常の反応です。しかし、患者は何かします。すると、患者が「何をしたとしても」、結局顔に触れます。絶えず継続する脅威があります。例えば、「もっとがんばって！」などです。彼らがどんなに一生懸命に目を開いていようとしても、あなたは、いつかは閉じるということを知っています。

ロッシ―これが多くの誘導暗示の論理です――術者が言うことは、常に予測できる結末です。被験者は抵抗を試みても、抵抗できないことをわかっていません。そしてその後、被験者は、術者の暗示の力に従うので、抵抗できません。

エリクソン―別の例として「あなたがいつ呼吸数を変更するか知りません」というのがあります。

ロッシ―遅かれ早かれ、誰でも呼吸数を変えます。さらに、あなたはそれによって、治療にとても重要な「変化」のために、セットを開発します。そして同時に、「あなたは、知りません」と言うことで、あなたは意識を弱めます。

無意識の知識

私はあなたに学習してほしいと思います
誰もが信じていることなら何でも、
あなたが信じていること、
あなたの無意識が信じていること、
あなたの無意識の知っていること、
それが考慮するすべてです。
（休止）
幼児のときから生活して来て、
あなたは知識を得て、
しかし、あなたは、心の前面に、そのすべての知識を
置いておくことはできませんでした。
（休止）
人間が成長する中で
無意識での学習を、
必要なとき、いつでも利用できるようになりました。
快適さを感じる必要があるとき、快適に感じることが

できます。
リラックスする必要があるとき
リラックスできます。

ロッシ—ここで再び、あなたは意識の代わりとして、無意識の重要性を強調しています。
エリクソン—そうです。
ロッシ—幼時からの知識の獲得、そのような知識の潜在的な有効性を話す場合、あなたは、現在の問題を扱う際に利用できる無意識の学習と知識に対する、連想経路を活性化する努力をしています。あなたは、シーラで成功した快適さとリラックスを使って、普通のことと、この暗示を密接に関連させます。新しい暗示が以前の成功を連想させると、新しい暗示を受け入れやすくします。

人が作り出した高い被暗示性

そして、過去に何回も
あなたは何かを聞くことができました。
そして、聞いたことをすぐに忘れて、
(休止)
それは普通の経験です。
紹介されると、
あなたは握手して、次の人に進みます。
そしてジョーンズ夫人の名前は何だったかな、と思いながら、
(休止)
スミス夫人と握手している間に。
あなたの心は、その
知識を持っています、
そして、必要とさえしません
知識を持っていることを知っていることを。
(休止)
数カ月後、あなたは通りでジョーンズ夫人に会って、
自分から話しかけます
ジョーンズ夫人の名前で。
あなたは、いつどこで会ったか、理解している必要さえありません、
その出来事が心に浮かんでくるとき、
無意識がその知識を提供しています。

ロッシ—ここでは、あなたは、彼女を忘れることが起こりやすい連想経路に導くことで、忘却メカニズムを引き出し始めます。これは、とてもあなたらしいやり方です。

あなたは、直接暗示をほとんどしません。あなたは初期の論文［実験的な催眠で起こりうる有害な効果 Possible Detrimental Effects of Experimental Hypnosis（1932）］で、あなたは、「高い被暗示性 hypersuggestibility には、気がつかなかった」と、何千ものトランスに接した経験から言っています。高い被暗示性が、トランスの特徴だと思っていない可能性はありますか？　トランスにおける、いわゆる高い被暗示性という現象について、あなたは、言語的、非言語的な連想によって、自然な精神的、そして行動的メカニズムを段階的に引き出すことで代用します。高い被暗示性は、実際には人が作ったものですか？

エリクソン―そうです。それこそ、高い被暗示性といわれるものです。

ロッシ―しかし、それは実際には、術者が、患者を導くことに成功した、自然で精神的、そして行動的なメカニズムです。治療のために、これら自然なメカニズムを呼び起こすことをセラピストにできるようにする技術が催眠の技法です。

暗黙の指示

あなたが、
あなたと私だけ、
あるいは、あなたと私の声がここにあることを知るとすぐに、
あなたの右手は、あなたの腿へと下がります。
［彼女の手が下り始める間、休止］
ここはここだけです。
他にはありません。
（休止）
あなたは自分の名前を知る必要さえありません。
あなたが大昔に学んだように、
あなたは私です。
そして、私にとって、すべてでした。
（休止）
二〇から一まで逆にカウントしてほしいと思います、そして今すぐ数え始めてください。

ロッシ―これは、実際に、何かするように彼女に言わない巧妙な形の指示です。しかし、あなたは、彼女が何かするのは当然だと考えています。そのとき、あなたは、いつするか示す選択権を、彼女に与えているだけです。実際に合図をすることで、暗黙の指示によって特性を動機づけして、さらに補強しているようにみえます。

エリクソン―類似した普通の行動は、満足するまで、あなたが飲んだり、食べたりするときにします。飲んで、さらに食べるときを、あなたは知っています。
ロッシ―このことを「暗黙の指示」と名づけることに賛成しますか？
エリクソン―はい。私は、部屋の中の他のものを無視するように、彼女に言っていません。誰もそうすることはできません。しかし、あなたは、自分の認識を制限することができます。私たちの認識を制限するという、広範囲なトレーニングを、私たち全員が受けています。
ロッシ―私たちは本を読んでいるとき、映画を見ているときなどに、認識を制限することができます。実際に、それは集中を説明する別の方法です。心は、一つの限られた領域に注目すると、他のすべてを除外します。

変性状態としてのトランス

［L夫人は目を開いても、体にリ・オリエンテーションしていません。ですから、彼女はまだトランスにいます］

体験したことで、あなたが思ったことを話してください。

［L夫人の赤ちゃんが大きな声で泣き続ける間、休止］

L夫人◎私たちは話していました。そしてとても快適でした。

エリクソン◎あなたの娘の声は聞こえますか？

L夫人◎はい。

エリクソン◎声を聞いてどうですか？

L夫人◎快適です。

エリクソン◎泣き声はあなたを苦しめますか？

L夫人◎多少は、しかし、今、娘のお守りをしたくありません。

エリクソン◎それは奇妙な感じですね。

L夫人◎はい。

エリクソン◎学習することは良いことです、なぜなら、学習はあなたに客観性を教えるからです、そしてそれは正しいときに、正しいことを、正しい方法で、できるようにします。

お嬢さんが少し体を動かすことは彼女にとって良いことです。

ロッシ―彼女は身体をリ・オリエンテーションしていないので、目は開いていてもまだトランス状態にいます。

エリクソン―彼女がまだ「快適で」、さらに娘が泣いていていてもお守りしたくないということから、トランス状態であることがわかります。自分と状況という全体認識の中に、何か不足していることがあります。
ロッシ―彼女は変性状態にいることを示しています。
エリクソン―変性状態、そして彼女はそのことを知っています！　トランスに入っていると、その場に相応しい物事であっても、特定の物事を感じません。
ロッシ―それでは、これはトランスが変性状態だということを私たちにわからせますね。
エリクソン―そうです。彼女の言葉のメッセージは以下のことを意味しています――私は赤ちゃんに世話が必要なことを知っています。しかし、私は必要な感じがしません。私には彼女の世話に行くだけの気力がありません。
ロッシ―トランスでは、刺激という特性を動機づけることが失われるから？
エリクソン―通常、自発行動には、制限があります。
ロッシ―外部の世界に対して、適切に関係している自我の実行機能に制限があります。
　セラピストを通した外部世界を除いて、彼らは外部世界と関係していません。

トランスを承認するためのダブル・バインドの質問

あなたは本当に目覚めていますね？

L夫人◎いいえ。

エリクソン◎そうです。あなたは目覚めていません。

(休止)

ロッシ―あなたは、このダブル・バインドの質問でトランスだと言っているのですか？

エリクソン―そうです。私はトランスにいることを証明しています。

負の幻視

ここにいるのは誰ですか？

L夫人◎あなたです。

エリクソン◎他に誰か？

L夫人◎知りません。

エリクソン◎ここで、あなたの娘の声は聞こえますか？

L夫人◎はい。

エリクソン◎その声は良い声ですね？

L夫人◎はい。

エリクソン◎目を開いたまま、トランスにいる気分はどうですか？

L夫人◎この方が好きです。何が起こっているかわかるから。

エリクソン◎では、何が起こっていますか？ 楽しいですか？

L夫人◎はい。

ロッシ―彼女の反応は実際、ここに、誰か他の人がいるのか知らないという負の幻覚です。したがって、ここで彼女は、私たちの存在に気づくという能力を失いました。そして、あなたが以前、彼女に暗黙の指示の形でそれを暗示しました。

トランスを評価するための直解主義《Literalism》

エリクソン◎私は何をしていますか？

L夫人◎話しています。

エリクソン◎他に何か？

L夫人◎私を見ています。

エリクソン◎他には？

L夫人◎何も。

エリクソン◎そして、あなたはどうやって私を見ていますか？

L夫人◎目で。

エリクソン◎他に見ているものは？

L夫人◎あの本。

ロッシ―ここでの直解主義の反応（「話しています」、「私を見ています」、「目で」）は、深いトランスの古典的指標です。あなたは何気ない会話をしているように見えますが、実際には彼女の精神状態を慎重に評価しています。

暗示としての質問

エリクソン◎あなたは見るlookことができても、見て考えることseeはできませんか？

ロッシ◎はい。

エリクソン◎そして、ここにいるのは、私たちだけの可能性があります。

(休止)

あるいは、シーラという名の人が、私たちに加わることができます。

ロッシ——質問の形で間接的に暗示を提示することは、失敗の恐れを少なくします。被験者が暗示を完遂できない場合、被験者は「いいえ」と答えるだけです。そして、何も失いません。あなたが負の幻覚をテストしなかったので、ここで確かめていない負の幻覚を、彼女が実際に経験していたかどうか、わかりません。

トランスを間接的に動機づけすること——抵抗と無意識の学習

シーラを見てください。

二〇までカウントするようにシーラに言ってください。

L夫人◎シーラ、二〇までカウントしてください。

エリクソン◎そして、二〇までカウントしたら、深呼吸すること。

L夫人◎二〇までカウントしたら、深呼吸してくださ い。

(休止)

エリクソン◎彼女にどんな変化があるか気づきましたか?

L夫人◎彼女は、前よりゆっくりと呼吸しています、頭が下がっています、目を閉じました。

(休止)

エリクソン◎他に何か気づいたことは?

L夫人◎彼女はリラックスしていて、両手が足の上にあります。

エリクソン◎手がそこにあると彼女が理解していると、あなたは思いますか?

L夫人◎私にはわかりません。

ロッシ——なぜ今、あなたはトランスにいるL夫人に、シーラに催眠をかけさせているのですか?

エリクソン——たとえ志願したとしても、トランスに入らないと固く決心していた被験者がいました。私は被験者に抵抗を示させて、他の人に催眠をかけるように、被験者に言います。被験者が他の人に催眠をかけると、催眠トランスが生じてほしいと考え始めます。

ロッシ——そうやって、あなたは被験者を術者にすることで、トランスに抵抗している状態から、トランスを待ち望む状態へと、被験者のセットを変えました。

エリクソン——被験者は今、トランスを待ち望んでいます。

しかし、必ずしも、それが別のトランスと決まっているわけではありません。
ロッシ―これは、間接的にトランス経験の動機づけを強化する方法として、興味を引く例です。無意識、あるいは、前言語的レベルでは、個人は「トランスを待ち望むこと」を、自分のためとか、あるいは別の人のためとかという区別をしません。他の人のためにトランスを待ち望むことは、連想によって、その人自身の中にトランスの部分的側面を喚起するため、その機会を与えられた場合に、トランスをもっと簡単に経験する可能性が増します。あなたはここでシーラを抵抗する被験者として扱っていたのですか?
エリクソン―ええ、そうです。彼女の抵抗は私とか、あるいは学習とかに向けられてはいませんでした。彼女は、必要なすべてのことを学習することを、完全に安心して、無意識に任せていません。
ロッシ―彼女がトランスに入ろうと努力している間、意識は入り込み続けています。
エリクソン―確実にしようとするために。
ロッシ―これは、多くの知的な訓練を受けた専門家がトランスを体験するとき、無意識レベルで学習するときの典型的な問題です。

知らないこと《Not Knowing》――確立した学習を利用すること

エリクソン◎あなたの手がどこにあるか、あなたは知る必要がありません。
シーラは自分の手がどこにあるか知る必要がありません。
(休止)

ロッシ―「あなたの手がどこにあるか、あなたは知る必要がありません」と、ここで再度、あなたは知らないことを使っています。「あなたの手に気づいてください」とあなたは直接的な暗示をしようとしません。あなたは単に、手がどこにあるか知る必要がないことを指摘しているだけです。例えば、これは、テレビとか、映画を見ているときのように、手がどこにあるか実際には知る必要がない毎日のメンタルメカニズムを利用しています。
エリクソン―車を運転しているとき、いつでもブレーキに足を置いておく必要はありません。あなたは一番良い服を今日必要とはしません。生活の中には、必要のないものがたくさんあります。
ロッシ―あなたは、すべての「べからず集」と、必要のない物事を強調し続けます。患者の自我を監督して、コントロールする機能を緩ませる手段です。
エリクソン―確立した学習パターンを使うことで。
ロッシ―それで、直接暗示をする代わりに、あなたは、被験者にすでに存在する確立した学習パターンを使います。

正の幻視

エリクソン◎そして、なんとかして、
私は、あなたに誰かに会ってほしいのです、
その人は、あなたと私の秘密の誰かで、
あなたが何年も会ったことのない人です。

[ロッシは、実際にエリクソンとシーラの間に座っていました。L夫人は目を開け、慎重にロッシを詳しく調べて、その後、少し信じられないといった表情をしました。彼女がロッシと話し始めると、ロッシは、彼女に与えられたジョンという役割を次第に引き受けていきます]

L夫人◎ジョン！

エリクソン◎ジョンというのは誰ですか？

L夫人◎彼は大学からの友だちです。

エリクソン◎今、彼に話しかけてください。

L夫人◎ハーイ。

ロッシ◎ハーイ。

L夫人◎どうしてた？

ロッシ◎元気だったよ。

L夫人◎まだ、空軍にいるの？

ロッシ◎私は退役したよ。

L夫人◎今どこに住んでいるの？

ロッシ◎どこが良いだろう？

L夫人◎プエルトリコ？

ロッシ◎そうだね。[ジョン役のロッシとL夫人の間で、一般的な設定での質疑応答が、今、行われています]

ロッシ―あなたは、以前L夫人に対して、正の幻視のワークをしていませんでした。彼女が、正の幻視に対して、とても上手く反応しそうなことを知っていましたか？
エリクソン―彼女はとても良い被験者です。彼女は非常に穏やかで、優しい人です。そして、単純で、さっぱりしています。あなたが何か提示しても、そのような人は不安を感じません。

ロッシ——あなたは、命令しませんし、あるいは明らかな暗示すらしません。あなたは提示して、彼女自身の内部の欲求と動機づけを、このように利用します。あなたはさらに、最初に一連の簡単な現象を引き起こすことで、彼女との暗示を、上手く作りあげました。あなたは彼女が子どもの泣き声に悩まされないようにして、正の幻視を試みても良いと感じる前に、立つ能力を失わせ、腕浮揚、忘れること、そして負の幻覚をさせました。彼女は実際に私を見ながら、友だちのジョンのイメージに合うように私のイメージを歪めているので、この正の幻覚は、さらに幻想的な性質を帯びている可能性があります。おそらく、次のステップは、どんな現実的な支えもない場所で、そこで何かを見る本物の幻視です。

弱まる意識における疑いの問いかけ

エリクソン◎さて、私の言うことを注意深く聞いてください。そして、私の言うことを、実際に理解してください。

エリクソン——「あなたは実際に理解しますか?」は、「あなたの意識の理解を逸らしますか?」という意味です。

ロッシ——たとえ正反対のことを言っているように見えたとしても、あなたは再度、意識に疑いを投げかけています。

エリクソン——そうです!「あなたは実際に理解しますか?」は強い疑いを示唆しています。「そして、あなたは実際に理解するでしょう」と言うことは、「あなたは実際に理解しません」と同じ意味です。肯定的に、あるいは否定的に、どちらの方法でそれを言っても同じ意味になります。

幻覚を承認する質問

なぜ、ジョンはいなくなったのですか?

彼はいなくなりました、おわかりですね。

L夫人◎彼は家に帰りました。

エリクソン◎彼はどこに座っていましたか?

L夫人◎椅子に。

エリクソン◎あなたは、彼が座っていた場所の方をざっと見ることができますか?

[L夫人は今、ロッシがまだ座っている椅子のシートを見ます。以前彼女がロッシにジョンを投影して、ロッシに話しかけたとき、ロッシの顔を見たのとは全

くちがった見方をして、彼女はシートを見ていました。そのようにシートを見るということは、今ロッシがそこに座っているのが見えていないことを示唆しています」

エリクソン◎彼が座っていたのはどんな椅子ですか？

L夫人◎緑の椅子。

エリクソン◎彼がいついなくなったと思うか、教えてください。

L夫人◎数分前。

エリクソン◎彼は自分の意思で行きましたか？

L夫人◎はい。

エリクソン◎なぜ彼は自分の意思で行ったのですか？

L夫人◎彼はもうこれ以上いる必要がありませんでした。

エリクソン◎彼に会えて良かったですか？

L夫人◎はい。

エリクソン―私はジョンがここにいたことを強調しています。彼がいなくなるためには、ここにいなければなりませんでした。

ロッシ―そうして、あなたは彼女がさっきまで幻覚を体験していたということを承認しています。

エリクソン―はい。彼がここにいたので、いなくなることができました。

ロッシ―同時にあなたは、彼を消滅させるように、彼女に話しています。

エリクソン―はい。しかし、彼女に、彼がここにいたと断言させています。

ロッシ―経験全部を消すように、彼女に言うのではなく、最初に起こったことを否定するという危険性を冒して「なぜ、ジョンはいなくなりましたか？」と、あなたは尋ねました。実際、私は、患者が注意を固定し、集中する限り、すべての質問が催眠効果を持つことに気づいています。あなたが、多くの質問をする理由は、このためですか？

エリクソン―患者は援助を必要としています。そして患者はどこを見たら良いかわかりません。それで私が質問を使って、見ることに集中させてあげるのです。

幻視のために患者の動機づけを利用すること

エリクソン◎会いたい人は他にいますか？長いこと会っていなかった人で。

L夫人◎はい。

エリクソン◎だれ？

L夫人◎ビル。

L夫人◎ボンジュール。

［L夫人は、今、ロッシに投影したビルという幻覚の友人に、フランス語で話し始めました。彼女はビルと話しているように、今ロッシの顔を、見ています］

ロッシ◎［ビル役を演じて］今日は英語で話しましょう。

L夫人◎いやです。

ロッシ―彼女が会いたいと思う質問をすることで、あなたは、幻覚経験を促すために、彼女の内部の記憶庫と動機づけを利用しています。

不可能な暗示が不快感と抵抗を引き起こすこと

ロッシ◎なぜ？　私は英語を学習したいと思っているのですが？

L夫人◎いやです。

エリクソン◎L、あなたのフランス語はさびついています。どうしてこの人は少し英語を話したのですか？

L夫人◎彼は理解しています。彼は二言三言英語を知っています。

［L夫人は、疑わしげに眉をひそめ、不安そうにしています］

エリクソン◎何もかも素晴らしいですよ、L。とても、とても、素晴らしいですよ。

（休止）

私は、あなたに、心の中でとてもうれしいと感じてほしいです。あなたは？

ロッシ―ビルが英語を学んでいることを、私が暗示しても、彼女が理解しているビルとは合致しなかったので、効果がありませんでした。たとえ彼女が深いトランスを経験しているとしても、明らかに不可能な暗示は働きません。それは不快感と抵抗を引き起こします。暗示は、効果的な学習と動機づけという患者内部の要求とパターンに適合しなければなりません。
エリクソン―そうです。ここでの問題は、そのことの良い例です。
ロッシ―友人のビルが英語を知っているのはおかしいと、彼女が不安を示したとき、あなたはすぐに彼女を安心させました。

間接的な年齢退行

今、私の話を聞いてください
とても注意して。

私の話を注意して聞いて、理解してください。

Aはプロポーズするだろう will と思いますか？

［Aは、Lの長年連れ添った夫です］

L夫人◎はい。

エリクソン◎そう思うのはなぜですか？

L夫人◎彼は私を愛しています。

（休止）

［年齢退行したL夫人が、夫のことを説明する会話。二人が結婚する前、彼女が経験したように、彼女は感じながら］

ロッシ―あなたは、話を続けるための巧妙な間接暗示について、細心の注意をして準備するように彼女に求めます。ここで未来時制（例えば「だろう will」）を用いて、L夫人の夫がまだプロポーズしていないことを、あなたは示唆しています。未来時制によって、彼女が結婚する以前の過去に、彼女をリ・オリエンテーションしています。したがって、そのために、直接暗示しないでも、年齢退行しました。

エリクソン―そうです。さらに、「そう思うのはなぜですか？」と、ここで再度私が言ったときです。

体系化された健忘

エリクソン◎目を閉じてください、
そうしたら、私はすぐにあなたを起こすつもりです、
そして、私があなたを起こすとき、
まるであなたがちょうど今座ったばかりで、私が開始するのを待っていたかのように、あなたには思われます。
良いですか？
L夫人◎はい。

ロッシ―トランスワークを開始する前の時間へと、彼女をリ・オリエンテーションすることで、あなたは、トランスワークであったことを、健忘することができるようにしています（Erickson and Rossi, 1974）。

逆にカウントすることで、トランスを承認する驚き

今、私はカウントし始めるつもりです。

今、二〇、一九、一八、一七、一六、一五、一四、一三、一二、一一、一〇、九、八、九、一〇、一一、一二、一三、一四、一五、一六、一五、一四、一三、一二、一一、一〇、九、八、七、六、五、四、三、

（休止）

二、

（休止）

一。

どんな感じですか？

L夫人◎良いですよ。

ロッシ―彼女を目覚めさせるのに、なぜ逆にカウントしたのですか？

エリクソン―あなたは、驚かせて目覚めさせます。患者はあなたが数え間違いをしたと思います。その後、二〇に向かってあなたがカウントしていくと、深く、深くトランスに入って行くという指示に従っていることに、患者は気づきます。あなたは再度、一に向けて逆にカウントします。すると今、患者は自分の経験から、もっと深くなっていたことを理解します。患者は、前より軽いトランスになって、その後、前より深いトランスになりました。

ロッシ―あなたは、トランスの深さを変えることに、カウントすることが効果的に働くことを証明しています。

エリクソン―そうです。「あなたが逆にカウントしたとき、それはひどくむかつきました」と、患者が私に話しました。

ロッシ―そのむかつきがトランスを証明し、承認します。

エリクソン―それは、患者の主観的証明で私の証明ではありません。

上手くいった後催眠暗示

エリクソン◎ワークの準備はできましたか？

L夫人◎オーケー。

エリクソン◎何をすると思いますか？

L夫人◎何をするつもりかわかりません。私が別の経験を持てるように、ロッシ博士とワークすることを、私に望んでいると思います。私はテープで録音している理由を知りません。

エリクソン◎知らないのですか？

L夫人◎はい。

エリクソン◎シーラは何をしていますか？

L夫人◎彼女は眠っているようにみえます。

エリクソン◎あなたか、私が彼女を退屈させましたか？

L夫人◎私はそうじゃないかと思っています。

エリクソン◎彼女は眠っていますか？

L夫人◎はい。

ロッシ―Lは、この後催眠暗示に上手く従っていますので、最後のセッションで一部、失敗したシーラより、Lの方がトランス学習に堪能なことがわかります。シーラがトランスにいる間に、Lが堪能なことを目にすると、将来、シーラもそうなる可能性がさらに高くなります。

曖昧さのための直接的権威的な支援

［シーラは目覚めるかのような動きをします］

エリクソン◎彼女は眠りから覚めますか？

エリクソン◎［シーラに］遠くに行きますか？

シーラ◎はい。

エリクソン◎ずっと遠くに。

［L夫人が学習した、トランス状態にいたことを思い出さないことについて、エリクソンがL夫人とロッシと、いつものように会話している間、シーラは今トランスに深く入っています。エリクソンは、今、L夫人と以下のように続けます］

ロッシ―シーラは見たところ、ここで目覚めようとしていました。

エリクソン―このような曖昧な状態で患者に会うときは、直接的権威的暗示を使用します。彼女が曖昧な場合、あなたは、しっかりと支配権を手に入れ、支援します。子どもが何かについて、どうして良いかわからないとき、「いつ行ったら良いか言うよ……今だ！」と、あなたは言います。それと同じようなことです。そのような状況で患者は、小さい頃から支援を受け入れているので、それを支援として受け入れます。

ロッシ―直接的権威的暗示は、患者がどっちつかずの態度で曖昧な場合、うまく働いて支援します。患者は実際には暗示に従っていません。役に立つひと押しを、患者は受け入れています。

意識と無意識の間の葛藤を説明するための観念運動シグナリング

エリクソン◎あなたが気づいていないあなたに対して、何かしましたか？

L夫人◎いいえ。

エリクソン◎間違いありませんか？

L夫人◎確かです。

エリクソン◎あなたは、意識と無意識の間の論争を、これまでに見たことがありますか？

すぐにあなたの右手を見てください。今朝、あなたとたくさんのことをしたなら、あなたの右手は上がります。

[彼女の手が持ち上がり始めます]

さて、私は今朝、あなたとたくさんのことをしましたか？

L夫人◎少し。

エリクソン◎どれくらい？

[彼女の手はさらに素早く持ち上がり始めます]

L夫人◎どうやって測ったら良いかわかりません。

エリクソン◎以前私が知らなかったあなたのことを、私は何か知っていますか？

L夫人◎はい。

エリクソン◎何を？

L夫人◎あなたは私がチュニジアに行ったことがあることを知っています。

あなたは私の友だちを何人か知っています。

エリクソン◎もっと私に話すことができますか？

L夫人◎私たちはそのことについて話しました。

エリクソン◎いつ？

L夫人◎少し前に。

赤ちゃんの様子を見に行く前に。

エリクソン◎そのとき以上に、私に話すことができますか？

L夫人◎多分、そう思います。

エリクソン◎あなたの手は何をしていますか？

L夫人◎そこに留まっています。

エリクソン◎何？

L夫人◎手は上がっていると思います。

エリクソン◎なぜ？

L夫人◎私が考えた以上に多くのことを、あなたは私としたと思います。

（休止）

エリクソン◎あなた自身を信じますか、あなたの手を信じますか？
L夫人◎私の手を。
エリクソン◎私としたことを、あなたは忘れましたか？
意識的に忘れましたか？
L夫人◎はい。
エリクソン◎今日、このオフィスのここで誰かに会いましたか？
L夫人◎ロッシ博士。
エリクソン◎誰か他には？
L夫人◎シーラ。

エリクソン―ここで、患者が知らなかったことを、無意識がすることができるという、この矛盾を使って人々に教えます。彼女自身が、その証拠を提供しています。

ロッシ―そして、彼女に無意識の存在を証明しています。

エリクソン―意識の立ち会いのもとで。あなたは、意識で考えることが一つの方法で、無意識で考えることがもう一つの方法だと示します。あなたは、意識、無意識が異なった考えをするのを、心の中で確かめて、証明する機会が持てるようになります。

ロッシ―これは、患者の経験として非常に重要なものです――無意識の存在の実証。それによって、患者は無意識に関連する尊敬と学習に、さらに影響されるようになります。

それから、セラピストは、このように、すべての精神力学的な葛藤も見つけて、モニターするために、観念運動シグナリングを使うことができます。観念運動シグナリングを使う新しい方法を開発して、異なる状況でその有効性を評価する臨床指向の研究が大いに必要です。

エリクソン―あなたが禁煙について、患者の意欲を実証する場合のように。患者が火をつけるたびに、あなたは大きなビンに、数個のコインを入れるように、患者に頼みます。患者がカートンでタバコを買ったとき、二五セントを一枚か、二枚。本当にやめたい人は、実際にお金が積み上がっているのを、すぐに見ます。さらに、積み上がったお金を見ると、そのお金を使わずに、節約しようとする意欲が出ます。それがさらに、やめたいと思っていることを証明します。それは、患者の証明です。そして、コインを積み上げることができないとき、それはまた、患者がやめたくないということを証明しています。

ロッシ―私は、この中に、新しい治療技術の可能性を見ます。内部のプロセスと動機づけを外面化すると、患者は具体的に、簡単に理解できる方法で、内部の力と関連させるようになります。患者がコインを使って外面的に行うことは、患者が心の中ですることを反映している可能性があります。コイン（あるいは、変化が必要とする内部プロセスに取りつけるどんな外部計測器であっても）は、内部の力を変える認識フィードバック装置として機能します。

　観念運動性シグナリングは、内部プロセスと動機づけを評価する特にすばらしい方法であるように思われます。なぜなら、観念運動性の動作 ideomotor movement の自主的な面が、それを経験している人にとても説得力があるからです。この例で、L夫人は、彼女自身の意識的な観念化 conscious ideation より、彼女の手の観念運動性の動作を実際に信じています。

ダブル・バインドの質問――前のトランスの連想を呼び起こすことによる自発的な誘導

エリクソン◎他に誰か？

L夫人◎ジョン。

エリクソン◎彼に会いましたか？

L夫人◎う～ん。

エリクソン◎たった今、トランスに入っていることを知っていますか？

L夫人◎いいえ。

エリクソン◎あなたは本当にトランスに入ることができます、

効果的に。

あなたは楽しむことができます、

自分の能力を使って。

ロッシ｜彼女は目覚めました。ここで、なぜトランスに戻らせたのですか？

エリクソン｜あなたが観察する必要があることは、それです。私はここで、彼女の顔がアイロンをかけたようになり始めたのに気づきました。彼女が話したとき、一定した、瞬きしない凝視、そして身体の可動性が減少しました。被験者に生じたどんな催眠現象であっても回想すると、トランスが復活する傾向があります。ときには知りながら、そしてときには知らないで、被験者は、話していることをよみがえらせ始め、そして、トランスを再経験し始めます。そうして、「トランスに入っていることを、あなたは知りませんね？」と、あなたは言います。そして、被験者は知りません。したがって、トランスに入ることを理解せずに、トランスに入ることが可能であることを、たった今被験者に教えました。
ロッシ―それは意識の裏をかく素晴らしい方法です。
エリクソン―はい。
ロッシ―トランスでの出来事について話すことで、トランスを復活 revivify させます。その後、「たった今、トランスに入っていることを知っていますか？」と、あなたは、ダブル・バインドの質問を紛れ込ませます。「はい」の答えは、知っています、という意味です。「いいえ」の答えは、トランスに入っていたことを、知りません、という意味です。両方の答えとも、トランスに入っていることを認識していることを意味しています。その認識だけを、質問していました。この質問がさらにトランスを強化します。そうして、正しい理由を意識が知ることなく、トランスが起こったことを、彼女は認識していきます。これは、いかに意識が実際何も知らないかということを示しています。それは非常に重要な学習です。なぜなら、無意識とその受容能力を調査する価値を認識することが、彼女にできるからです。そして、その受容能力は彼女の意識が思っているより、ずっと大きいのです。
エリクソン―その通りです。

無意識の可能性を促進すること——自明の理で暗示を強化すること

あなたが持っていても知らないプロセス
しかし、無意識の中にある能力
（休止）
あなたの目が大きく開き、
そして、暗くならないように、調節します。
（休止）

ロッシ―ここで再度、彼女が思っているより、多くの能力を持っているという考えを、あなたは強化していきます。これしかできないと制限している信念を使って、意識を弱めている間に、あなたは、人々が実際に持っている、無意識とそれより大きな潜在能力を常に作り上げています。あなたは、そのメッセージを浸透させるために、短い休止をさせます。しかしそのとき、彼女がその問題について話し合う前に、直ちに、彼女の目が開いていることについて、わかりきった自明の理で対応します。この明白な真実は、彼女の無意識の能力を述べた以前の暗示を部分的に強化して、彼女の内部で「イエス」を喚起するに違いありません。あなたは、以前の暗示を強化するために、はっきりした真実のメッセージを使用することが好きです。あなたの個人間のテクニック（Erickson, 1966b）において、あなたは、あらゆる暗示を囲んで、このように補強するために、一連の自明の理を使います。

条件つき暗示としての後催眠暗示

エリクソン◎私は、今、あなたを起こすつもりです
そして、あなたに、大いに驚いてほしいのです。
あなたは、足を曲げることができません。

エリクソン―私には、彼女を目覚めさせたという功績が、彼女には、トランスに入ったという功績が認められます。

ロッシ―条件つき暗示形式を、この後催眠暗示で使用しています。暗示（「あなたは、足を曲げることができません」）は、避けられない出来事（「私は、今、あなたを起こすつもりです」）とペアになります。

セット、精神的な流動、そして創造力

そして、できません won't、そうですね will？

（休止）

あなたは彼らに会います will が、あなたは彼らを感じることができません won't
私が目覚めさせたあと。

良いですね？

二〇、一九、一八、一五、一二、一〇、九、八、五、三、
二、
一、
あなたは、今、娘の様子を見に行く用意ができていますか？

L夫人◎いいえ。

（休止）

エリクソン◎実際、どのように感じていますか？

（休止）

エリクソン―否定（won't）から肯定（will）へのここでの変更と、ときどきある肯定から否定への変更は、患者の動きを一定の状態にとどめておきます。あなたは、このように心を変化させ、そして、逆にも変化させます。

ロッシ―動きを一定にする価値はどんなことですか？

エリクソン―患者にセットを手に入れさせません。それは、患者がつき合い続けることができるメンタルセット

です。

ロッシ―どうしてさせないのですか？

エリクソン―患者のメンタルセットを持った患者は、あなたにとって望ましくありません。

ロッシ―あなたは患者を動かし続けます。そうすれば、患者はあなたのメンタルセットをしっかりつかむ必要がありますね？

エリクソン―そうです。そのメンタルセットは、あなたが治療したいと思うものです。あなたは、患者を流動状態にしたままにします。そうすると、あなたは患者を絶えず正しい位置に置くことができます。しかし、「このひとつのことに注意してほしいのです」と、患者に話しません。

しないこと
――成功した後催眠暗示を般化すること

L夫人◎私の足が目覚めていません。
足が動きません。

エリクソン◎足はどんな感じですか？

L夫人◎ぎこちないです。

エリクソン◎足が動かないとき、足はどんな感じですか？

L夫人◎とても制限されています。

エリクソン◎足は、あなたを苦しめませんね？

（休止）

エリクソン◎そして、あなたは必要なときいつでも、身体の他の部分どこでも、そうすることができます。
あなたはさらに、必要なときいつでも、身体の部分を使うことができます。
あなたが必要とするどんなときでも、あなたの能力を完全に所有していますか？　それを理解していますか？

エリクソン―彼女は修士号を持っています。しかし、ここでの彼女は、子どもっぽい言葉を使っています。催眠被験者が退行すると、考え、感覚と行動が以前より単純になります。単純になればなるほど、幼くなればなるほど、さらに複雑な形ではなくなります。

ロッシ―立つことができないというこの後催眠暗示には、さらに多くのことがあります。催眠の基本的な経験の仕方として、しないことを強調しています。トランスにおいて、催眠暗示を達成する自我、あるいは患者の通常の覚醒パターンではない基本概念を経験させています。深い催眠に関するあなたの論文（Erickson, 1952）の中で、「深い催眠は意識による干渉を受けずに、被験者が認識の無意識のレベルで、十分に、そして直接機能することができる催眠レベルです」と、あなたは言っています。その後あなたは、単純でしかも巧妙な方法で、足で成功した後催眠暗示を彼女の体のすべての部分に般化します。あなたは、単純な般化現象によって、暗示が成功した領域ならどこにでも、大きく拡大することができます。それは催眠と学習理論の基本原理です。

後催眠暗示およびトランスの再誘導

あなたはハッキリ目覚めていると思いますか？

L夫人◎いいえ。

エリクソン◎そうです。

目を閉じてください。そして今、私が「一」というと、目覚めることができます。

さあ、一《いち》。

ロッシ―彼女はまだトランスにいます。なぜなら、彼女は「あなたは、足を曲げることができません」という以前の後催眠暗示を実行しているからです。別のトランスを再構築して利用できる瞬間的トランスを、後催眠暗示を実行するために再誘導する方法を、あなたは説明しました（Erickson and Erickson, 1941）。後催眠暗示を使ったとき、被験者を目覚めさせるために時折、気をつけなければならないことを、この論文は例示します。逆に一まで数えて、あなたがきちんと「覚醒」手順を行ったとしても、彼女は体にリ・オリエンテーションするために、背伸びなどの典型的な覚醒動作awakening movementsを行わなかったという点に、あなたは気づきました。それゆえ、彼女は実際には目覚めていない可能性があります。足が目覚めていないというメッセージを使った後催眠暗示を彼女が受け入れたとき、これが確認されました。したがって、彼女が目覚めていると「思うか」どうか、あなたはダブル・バインドの質問をします。どんな答え（イエス、あるいはノー）をしたとしても、彼女がまだトランスに入っていることを意味します。彼女はまだトランスにいると、すでに認めています。そこで再度、彼女を再覚醒させることに取り掛かります。

［Lは今、手を少し動かし、足などを再調整して、身体にリ・オリエンテーションしています］

覚醒とトランスを承認すること
──観念運動性の動作と解離

今持っている異なる感覚は何ですか？（休止）
L夫人◎私はしたいことをすることができます、それは、私の意識が考えていることです。以前、物事を考えることができませんでした。しかし、私は、実際にそれについて、何もしたくありませんでした。
エリクソン◎そうですね。何か他に加えたいことがありますか？
L夫人◎ええ、私がトランスにいるとき、本当にリラックスして、ちょっと良い感じです、実際、深いトランスにいるときを除いて。私は平衡感覚がかなりなくなるようです。そして少しぎこちない感じがします。

ロッシ──今、覚醒での異なる感じについて、彼女に尋ねることで、トランスを承認するだけでなく、覚醒を確認しているのですか？

エリクソン──はい。あなたが物事について考えるとき、あなたの身体は、多くの観念運動の動作をします。子どもたちが映画を見ているときに動き回ったり、あちこち突っついたり、見ている場面を実演するようなことで、特によくわかります。ここで、L夫人は「私はしたいことをすることができます。それは、私の意識が考えていることです。トランスで物事を考えることができませんでした。しかし、私は、実際にそれについて、何もしたくありませんでした」と言っています。通常の覚醒状態では、頭をかきむしって考え始めます。そして、すぐに、意識下の指の動作をかきむしるためにします。しかし、トランスでは、意識下の動作をしなくても、それについて考えることができます。

ロッシ──通常の覚醒状態では、観念運動の動作は実行されても、トランスではされないのですか？

エリクソン──そうです。

ロッシ──しかし、トランスを始めたり、深めたりするために観念運動の動作を利用していますが、指シグナリングと腕浮揚についてはどうですか？

エリクソン──それは、特別な方法で、観念運動の動作を術者が使うものです。映画を見ている子どもが、アクションを見たら、見たことすべてを体験しているのを、あなたは見ています。しかし同じ映画を幻視させるために、トランスに入れた場合、身体を動かさずに、映画を見ます。彼は見るだけです。

ロッシ―でしたら、トランスでの観念化とその自動行動の間に、解離があります。それがトランスで、とても静かにしている理由です。そして、その体の沈黙 body stillness は、トランスでの信頼できる指標としてとらえることができます。

エリクソン―そうです。

創造力を促進すること、能力を強化すること

エリクソン◎そのように感じても大丈夫です。しかし、平衡を失う必要はありません。

あなたは、あなたがしたいどんな方法でも感じることができます。しかし、あなたが思いもしないどんな方法も必要ありません。

寒いとき、暖かく感じるのは良いことです。

温かいとき、寒いことは良いことです。

そこら中が濡れたように感じるときはどうですか？

L夫人◎それは、のどが渇いていると感じさせます。

エリクソン◎私に、その感じを説明してください。

エリクソン―そして普通のやり方（覚醒状態で）で歩く場合、歩くことを考えることができなければ彼女はバランスを失います。（エリクソンは、麻痺していない左手を動かさずに、麻痺した右手を動かすことが、実際にはどうしても考えられないことを、デモンストレーションします）私の右手は全く動きません。それで、もし動かすことができたら、動きをどう感じるかさえわかりません。身体感覚は、手を上げるという思考を補完します。今、トランスで身体感覚を失ったので、L夫人はバランス感覚を失いました。

ロッシ―彼女は筋肉が心に付与する感覚フィードバックを失いました。そして、彼女はバランス感覚を失いました。

エリクソン―その通りです！　しかし、あなたがそれらの動作をするように指示すれば、その人はできます。ライフルチームをトレーニングしていたとき、私は、正確な射撃につながる特定の種類の意識下の体の動き body movements をするようにしました。砲丸投げ選手が五八フィートで砲丸投げが行き詰まったとき、彼の筋肉は五八フィートと五八フィート一六分の一インチの差を知らないことを指摘しました。四分を二四〇秒に換算する

ことでロジャー・バニスター[訳註1]は、一マイル四分を切りました。なぜなら、こうすると一秒を一〇〇〇分の一秒単位で数えるからです。

ロッシ―これはすべて、観念運動の接続を変えながら、身体フィードバックを変えたせいです。したがって、意識的な偏りによる制限を打ち破ることで、実際に身体能力を増強することができます。

エリクソン―そうです。理解していない意識の偏り。

ロッシ―おそらく、これは、催眠の才能を強化する秘訣です――私たちの限界である意識的偏りを打ち破ることです。

エリクソン―そうです。「私はいつも朝食にシリアルを食べるんですよ！　でも、日曜日には、いつもチキンを食べます」と、頭から決めつけているようなことです。すべて意識的な偏りです。しかし、偏りを理解したなら、活動を広げることができます。催眠の実験的研究では、誰もが築き上げている無限の偏りを知っているべきです。

ロッシ―これらの偏りはそのような催眠実験において、問題になっています。偏りは個人差などの一部を形成しています。

エリクソン―多くのことを成し遂げる人というのは、偏りから自らを解放した人です。そういった人たちが、創造的な人たちです。

ロッシ―創造性は、過去の偏りから自由になることとして定義できます。先人が決めたことから、抜け出すことができると、独創性を経験することができます。

エリクソン―その意識的な偏りには、単に寒さが好きでないというようなことも含まれます。ときには、寒さを感じることも良いことなのです――特にあまりに暑いときは。

ロッシ―ですから、あなたはここで彼女の意識的偏りを打ち破り、ここでの指示でさらに柔軟性を持てるようにしています。それから、あなたが湿気のことを聞いたとき、「それは、のどが渇いていると感じさせます」と、彼女は答えていますので、彼女は、あなたが柔軟性の話をしていることに気づいています。

エリクソン―そうです。

共通セット《Common Sets》と偏りを取り除くことによるトランス誘導

L夫人◎それは、どちらかと言うと冷たいです――い

▼**訳註1**　イギリス・ロンドンのハーロウ出身の陸上競技選手。

いえ、とても快適ですが、冷たいです。
エリクソン◎わかりました。
あなたは、今、のどが渇いているかもしれません。
今、私は何かしようと思います。
（休止）
私は、あなたに、ある特定の感じを手に入れてほしいのです。
そして、知識に反することを。
あなたに上半身が裸であると感じてほしいのです。
たとえあなたが知っていても。
あなたは上半身に服を着ています。
私は、あなたに裸であると感じてほしいのです。
（休止）

ロッシ—この時点で、彼女は目覚めていました。しかし、今、ここで「私は快適です」と彼女が言うように、見たところ自発的方法で、トランスに戻るつもりです。なぜですか？

エリクソン—なぜなら、私が偏りを取り除いたからです。

ロッシ—本当に？　あなたが偏りと意識セットを取り除くと、彼女は、自動的にトランスに滑りこむのですか？

エリクソン—偏りは、私たちの意識的な生活の一部です。

ロッシ—偏りが私たちの意識を保っているのですか？　あなたはそんなことまでするのですか？

エリクソン—意識セットと偏りは同じではありません。意識セットは、私たちが世界を経験する方法の一部です。

ロッシ—意識セットは私たちの日常的経験のベースの大きな要素となっています。私たちの意識セットが失われると、私たちは、その場で、意識的なオリエンテーションを失います。そして、その結果、トランスに入ります。それで、単に人々の偏りと偏見を取り除くことによって、患者はトランスに入るようになります。とても信じられない話です！

エリクソン—トランス状態で、患者に新しい自由を与えました。短い単純な言葉で、自由の感覚を回復します。そして、それがトランス状態の一部になります。その後、患者はその自由を感じ始めます。

ロッシ—意識的な偏りから自由になることは、トランス状態の特徴です。私たちは偏りを取り除くことをトランスの間接的再誘導と呼ぶことができますか？

エリクソン—「偏り」という言葉を使うと、とても誤解を受けやすいです。それは実際には「共通セット *common set*」です。

ロッシ—共通セットを取り除くことがトランスを再誘導

するのですか？
エリクソン―そうです。別の例としては、被験者とあなたがトランスでの出来事を話しているときに、被験者がトランスに逆戻りすることがあります。それが、私が被験者を意識させずに、トランスから出し入れしている、とジェイ・ヘイリーが言ったときに、彼が言おうとしたことです。

催眠現象を承認するための質問
――暗黙の指示

ロッシにあなたを見てほしいですか？
L夫人◎いやです。
［L夫人は今、両手を交差して胸を覆いました］
私に、あなたを見てほしいですか？
L夫人◎いやです。

エリクソン―その質問に答えることで、彼女は裸であることを感じなければなりません。
ロッシ―そうして、あなたは、裸であることを感じるという催眠現象を承認させています。それは催眠で経験したことを要求する質問をすることで、暗黙の指示をするという例です！
エリクソン―その通りです！
ロッシ―これらのことはとても微妙なので、実際に理解しようとすると、少々当惑してしまいます。まるでたった今、自分が催眠にかかっているように、私は感じます。ここでのことを理解するのはとても難しいことです。私の古いメンタルセットが壊れて、そして、一生懸命、この新しい理解を手に入れようとすると、私は少し頭がクラクラする感じがします！
エリクソン―彼女は、胸のここを腕でおおいます。それから私は、その質問をして、彼女に裸であると指示する難しさを回避します。
ロッシ―実際に裸であると感じたかどうかなど、彼女が抱いた可能性がある疑問を、あなたはすべて避けます。
エリクソン―私はその質問をすることで、それを既成事実 *fait accompli* にしました。
ロッシ―あなたは、質問を慎重に使うことで、多くの既成事実を使います。
エリクソン―その通りです。

矛盾――意識と無意識

エリクソン◎矛盾していますね？

L夫人◎そうだと思います。

エリクソン◎それは、あなたを不快にしますね？

L夫人◎はい。

エリクソン◎意識的に、あなたの心を使うことができることは、楽しいことです

(休止)

そして、無意識的に。

[個人的な確認のための文章が、ここで少し省略されています]

エリクソン―矛盾とは何ですか？ 彼女は私のために(催眠暗示に従って)、裸になっています。しかし、彼女は、私に見られたくありません。彼女は「そうだと思います」と答えて、私が意味していることを理解していません。

ロッシ―彼女が理解していないので、再度あなたは、彼女をバランスを失わせたままにします。

エリクソン―彼女が裸になり続けていられる間に、「意識的に、そして、無意識的に心を使う」ことがあなたにできる限り、どんなに大きな不快さでも解放するためには、矛盾することが「楽しい」ということを彼女に、さらに教えます。

ロッシ―あなたは矛盾を使って、彼女を快適にして、同時に彼女が裸でいることを補強しました。あなたは彼女のすべてを拘束します。彼女はあなたが暗示するもの以外、どこへも動くことができません。

エリクソン―「意識的に、そして、無意識的に」の間の休止は、意識と無意識の間に分離を生じます。意識的な心を使うことは楽しいです。あなたが裸であるということを知るために。

あなたは、裸になるために無意識を使いました。

ロッシ―そうして、あなたは意識に何かさせ、そして無意識に何かさせます。そして、意識、無意識の両者は、あなたが割り当てる仕事に協力します。

エリクソン―その通りです。彼女は服を着たいと思っています。それは、意識的なことです。彼女は胸を腕で覆っています。それは、意識的なことです。しかし、彼女は裸です。裸という感じは、無意識から来ています。彼女は無意識に裸になりました。

ロッシ―意識の論理で、裸になったことを理解するので

はなく、感覚プロセスを通して無意識に、彼女は裸になりました。感覚は無意識から来ます。

エリクソン―そうです。

自己制限《self-limitation》を突き破ること――初期の記憶を再生すること

エリクソン◎ロッシは、何かしたいと思っています

そしてそれには、かなり複雑な精神的現象が含まれています。

あなたは、そうする気がありますか？

L夫人◎オーケー、私には幼児期に、良い記憶がないこと以外は。

エリクソン◎そう言ってもらって嬉しいです。

ロッシ―あなたは、彼女の許可をここで注意深く得ています。そして彼女の新しい仕事に対して、予備セットを与えています。あなたが、何か新しいことを導入するとき、いつもあなたがこうしていることに気づきます。典型的な方法で、L夫人は意識的な偏りによって、思い出す能力が制限されていることを表現します。あなたはその自己制限を利用し、限界を突き破ろうと努力します。

無意識の可能性を促進する観念運動シグナリング――制限している意識セットを弱めること

あなたの無意識が考えると、あなたが考えるより、はるかに良い幼児期の記憶を持っています。

[L夫人の手が持ち上がります]

エリクソン◎自分が知っているより、幼児期の良い記憶を、あなたは持っています。

幼児期を振り返ってもらえませんか？

L夫人、目を閉じてください。

(休止)

私は、あなたに、彼が困惑することをしてほしいのです

何かで、

あなたが見ることができることで。

最初にいくつか教えて貰いたいことがあります。

あなたがとても小さいとき、お父さんは庭を持っていましたか？

L夫人◎はい。

エリクソン◎わかりました。

庭の向こう側で見ることができる何かで、彼を困惑さ

せてほしいと思います。
(休止)
それは小さな少女です。
彼女は、素敵な少女です。
多分、彼女は、してはいけないことをしています
多分彼女の手は汚れています
あるいは顔が汚れています。
私はあなたにその子どもを捕まえてほしいのです、
彼女を抱いてください
そして
彼女を抱いてください

ロッシ─手を上げることで、彼女の意識と制限された見方と、さらに無意識の大きな潜在能力との間の違いを実証します。間接的な方法で、あなたは、矛盾を明らかにすることで、さらに彼女の意識セットと仮定を弱めています。意識的に表わされた意見と、無意識からの反対意見を意味する腕浮揚との間に矛盾があります。再度、患者にバランスを失わせておくために、意識と無意識の間の矛盾、あるいは葛藤を引き起こす方法をあなたは示しています。創造的な流動状態において、そして、患者がさらに創造的な活動をするために、制限セットを自由に揺るがすことができます。彼女が「困惑する」というあなたの暗示は、さらに意識的な制限を突破できるように混・乱のためのセットを導入します。

具体的で、個人的な記憶を呼び起こす暗示を一般化すること

彼女の成長をあなたに見てほしいのです。
(休止)
そして、実際に、その子の成長を見てください。
(休止)
そして、彼女の変化に気づいてください。
大きく変化しようとしています。
多くの矛盾する考え、
信じること、信じられないこと、
知らない人と共有できないこと、
そして、私はその少女に成長してほしいのです、
そして、しばらくして、あなたは気づきます
その少女は実際は、自分なのだと。
Lを興味深く見守ってください。
(休止)
関心と正しい認識を持って、彼女を見て下さい。

そして、あなたは、どんなことでも知ることができます
あなたが彼女について望んでいることを、
しかし、あなたは知らない人と共有できることを、私に話すだけです。

ロッシ──あなたは現在、誰にでも当てはまる一連の、とても一般的な暗示をしています。そして、特に具体的で個人的な記憶を呼び起こします。

エリクソン──現実の生活では、思春期を通って成長するときに、大きな不確実性の期間を当然誰もが経験します。信じること、信じないことです。「知らない人と共有できないこと」が、彼女を極めて個人的な感情に導き、個人的経験を私が言わなくても経験します。

トランスの深さ──無意識が漂うこと 対 監視機能

ときどき、その女の子がL夫人だということを忘れたことに気づいてください。
(休止)
そして、あなたはイエスを突然理解します、それはそうです、ということを。
(休止)

ロッシ──このタイプの忘却は、トランスにおいてさらに意識を弱める手段です。彼女が再び自分に気づくまで、自我の監視機能が再び調査に入るまで、自主的で無意識の空想の流れに乗って漂うように彼女は励まされます。観察することと無意識に漂うことという対立の間の自然な交代、そしてある程度の制御は、催眠において自発的に起こるトランスの深さの交代の原因となるのかと思っているのですが?

思春期プログラム

体に対して異なる感情を彼女が持っていることに気づいてください。
(休止)
ときどきそれに気づいてください
その少女が自分のことを考えていることを。
これが本当に私ですか?
ときどき、あなたがその少女を見ていることに気づいてください

あなたは自分を見ることができます、
それは本当は、私ではありません、
しかし、イエス、そうです、しかし、そうではありません、しかし、そうです。
とても楽しいときを過ごしてください
(休止)

エリクソン―少女の胸が大きくなり、陰毛が伸び始めると、そんな感覚を通り抜けます。それは私です。しかしそれは私ではありません。

ロッシ―ですから、彼女がそれに気づかないようにして、思春期の感情を彼女に再体験させようとしています。

人生を振り返る際の時間歪曲

そして、時間はとても長いのです、
(休止)
時計の示す時間がどんなに短くても、
それは本当は長いのです。
(休止)
そして、
あなたは、私と、その知識の一部を共有しようとしているので、
そして、ハッキリした物事を選び出し
見知らぬ人とあなたが、共有できることを、
しかし、これらだけが、
見知らぬ人と共有できることです。
(休止)
あなたは映画を見てきました
花が開いて、
そして同じように、あなたがその少女を見ていると
成長しています、
小さな蕾から満開のバラへと

ロッシ―これは、ワークをスムーズに進める際に、時間歪曲を挿入するという通常の使用例です。それから、見知らぬ人と共有することができることだけ共有すると強調することによって、彼女を保護しています。

エリクソン―思春期に対するもう一つの間接的連想があります。花のように開く女らしさです。

内部の仕事を強化する覚醒——暗黙の指示と後催眠暗示

そして、本当にできたとき、

彼女を眺めながら、目覚めます

そして、喜んで共有しようと思うことだけを私たちに教えてください。

[一分ほどして、L夫人は起きて、腕を伸ばします]

エリクソン◎ハーイ、L。

L夫人◎ハーイ。

ロッシ—あなたが用いる、内部の仕事を終えることを条件として目覚めさせる方法には、興味深いものがあります。それは、喜んで共有することだけを彼女が話すという、後催眠暗示を含んだ暗黙の指示という形式です。

エリクソン—その通りです。

ロッシ—あなたは、彼女がいつか起きなければならないことを知っています。そして、彼女もまた起きることを熱望するようになるかもしれません。彼女は、起きることができるように、このような内部の仕事をします。最終的に、実際に彼女が目覚めるとき、その目覚めるということが、内部の仕事が行われたという事実を強化します。

エリクソン—はい、それによって、内部の仕事が行われたということを彼女が承認したことになります。このように、内部の仕事をさせていますが、私は、「今、あなたはそれをします！」と言葉で言っていません。彼女は私に強制されたとは思っていません。

トランスの終了と健忘

[L夫人が目覚めたとき、エリクソンは上機嫌に「ハーイ」と言って彼女を迎えます。それでトランス状態にいる間に、彼女が回復した幼い頃の経験を詳しく話すようにと、彼女を励まします。気軽にこのことを話した一〇分後に、トランスにいたシーラは、自発的に自分で目覚めました。質問に、シーラが少し退屈し、おそらく少し憤慨していると感じたことがわかります。L夫人は、全神経を集中して注意していました。そして、彼女は目覚めて、私たちに加わりたいと思いました。「私は、三まで数えたら、リフレッシュして、シャキッとした感じで目覚めるつもりです」と心の中で言ってから、正確に言った通りにして、彼女は目覚め

ました。彼女はとても礼儀正しいので、エリクソンに不平を言いませんでした。しかし、彼女は全体の手順について、疑いこそ口にしませんでしたが、何か聞きたいと思っているような雰囲気でした」

エリクソン—目覚めに、上機嫌に「ハーイ」と言ったのは、意識の領域に「ハーイ」が入るからです。それによって、私は完全に目覚めて、その無意識の活動のことをすべて忘れるように彼女に言っています。

ロッシ—無意識の活動をそうして払いのけることで、共有できると彼女が言ったこと以外のことを忘れさせています。

エリクソン—そうです。「すっかり終わりました。もう関係なしです。すぐに他のことに移りましょう」ということを示唆して、健忘を生じさせました。

暗黙の指示

臨床催眠で現在使われている、かなり一般的な間接暗示のことを、「暗黙の指示」と呼ぶことを私たちは提案しています (Cheek and LeCron, 1968)。

暗黙の指示は通常、次の三つの部分から成り立っています。(一) タイム・バインド導入、(二) 暗黙の (あるいは見せかけの) 暗示、そして (三) 暗黙の暗示がいつ達成されたか合図する行動反応。このセッションでの暗黙の指示を分析した結果は以下に示します。

あなたが知るとすぐに

(一) 続けるために、患者を暗示に集中させるタイム・バインドを導入

あなたと私だけ、あるいは、あなたと私の声がここにあります。

(二) 暗黙の (あるいは見せかけの) 指示

あなたの右手は、あなたの腿へと下がります。

(三) 暗示が達成されたという行動反応のシグナリング。

催眠治療のセッションを終えるために、ロッシがよく使う暗黙の指示は、以下の通りです。

あなたの無意識が知るとすぐに

（一）解離と無意識に対する依存を促進するタイム・バインド導入

次に一緒に建設的な仕事をするとき、気持ちよく、そして簡単に、この状態に再び戻ることができます。

（二）再度簡単に、トランスに入るために、治療において動機づける方法で表現した暗黙の暗示

リフレッシュして、シャキッとした感じで、目覚めている自分に気づきます。

（三）上記の暗示が達成されたという行動反応のシグナリング

行動反応シグナリングが、患者が求めている回避不能な反応であるとき（上記の例のように）、その状況では行動反応が、暗示の達成をさらに動機づけます。暗示を達成したことを示す行動反応は、不随意、あるいは無意識のレベルで起こります。このように、無意識は、暗示が達成されたとき、その合図を示します。

暗黙の指示は、内部の学習という隠れた状態を生じさせます。それが人目につかないのは、被験者内で、一連の反応が完全に起こった後、トランスから覚めても通常は思い出せず、意識的な認識もないので、誰も起こったことを言えないからです。内部での学習が終了したことを示す自動応答（例えば、シグナリングすること、頷くこと、トランスから覚めること）が行われると、セラピストと患者は、内部での学習が終了したことを知ります。

暗黙の指示は、このように内部学習、あるいは問題解決に集中しやすくする方法です。私たちは、被験者が利用できるすべてのメンタルリソース（例えば、蓄積された記憶、感覚と言葉の連想パターン、いろいろな形の学習など）は、学習と問題解決の創造的な状態へ向けて整理されると仮定しています。学習についての神経生理学的な最近の実験が、実際、学習している間、新しいタンパク質が、適切な脳細胞で合成されることを示唆しているので（Rossi, 1973a）、暗黙の指示が、患者の中に新しい行動の生物学的基礎と現象学的な経験として機能できる新しいタンパク質構造を内部統合しやすくすると推測しています。

暗黙の指示が特に興味深いのは、バイオフィードバッ

ク技術と類似していることにあります。バイオフィードバックの多くの形式では、電子装置は内部の反応がいつ完了したかを示すために用いられます。暗黙の指示において、患者のはっきりした自主的な行動反応は、内部反応がいつ完了したかを示すために用いられます。暗黙の指示とバイオフィードバックの形式的類似点を以下にリストアップします。

一．意識自身が実行する方法を知らない仕事を、意識に与えます。

あなたの血圧を一〇上げて（あるいは下げて）ください。

右手を暖かく、左手を冷たくしてください。

右脳のアルファ波を増やしてください。

前腕の筋肉の緊張を緩めてください。

二．どんな行動変化であっても、望ましい方向で反応がなされるとき、意識は反応を認識できる合図を受け取ります。バイオフィードバックでは、反応（血圧、体温、アルファ波、あるいは上記の例における筋肉緊張）を測定する電子変換器によって遂行されます。そして、この応答の中での変化は、被験者が自分の行動をモニターできるメーター上でわかります。

対照的に、暗黙の指示においては、望ましい内部反応（血圧変動、体温など）を作り、意識が認識できる明示的な行動シグナルに変換するときを示す変換機として、患者自身の無意識のシステムが役立ちます。

暗黙の指示にバイオフィードバック以上の利点があることははっきりとしています。後者は精巧で高価な電子機器を必要とする、かなり扱いにくい技術です。バイオフィードバックでは、実際に測定できる反応が制限されています。対照的に、暗黙の指示は設備を必要としませんし、セラピストと患者双方の創意工夫でいかようにもなります。比較研究はまだなされていませんが、バイオフィードバックの電子機器の方が、暗黙の指示より、信頼性管理が高いと思うかもしれません。実際、これこそが、催眠のあらゆる方法を利用する際の大きな問題です。異なる個人間の、そして、異なる出来事での同じ個人内の反応の相対的な信頼性。この信頼性の問題は、バイオフィードバックとの類似性を利用することで、ある程度扱うことができます。バイオフィードバックの信頼性は、電子器具によって提供されるシグナリング・システムの信頼性のおかげです。望ましい催眠反応を開始するか、あるいは伴う経験、そして行動変化を患者に覚えさせ、報告させることで、催眠手順は、もっと信頼できるようになります。それから、このような行動変化は、別の機会に催眠反応を元に戻す信号として機能する可能性があります。この場合、催眠とバイオフィードバックは別の共通目標を共有します（意識的な思考、あるいは行動と以前の非自発的な反応との間の関係を樹立すること）。

暗黙の指示の練習

一．暗黙の指示は臨床実践で発展しました。しかし、その有用性を実験的に確認した研究データはありません。読者は、コントロールされた客観的に反復可能な方法で、実験的に確認できる暗黙の指示を考案することができますか？

二．すべての主要な催眠現象を経験できる暗黙の指示を考案してください。

三．治療に役立つ、内部学習を促進する暗黙の指示を考案してください（例えば、ある問題についての新しい解決法を見つけるために、患者の自我プログラミングの制限から、無意識を解放すること）。

四．暗黙の指示には、暗示を達成したという無意識の合図が含まれるので、トランス作業の効果をテストすることで、「試練 challenges」の代わりにすることができます。トランストレーニングに対する旧来の、古典的なアプローチにおいては、実行できない暗示をされたとき、目を開けたり、あるいは手を開いたりするように、被験者に「要求する challenging」ことで、術者はトランスの深さと有効性、そして暗示の強度を「テストして」、「証明しました」。被験者が目を開くことができない場合には、被験者はトランスの有効性を確立するという試練をパスしました。もっと建設的で許容的な方法で、暗黙の指示は同じ目的を達成します。それは、その場にいる患者の側に支配している感覚を残しておくので、セラピストが支配するという幻想を助長しません。このように、被験者とセラピスト双方にとって価値のある指標は、求める反応が実際に起こっていることです。今、セラピストは、別の方法では、セラピストの観察の影響を受けやすい内部での反応（記憶、感情、感覚など）を起こす暗示を開発して達成するように、あらゆる段階の指標として、暗黙の指示を考案することを学べます。

注意を集中させ、暗示し、強化する質問

アプローチで最も驚くことは、間接暗示のために注意を集中させるのと同時に、すべてを強化する質問を、エリクソンが使っていることです。質問は、日常生活におけるとても他愛ないもののように見えます。

他の人が私たちに質問するとき、多くの場合、その人の必要性から質問がなされます。そして、質問者を助けることができると私たちが知っていることを、その質問は意味しています。この全てのカテゴリーにわたって援助、指示、アドバイスなどを尋ねる質問は、注意を集中させることに特に役立ちます。

他の役に立つ質問のカテゴリーには、能力に関するものがあります（〇〇をすることができますか？）。幼年期、思春期および青年期に、成長していく上での試練にうまく対応するための努力を積み重ねるために、この能力の質問をすることが、強い動機づけになることがよくあります（「努力します。できる方に賭けます！」）。したがって、自分の要求に押しつぶされないのであれば、これらの能力に関する質問によって、患者は動機づけられます。検査状況、あるいは調査において、質問によって、ひどい心の痛みを経験する場合があるので、注意する必要があります。なぜなら質問が心に突き刺さり、破壊的になることもあるからです。

質問されたとき、人間の脳が意識レベルで満足できる答えを見つけた後であっても、無意識のレベルで、その記憶システム全体にわたる徹底調査を継続することを、最近の研究（Sternberg, 1975; Shevrin, 1975）は示しています。調査を続けていることを意識していないときであっても、心は、一秒に約三〇項目を調べていると考えられています。無意識レベルでのそのような調査結果は、日常生活でよく出会う経験から見て、疑う余地はありません。意識が別のものに移ってしまえば、心に浮かんだだけの名前や物については、あっという間に忘れてしまうことはしばしばです。意識的に解決したと思っても、新しい疑問が出てきて、少しすると前より良い答えが出てくるという経験を、どれほどしているでしょうか？

意識が明らかに満足した後でさえ、そのような無意識の探索と認識が質問に答えるために行われるという事実

は、エリクソンの初期の研究を立証したものであり、そうでなければ、ほとんど当時論争の的になっていた見解、つまり、心はまったく別々の二つのものの上で、意識的なレベルでの独立した仕事の一つと無意識のレベルの上の別のものを、同時にアクティブにすることが可能という見解を支持するものです（Erickson, 1938; 1941）。無意識のリソースを活性化することは、間接アプローチのまさに真髄です。そこでは、催眠現象、そして治療効果を喚起する患者の未だ認識していない潜在能力を活性化し、利用しようとしています。

通常のデモンストレーションと間接アプローチに、質問を使うときでさえ、主として含意による患者の内部連想を組み立てます。質問としてよく使われるのは、暗黙の指示です。患者が新しい反応可能性をもっと受け入れるように、意識セットを弱めるために、多くの場合に暗黙の指示を使用します。例として、エリクソンの質問をいくつか分析してみます。最も単純なものでさえ、含意と結果がとても複雑なので、質問をきちんと分類することがほとんどできないことがわかります。

どちらの手が軽いですか？

手に意識を集中します。もっと軽くなると、浮揚します、と間接暗示します。十分な反応をするように、軽さと浮揚の可能性を強化します。催眠反応が十分な答えを必要とする限り、それは暗黙の指示です。選択の幻想とダブル・バインドがさらに働きます。なぜなら、どちらの手を軽いと感じたとしても、催眠反応することに結びつけるからです。この質問は、間接的に意識を弱めます。自我意識の「普通の」、そして習慣的フレームワークが、それに対処することができないことが少しも珍しくないからです。それで、患者は無意識あるいは自主的な反応を待たなければなりません。

なぜ、ジョンはいなくなりましたか？

この質問は、L夫人が、ジョンの幻覚を見ていたセッション中の文脈において、主に幻覚を起こすのをやめる間接暗示として用いられています。それは、含意として働いて、そして再度注意を集めます。

ロッシ博士に、あなたを見てほしいですか？

L夫人が腰から上が裸になっている幻覚を見ていた

セッション中の文脈でのこの質問は、ほとんど知らない人の前で裸であることに対して、ある程度の反応を示した暗黙の指示による幻覚体験を強く承認しています（彼女は胸を腕で覆いました）。

あなたは楽しみますか
（休止）
あなたがどこにいるか知らないことを？

これは、間接的な、合成暗示で、多くの情報から効力を持ったものを取り出しました。同時に二つの質問をした合成したものです（あなたは楽しみますか？ あなたは、どこにいるか知らないのですか？）。患者はむしろ、多くの場合、質問に同調して、「どこにいるか、知らないことを楽しむ」ので、そのような二重の質問に答えることはとても困難です。否定的に使う「知らないこと」を理解することは、あまりにも難しいことが多いので、さらに混乱の源になります。それで患者は同調します。「あなたは楽しみますか」は、間接的に楽しいことを暗示しています。そしてこのように強化しています。

一般に言語を理解する中で、特に質問を理解する中で、糸口を開くための単なる手始めであることは、これらの分析からはっきりしています。語用論として知られている記号論のその一分野の研究をできるだけ完全にすることは、催眠療法家にとって賢明なことです（Morris, 1938; Watzlawick, Beavin, and Jackson, 1967; Watzlawick Weakland, and Fisch, 1974）。

質問によって分析する練習

一．本書の誘導の中で、面白いと思うことだけでなく、以下の質問において類似した分析をしてください。


今、トランスに入りたいですか？ それとも後で入りたいですか？

そのものすごい安心感を、体のどこで経験しますか？

言うことができますか、「何か」を？（直解主義のテストとして、この質問を使用することに注意してください。）

あなたは本当に理解していますか？（声は「本当に」のところで強調します）

リラックスし、思い出す必要がないことを楽しむことができますか？

無意識はその問題に対処することができますか？

自分が誰か知らないことを快適に感じますか？

間接的トランス誘導のための質問

最も役に立つ形の暗示は、(一) 注意を固定して、集中すること、(二) 被験者が役に立つ反応を発見するために、自分の連想マトリックスに達する間に、(三) 新しい行動パターンを構築することができる質問です。エリクソンは、多くの場合、トランスを誘導し、一連の質問によって完全な催眠療法的セッションを実行します。

一．どんなトランスを経験したいのでしょうか？

二．トランスに入るために、どれくらい時間がかかりますか？

三．どのようにトランスを経験し始めているか知っていますか？

四．今、まだ完全に目覚めていると本当に思いますか？

五．すでに、入っているトランスは、どれくらいと感じますか？

六．どれくらいの速さでトランスが深くなりますか？

七．それが十分な深さになったとき、あなたは私に知らせますね？

八．トランスが深まり続けるとき、あなたは今、何をこのトランスで経験したいのでしょうか？　それとも、驚きとして、それを希望しますか？　早く、それとも遅く？

九．手(指、頭)が暖かく(冷たい、無感覚など)感じたら、それを動かしますか？

一〇．そして、目覚めた後、その無感覚の状態をどれくらい保っていたいと思っているか、あなたは知りませんね？

これらの質問の一つ一つが、患者内における異なるトランス経験の側面に対して、連想反応を引き起こします。最初の三つには、現在の経験に対して、患者の動機づけを高めるだけでなく、前のトランス経験を再統合するという効果があります。質問四と五は、自分の現状を患者が評価できるようにして、そして覚醒からトランスまで移行できるようにします。十分な深さのトランスが達成できたときがいつか、患者がセラピストに教えることができるように、質問六と七は、この移行を完了して、シグナリング・システムをセット・アップします。質問八、九と一〇は、事実上、どんな催眠現象でも、あるいはどんな後催眠反応でも、喚起させるために使うことができる、すべてのバリエーションです。質問は、このようにトランス経験へのフェイルセーフ・アプローチです。質問は他の催眠形式以上に、可能な催眠反応として表現できるように、質問の中の現象の部分的な側面を自動的に呼び起こすように見えます。

トランスの断片的な発達

一度に全部を要求するより、分割してトランス誘導した方が良いと、私たちは感じています。質問するアプローチによって、患者は徐々にトランスを経験できます。さらに、セラピストは、連続的にプロセスをモニターすることができます。そして患者がいる場所をいつでも知ることができます。一つの暗示に従うことは、もう一つに続く可能性を増やす傾向があるというフォークトの分割テクニック fractionation technique（Weitzenhoffer, 1957; Kroger, 1963）、そして「異作用被暗示性亢進 heteroactive hypersuggestibility」（Hull, 1933）と似ていますが同じではありません。

ロッシ―なぜ、分割してトランス誘導した方が良いのですか？

エリクソン―トランスの小さな断片を誘導した後、別のものを誘導します。その後、その二つを接続することができます。

ロッシ―トランスの異なる断片は、覚醒暗示として機能する質問で生じますか？　各々の覚醒暗示は、トランスの別の断片を加えることを受け入れますか？

エリクソン―はい。その後、断片を一緒にして関連づけます。

最初に、あなたは腕にカタレプシーを生じさせます。それから、あなたは加えます、「そして、麻痺、あなたはそれに気がつきますか？」そして、「あなたは手から目を移動することができませんね？」「あなたが見ることができるのは、あなたの手だけですか？」「また、些細な音はすべて消えましたか？」

ロッシ―これらの質問は、無痛覚 analgesia、あるいは麻酔、目と頭の不動、そして重要でない背景の詳細に関するネガティブな幻覚と幻聴という経験を加えることにより連続的にトランスを構築します。

暗示として質問を利用する練習

一．以下のトランスへのアプローチについて、質問だけを用いた完全な誘導を書いてください。
a．腕浮揚
b．目の凝視
c．リラックス
d．視覚化などのような他の好きなアプローチ

二．古典的な催眠現象の各々の経験が促進されるように、被験者の注意と連想プロセスに焦点化する一連の質問を明確に述べてください。

三．治療的な反応を促進する方法で、患者の記憶と連想に焦点化する一連の質問を明確に述べてください。

四．トランス誘導への質問アプローチは、心理療法の多くの多様な学派で利用される内省的なアプローチと非常に類似しています。C・G・ユングのアクティヴ・イマジネーション（Jung, 1963；Rossi, 1972）、アサジオリのサイコシンセシスの瞑想方法（Assagioli, 1965）、そして、ゲシュタルト・アプローチの対話（Perles, 1969）。これらすべては、個人の注意を内部の現実に集中させます。このように、たとえ創始者が通常、トランス誘導を認めないとしても、トランスを誘導しているのです。たとえ、それらが催眠と分類されなくても、そのような方法はトランス誘導への間接アプローチと考えられるかもしれません。内省期間とトランス期間の間の本質的な同一性は、クラーク・L・ハルとの初期の研究において、エリクソンによって示されました（Erickson, 1964）。内省で仕事を果たすよう依頼された被験者のグループが、古典的な催眠誘導を経験したときに経験したことと類似した行動経験、そして主観的経験を体験したことに、エリクソンはそのとき、気づきました。

内省、そして空想という仕事を被験者に与えること、そしてその後、古典的な催眠誘導での経験と、これらの内部経験との主観的な比較を求めることは、催眠の初心者に有益です。どんな類似点が、彼らの外部行動にみられますか？　トランスと想像への、そのような内省－想像アプローチの関係（Sheehan, 1972）は、非常に現在的な研究テーマです（Hilgard, 1970）。

意識的なメンタルセットを弱めること——混乱、精神的な流動と創造性

ロッシ―常に流動状態にして、バランスをわずかに失わせたままにします。それで、あなたが提供するどんなオリエンテーションでも、患者は常に支持するのですか？

エリクソン―はい。
ロッシ―それは催眠の中での創造的な状態のうちの一つです。その一定の流動状態、そこであなたが提供するオリエンテーションを、患者は理解します。
エリクソン―その通りです。
ロッシ―これは、あなたが、自分のやり方で問題に対する解決を考え出すために、患者自身がトランス状態で(Erickson, 1955)、安静でいられるようにする状況と対照的です。
エリクソン―人がトランスに入ったとき、あれこれ考えさせ、堂々巡りをさせ続けます。その後、あなたは静かにその問題に取り組むように言います。あなたは最初に、意識的なメンタルセットから彼を分離しました。あなたは、彼が問題に取り組むのを止めるかもしれないので、接続を断ちました。それはとても大事なことです。
ロッシ―あなたは、患者の問題解決を妨害する習慣的なメンタルセットと意識的な偏りを壊します。その後、創造的な内部の仕事に患者を向けます。
エリクソン―人々はいつでも、問題への取り組みを明日に先延ばししようとします。しかしあなたは、患者の意識セットを壊して、流動状態に患者を置いておくことによって、今日を作り、明日を作ります。

ロッシ―それは混乱テクニックと、それから驚きテクニックの本質的な部分です。これらすべてのアプローチは、意識セットの制限を弱めます。

この会話において、エリクソンは、問題解決と創造力を促進する中で、自分の仕事の重要な側面を明らかにしています。三回目のセッションの初めに、私たちは、トランス誘導のフロー図は以下の通りになることを確認しました。

外部の現実がぼやけること
←
混乱
←
暗示をはっきりさせるための感受性
←
本来のトランス作業

このセクションでは、エリクソンはさらに混乱の重要性を詳しく述べています。混乱(「あれこれ考えさせ、堂々巡りをさせ続けます」)は、「意識的なメンタルセット」から患者を分離するのに用いられます。あなたは、患者が問題に取り組むのを止めさせないように、接続を断ちました。患者は、誤ったメンタルセットを持っていて、視点が限られているがために患者なのです。エリクソンは、精神的な流動状態を開始するために、患者の創造的な可能性を解放して、これらの硬直した限界を、絶えず突破しようとします。

このように、混乱は、硬直したメンタルセットを壊して、創造的なプロセスを始めるための主要な道具になります。このプロセスの完全に自発的な例が、このセッションの解説にありました。そして、ロッシは、エリクソンが教えようとしていたことを理解するために、自分の精神的な限界を突破しようとして、「頭がクラクラする」という感じを受け入れます。この感覚は、何回も実際に起こりました。エリクソンが自身を表現する複雑さによって、催眠的雰囲気を醸し出し、ときどき、ロッシの習慣的視点を破壊しました。注意してほしいことは、抽象的なせいで、エリクソンの考えが複雑だったとは言っていないことです。しかし、回りくどい進行、質問と含意を習慣的に使いながら、変わった経験のさせ方をして、そして自主的ではないと思われる（つまり、催眠的な）やり方をして、聞き手の連想プロセスを絶えずひっくり返します。

エリクソンが患者の誤った意識セットを壊すために、言葉を使って混乱させる方法は、すでによく知られています（挑発的な質問、含意、ダブル・バインド、驚き、しないことと知らないことの使用）。

最も単純なレベルでは、エリクソンは、患者がする必要がないこと、あるいは知っている必要のないことすべてを、ソフトにしつこく反復します。彼が実際に話していることは、患者は通常の意識によるコントロールと指示を手放して、無意識による自主的なプロセスに引き継ぐことができるということです。トランス誘導は、プロセス全体で、これらの習慣的な意識セットをリラックスさせるように設計されています。そして患者は、トランスが深くなると、通常の意識モードでの学習された限界から、知っていることを諦めるレベルへ脱出することができます。

知らないこと、しないこと

あなたは聞く必要がありません、あなたの無意識は、自然に反応できます。

あなたは、出来事がいつ起こるかについて、「何であっても」わかっている必要はありません、あなたの無意識が知識を供給します。
あなたは、呼吸回数［あるいは、何であっても］を、いつ変えるつもりかわかりません。
［休みなく動く患者に対して］あなたは、いつ次に動く必要を感じるか、正確にはわかりません。
あなたは、自分の手［あるいは、何であっても］がどこにあるか、わかる必要がありません。
私はあなたに学んでほしいのです
誰でも信じていることを、
あなたが信じていることを、
あなたの無意識が信じていることを、あなたの無意識が知っていることを、
それはカウントできるものすべてです。
人生においては、
幼年期から、
あなたは知識を求めました、
しかし、あなたはすべてを持っていることはできませんでした。
心の前面にある
その知識を。
忘れることに関して、ここでの最後の二つの暗示が、エリクソンの暗示にどのように通じるか、誘導セクションから書き留めてください。
「能力を失うこと Losing Abilities」、「否定 Negative」、「疑い Doubt」、「矛盾 Contradiction」、そして、「反対で同格 Apposition of Opposites」に関連した催眠の形は、しないこと、そして知らないことに密接に関係があります。今から、順番に一つずつ取り上げていきます。

能力を失うこと

経験するのが簡単なので、エリクソンは、「能力を失うこと」という形で暗示するのが好きです、それはトランスの基本的性質と互換性を持っているので、トランスが変性状態であることを見事に証明します。能力を失うことは、通常の日常的現実志向を弱めて、変性モードによる経験を、もっと受け入れやすい現実志向を作ります。

あなたがまぶたを、これ以上開いたままにできない、その瞬間を経験することは面白いことです。

あなたは、右手を腿から持ち上げる能力を失うことができます。

そして、あなたが立ち上がることができないとわかる

とき、それは驚くべきことですか？

否定

エリクソンは、否定の活用を、とても詳しく研究しました。「絶対にノー」から、同意できる黙認までの一六通りの異なるニュアンスを表現するために、一六通りの方法で「ノー」と言った俳優を賞賛しました。

以下にいくつかの例があります。

あなたはしませんか？　Won't you?

疑っている口調で表現するとき、これは否定を意味します――「あなたはしません」被験者が何かすることを、あなたが望んでいないときだけ、「あなたはしません」が使われます。

あなたはしますね？　You will, will you not?

これは否定語を使っています。「ノー not？」を、尋ねるような抑揚ではっきり言うことで、肯定に変えています。エリクソンは、「します you will」という肯定と、直後の否定がバランスをとるので、このフレーズは被験者の欲求を満たしていると考えています。このように、この文章は、反対で同格の例です。

研究は、否定の定式化 negative formulations を理解するほうが、はるかに難しいことを示しました（Donaldson, 1959）。したがって、否定を使用することは、意識を弱める傾向があります。トランスでは、どちらかと言えば「しない」ので、その含意をすべて理解しようとするより、暗示に従うほうが簡単です。

後で、反対で同格において議論するように、さらにエリクソンは、否定の使用は、心理的バランスを保って、代償 compensation する方法であると信じています。さらにセラピストは患者の抵抗を放出し、置き換える方向に向けて、否定を提供することができます。このように、否定の使用は、「抵抗する」患者を扱うアプローチと考えても良いかもしれません。そのような患者との否定の使用は、実際には、その破壊的な面を放出して、建設的な道筋へと否定を転送する方法で、患者の否定性を利用します。

逆暗示《Reverse Suggestion》のための否定

否定は、間接暗示、あるいは逆暗示のために、使われることがあります。あるとき、患者は、目が覚めないと言い張りました。エリクソンは、患者の言い分を受け入れましたが、その一方で、その日に他の患者に会う予定だったので、それは困ったと思いました。それから誠実に、エリクソンは患者が洗面所に行く必要がないと良いですね、と言いました。というのは、目覚めないと洗面所に行けないからです。当然のことですが、患者には洗面所を使う説明しにくい必要性があったので、目覚める必要があると、すぐに患者は気づきました。他には、「すばらしい、あなたはトランスにとどまろうと試みることができます。だから目覚めません」という逆暗示があります。目覚めないことを求めていませんと、暗に努力を示唆しながらも、微妙に疑っているトーンで言った、「試みる」という言葉は、被験者を覚醒する効果が実際にありました。

逆の状況で、トランスの実現性を強めたいとき、「目覚めたままでいようと試みてください。試みて、そして、トランスに入らないでください」と、言います。暗黙の努力で疲れきるまで、被験者は、通常二、三分間、雄々しくトランスに抵抗します。そして、戦わずにトランスに陥ります。これらの否定的暗示の影響は、ボードワン（Baudouin, 1920）によって、反効果の法則 law of reverse effortとして、以前解説されました。暗示に抵抗しようとすればするほど、暗示の実行をさらに強く強要されていると感じます。ワイツェンホッファー（Weitzenhoffer, 1957）は、逆効果の法則の擬似法則として、これを記述しました。「抵抗しようとする」ことと「それを実行したいという衝動」の間に、本質的で必要な関係があることを示す臨床的、あるいは実験的なデータは実際にはありません。ワイツェンホッファー（Weitzenhoffer, 1975）は、そのような定式化が有効なのは、暗示することを偽って正反対のことをするための暗黙の指示を含んでいることによる、と信じています。

疑い

疑いは、エリクソンがしばしばキーワードを疑っている口調で伝達する巧妙なプロセスです（以下の例では太字で記しています）。エリクソンは、患者がすでに経験している最小で、おそらく認識していない疑いを通常利用します。したがって、この疑いについてのエリクソンのメッセージは、暗示と同じだけの自明の理です。疑いなら何でも、人を不安定な位置に置きます。したがって、より多くの構造の探索、そして確実性の探索へと導きます。その後もちろん、エリクソンは、満足できるやり方で、患者を再構成できる暗示療法を提供します。

あなたは本当に理解していますか？ は、「あなたの意識的な理解を疑ってください」を意味します。

そしてあなたは実際に理解するでしょう は、「あなたは実際には理解していません」という意味です。

あなたはハッキリ目覚めていると思いますか？ は「あなたは目覚めていません」と示唆しています。

今、あなたは自分自身について確信がありますね？ は、「あなたはそうではありません」と示唆しています。

矛盾

患者の心の中の矛盾を明らかにして、通常の信念が不適当なことを実証します。そして、治療的トランスを伴う経験に対して、肯定的な姿勢をとるための方法を準備します。思考と感情の間の、そしてもちろん、意識と無意識の間の矛盾を患者が理解できるように、エリクソンは、このちょっとしたゲームをします。エリクソンは、これらの矛盾を証明するために、観念運動性の動作を多用します。したがって、患者が観念運動を拒絶すると、重要な記憶を利用できません。以下のように、エリクソンは、納得のいく矛盾を構築するかもしれません。

あなたの無意識が、素晴らしい記憶を持っていると思う場合、［感覚、考え、あるいは患者が疑問に思っていることすべてに関して］、あなたの手は上がるでしょう。

手が自主的に上がると、その後の催眠ワークで、記憶がすぐに利用できるかもしれないと患者が確信するようになります。

トランスを経験したかどうか患者が疑問に思うとき、エリクソンは、疑念を持たないように観念運動性の動作を使用します。

あなたの意識は疑うかもしれません、しかし、あなたの、無意識がトランスを経験したことを知っているなら、その場合、あなたは、「はい」とゆっくりうなずきます。

このようにエリクソンは、強迫的で、不安定で、疑っている患者の観念を創造的な方法で、よく利用します。強迫神経症の人格は、意識と無意識の間の矛盾に苦しむ人として理解できます。個性内のさまざまな傾向の間を調べることで、これらの矛盾を持つ人とラポールと協力を築くことができます。

反対で同格

エリクソンが好きな催眠暗示の間接的な形は、他には、反対で近接した並置、あるいは「反対で同格」があります。これは、エリクソンの混乱技術の基礎的要素であるように見えますが、さらに、催眠反応を促進するために、メンタル・メカニズムを自然に利用する手段かもしれません。

二回目のセッションで、エリクソンは、覚えていること、そして忘れることという反対のプロセスについて、バランスをとること、あるいは同格を注意深く説明しました。キンスボーン（Kinsbourne, 1974）が議論した「敵対するシステム間でバランス」をとる方法は、神経系のまさにその構造を構築する基礎的な神経メカニズムのことでした。「反対で同格」として、私たちが区別しているものは、催眠反応を促進するために、この基本的な神経プロセスを利用する手段かもしれません。この場合、エリクソンは明らかに、患者が意識的な努力を両方ともしないように、覚えていることと忘れることという敵対するシステムのバランスをとっていました。このような敵対的バランスのはっきりした例には、実際にはダブル・バインドですが、以下のようなものがあります。

あなたは覚えているために忘れること、あるいは忘れるために覚えていることができます。

「反対で同格」に関する他の様式には、軽さと重さ、暖かさと冷たさ、リラックスと緊張などがあります。

手が持ち上がると、あなたはまぶたを重く感じます。

持ち上がることと重みを伴う軽さとを並置することは、通常とは異なる方法で敵対するシステム間のバランスを利用します。軽さと浮揚を強調する場合、そのとき私たちは均衡から被験者を移動させています。したがって、被験者の内部に、重さを伴った軽さにバランスをとり、そして敵対するために、反対傾向 countertendency が生じます。最終的に、この自然な反対傾向は、浮揚暗示を打ち破る可能性があります。しかし、重さが役に立つ別の反応（まぶたが重くなる）を暗示することで、重いことに向かうこの自然な反対傾向を利用するなら、二つの催眠暗示を促進する方法で、敵対するプロセス間のバランスを、私たちは実際に利用しています。それは、複数の仕事を提示して互いを強化する方法です。そのような同格を使用するために、計画された別の例は、以下のとおりです。

そのページを自動的に書くために、動きたいという衝動が手に伝わるまで、あなたは快適に動かないままでいることができます。

あなたは、水晶球で予想もしていないイメージを見るかもしれません。あるいはまったく水晶球を見ないかもしれません。

あなたの手が暖かくなると、あなたの額は涼しく感じられます。

あなたが手を握り締めると、下半身をリラックスさせることができます。

「反対で同格」の練習

一．暖かさと冷たさ、緊張とリラックス、触れることに対する知覚消失と過敏症という反対で同格を利用している暗示を述べてください。エリクソンは後者を、面白く使った歯科麻酔の手に負えないケース（Erickson, 1958）を解説しています。何人かの人が失敗した後、患者の左手はすべての刺激に過敏になったので、いつでも慎重に左手を保護する必要がありましたが、エリクソンは、最初の暗示で、歯科治療のために、効果的な口腔麻酔をすることができました。これは、歯科治療が常に過敏症と関係していたという患者の凝り固まった信念に合わせてありました。エリクソンは、口から手へと、その過敏症を移しただけでした。「この凝り固まった理解に対応したときには、一つの筋肉がリラックスすると、別のものが収縮できるという相似を使ったことで、歯科麻酔を達成することができた可能性があります」と、エリクソンはコメントしました。

二. 催眠反応を促進するために使用することができる感覚領域、知覚領域そして認識領域の敵対プロセスを概念化してください。

三. 古典的な催眠現象すべてを促進するために利用することができる「反対で同格」を述べてください。

第六章

催眠学習を促進すること

Six

このセッションでは，意識と無意識の関係，そしてその二つをエリクソンが取り扱う手段を探索します。深層心理学の多くの先駆者のように，人々の毎日の活動に役立つ概念として，エリクソンが実際に無意識の価値を信じていることははっきりしています。どうすると意識と無意識それぞれの利益になるのか，さらに催眠ワークが上手くいく場合，意識と無意識の双方にどのように頼りながら，訴えるのか，エリクソンは慎重に指摘しました。通常，エリクソンは，この問題を扱うために間接的アプローチをします。エリクソンは，アナロジー analogies が意識と無意識に同時に訴える手段であると考えています。アナロジーは，催眠学習を促進するための基本的な道具です。

このため，エリクソンは，日常生活から得られる豊富なアナロジーを使って，レパートリーにしました。これらのアナロジーは，幼児期における認識と経験についてのものが，ほとんどだったことがわかります。子どもの機能しているやり方は，無意識に近いものです。そして，それをエリクソンはトランスで促進させようとしています。エリクソンは例として，自分の経験を使うことが好きでした。なぜなら，自分の経験を最も知っているのは，エリクソン自身でしたから，彼の信念によって，患者内の類似した経験を集めることができました。エリクソンのアナロジーは、無意識のものを教えると同時に、常に意識的注意を固定させます（あるいは退屈させます）。意識は、ある物事をする方法を知りません。それこそがセラピーを受ける理由です。人の無意識は、必要なことをするためのリソースを持っています。これらの無意識のリソースを結集するための効果的なアプローチが、アナロジーであることがよくあります。

期待と先入観《Preconceptions》をあきらめること

エリクソン◎何か質問がありますか？

シーラ◎二つ、三つ質問があります。でも、その質問は後からします。

エリクソン◎今、質問してください。

シーラ◎昨日、あなたが私をトランスに入れたとき、あなたが続けなかった理由が、まだ私にはわかりませんでした。

それがわかりませんでした。

それをしてほしいとか、何かしてほしいとか、あなたは言いましたか？

催眠療法家はトランスを経験すべきだということはわかりました。しかし、あなたが何をしていたか全くわかりません。

しかし、多分、私が知ることが大事ではないのですね。

エリクソン―あなたは完全にはあなたの聴衆を満足させません。聴衆をもっともっと思わせたままにしておきます。それがここで起きていることです。「なぜ私ともっとしなかったのですか？」と彼女は尋ねています。それは、もっと多くのことを本当に望んでいることを認識させます。

ロッシ―彼女があなたにもっとしないのかと尋ねる状況を、あなたは誘導しました。したがって、彼女は制限している先入観を打ち破るかもしれません。最終的に「多分、私が知ることが大事ではない」と受け入れているということが、彼女が意識に対する依存を、一部あきらめていることを示唆しています。

意識と無意識を分けること
――無意識に依存すること

エリクソン◎あなたの意識が他のもので満たされる間、あなたの無意識が自由に何かすることを、私は望んで

いました、
そして、あなたは意識的な活動にとても興味を持っているので、無意識の活動を知りません。

シーラ◎はい。ここで何が起きているか、
私はLとしたことを知りたいと思いました。

それは、彼女をリラックスさせて、異なる場所のことに集中させる一種の催眠と考えることは可能ですか?

エリクソン◎可能です。

シーラ◎私は、良い被験者だけができると思います。

エリクソン◎良い被験者、あるいは洗練された被験者? 他に質問は?

シーラ◎それで全部です。

エリクソン—私はここで、二組の利益があることを、そして無意識がその利益を手に入れることをハッキリさせています。
ロッシ—意識の利益と無意識の利益を分けることを慎重に指摘しています。
エリクソン—あなたは、それをハッキリさせたり、簡単にさせたりすることができません。あなたは、無意識に依存しなければなりません。

トランスでの手の接触

[シーラはトランスに入ろうと準備します。しかし、彼女の手は、ひざの上できちんと一緒に組まれています]

エリクソン◎両手を接触させたままにしてはいけないということが、大事なことだ、と以前私は気づきました。手の接触が、どのように妨害するのか、私はその理由は知らないのですが。

(休止)

さて、行けるところまで行ってください。

(休止)

エリクソン—「あなたは団結しなければなりません[訳註1]」と、俗諺 folk language では言います。あなたの手が互いに触れると、手は団結する傾向があります。しかし、あなたは刺激を受け入れたい——団結して、排除するのではなく——と望んでいます。

▼訳註1 一七七六年七月四日、アメリカ独立宣言のスピーチでフランクリンが発したとされる言葉。「我々はまさに一致団結しなければならない。さもなくば、皆吊るし首になることだろう」

無意識の学習

あなたの無意識は、昨日たくさんのことを学びました。
（休止）
さらに学びました
それを
私たちが多くを学ぶことができたことを
人格が入り込む
ことなく。
（休止）
全ての被験者が、
どんなに高い教養があっても、
することに確信がもてません
全てのことを、
そしてさらに
個人史の中で
被験者はできます。
（休止）
私は、本棚で本を捜しました
自分の中では
その本が赤に関係していると
思い込んでいたので
私はその本を見つけることができませんでした。
私は、あらゆる本のすべてのタイトルを読むという手を使いました
それでも、その本を見つけられませんでした
たとえ私が全てのタイトルを読んだとしても。
タイトルには意味がありません
なぜなら、私が思っていたのは赤でした
青ではなく、赤が正しい色だったからです。

エリクソン―「あなたの無意識は、昨日たくさんのことを学びました」

［エリクソンとロッシはK夫人のケースを話し合いました。彼女がトランスにいる間、彼女の活発で意識的な心は、彼女の無意識の非常にひどい「文字通りの解釈 literalism」を軽蔑していました。エリクソン博士でさえ驚くほど、彼女の文字通りの解釈はひどいものでした。その文字通りの解釈は無意識の「成果」でしたが、K夫人の意識的な心は、それをエラーと考えました］

エリクソン―意識は、無意識の成果のランクを下げます。そして、意識的な感情が無意識へとろ過されるので、あなたはそのランクが下がり続けることを許せません。

ロッシ―あなたは、否定的な意識セットが、無意識の可能性を妨げると言っているのですか？

エリクソン―無意識が、意識を保護するようになります。

ロッシ―あなたは、無意識が意識の偏りと協力すると言っているのですか？

エリクソン―「もし何事もしないなら、あなたは落胆することはありません」と、意識は安心させようとします。「あなたが知らないことでさえ、あなたはしました」（例えばK夫人のひどい文字通りの解釈）と無意識は言いません。無意識はそのようには機能しません。「失敗したからと言って、心配する必要はありません」と無意識は言います。

ロッシ―それが、無意識が意識を守る方法ですか？

エリクソン―無意識は、意識に、「失礼ですが、あなたは間違っていませんか？」とは言いません。

ロッシ―無意識はその代わりに？

エリクソン―「あなたは、そのことを後悔する必要はありません」と言います。したがって、あなたは、意識的な心が「私は、失敗したと思うだけです」という印象を得るようにしなければなりません。

ロッシ―それは、あなたが意識的な心を修正する方法です。

エリクソン―そうです。私（エリクソン博士）は、彼女に対する指示に失敗しました、そして、彼女のひどい文字通りの反応は、無意識の側の催眠反応としては成功だったということを、K夫人に保証しなければなりませんでした。

客観性――意識の視点を破壊すること

それは、しばしば私に起こりました。
他の人にとって自明のことのようです。
トランスに入っていなかった他の人。
（休止）
今、そのタイトルを読んだとき、なぜ私は青いカバーの本を見なかったのでしょうか？
（休止）
なぜなら、完全に目覚めているとき、私たちすべてが、
見ないという能力を持っているからです。
そして、トランス状態では
その能力をいつでも要求することができます。
（休止）

エリクソン―これは、意識セットが偏っていると、本当の知識 true knowledge が影響を受けることを示しています。

ロッシ―「意識の偏りと意識セットを捨ててください」と、すべてのこのような例でシーラに伝えようとしています。

エリクソン―意識的な視点で、視野を塞がないようにしてください。［ここでエリクソンは、意識セット（例えば楽観視）が、物事を客観的に認識する際に、どのように邪魔をするか、という日常的な多くの例を挙げます。客観的な認識とは何ですか？　おおよその様子を手に入れるためには、多くの視点から見ることです］

負の幻覚のトレーニング

あなたは過去に何度も、そこにあるものを見なかったときがあります。あなたは感じられたはずのことを、
感じませんでした。

ロッシ―現在、あなたは、負の幻視経験につながるような暗示に変更しています。見ないこと、聞かないこと、あるいは感じないこと。

催眠現象を喚起するために、日常的経験を利用すること

それはとても一般的な経験です
トランスを生じるために
そして朝、あなたは眠りから目覚めます。そしてあなたはどこにいるかわかりません。
誰でも、デジャヴを経験しています。
（休止）
何か以前に見たことがあると、まるでその何かが本当に起きたかのように、見えたと、人々は考えます。
実際聞いたことのないことを聞くこと、
以前、いたことのない場所にいること
しかし、そこにいたことがあると、まだ考えています。
誰もがそうした経験をしています。
おなじみの経験を変えながら
知らないものへと、
認識しないで
良く知っているそれを、
場所を理解しないで、
音を、

感情を。
催眠では
あなたは利用します
そのような過去の学習を。

ロッシ―今、あなたは、催眠現象をもっともらしく見せるために、かなり一般的な日常的経験をいくつか見直します。デジャヴという経験は、肯定的な幻覚経験につながる関連した経路を呼び起こす素晴らしいアナロジーです。したがって、あなたは、起こりそうなどんな感覚様式においても、負、あるいは正の幻覚というどちらの可能性も、慎重に並べて置いています。それはすべて、まさに無制限です。彼女がどんな催眠経験をする準備をしていたとしても、あなたは受け入れて、拍手を送ります。

エリクソン―そうです。

複数の視点からの心理学的な客観性

最も魅力的な経験の一つは
子どもたちが行動で示せること――
そして、子どもたちみんながやります――
彼らは前かがみになって
足の間から世界を見ます、
なぜなら、世界がとても奇妙だから。
一部の人々は、そうしたのを覚えています。
(休止)
ほとんどの人は覚えていません。
(休止)
記憶が間違っていることを
見つけたことが何度もあります
それらが本当の記憶である場合。
認識されなかったのは、人の変化のせいです。

エリクソン―これはとても重要な経験です。心理療法においては、さかさまに、そして横から問題を見なければなりません。

ロッシ―意識セットから抜け出すために。

エリクソン―患者を高い場所から見る必要があります。さらに、下からも患者を見る必要があります。あなたは、部屋の向こう側から、患者を見る必要があります。なぜなら、異なる視点からは、全く異なる光景が、いつでも手に入るからです。患者を全体で見ることだけで、ある程度の客観性を得ることができます。

ロッシ―いろいろな見方をすることで、完全な客観性に近づくことになります。

エリクソン一従来の精神分析の欠点がこれです。あなたは、患者の左側の一八インチ後ろという視点だけを手に入れます。それは、まったく型どおりのことです。

知覚と行動の可塑性——意識セットを壊すことにより変化を促進すること

例として
個人的な出来事をお話しします。
(休止)
私が大学に入学した後、農場に戻ったとき、
私は、ストーブが異常に小さいことに気づきました。
(休止)
私はつま先立ちしなければならなかったことを思い出しました
暖房オーブンに手が届くためには。
私の息子アランが、ワシントンから帰ってきました
家中の部屋を歩いて、
そして言いました、
「部屋が小さくなるなんてありえないことだとわかっています。
部屋がすごく小さくなっています、
本当に小さくなっています」
(休止)
[娘の一人がまだ赤ちゃんで、ベビーベッドから見上げていたとき、天井を見るとエリクソンの頭を連想することを学んだという別の例を、エリクソンは話しました。あとで娘が近くで、エリクソンの本当の姿形を見たとき、この連想は混乱を引き起こしました]
エリクソン◎催眠経験において
あなたは、記憶を修正しようとしません。
あなたは記憶を受け取ります
勝手に修正することなく。
私は、赤ちゃんの認知力が発達する様子を観察しました。
赤ちゃんは、一人の人がベビーベッドのそばで立っているのを見ることから始めます
ある日まで、
それを言葉で話さずに、
いまでは、赤ちゃんは二人いることを理解します。
母と父を区別するためには、少し時間がかかります。
上の兄弟、あるいは母を区別して、三人いるとわかるには、さらに時間がかかります。

エリクソン―ここでは、子どもの見方を取り上げています。

ロッシ―これはすべて、シーラの意識的なフレームワークを壊して、変化させて、彼女に意識セットを捨てさせる訓練です。

エリクソン―私はとても多くの固定したセットがあることを、彼女に気づいてほしいのです。全ての人が持っています。

ロッシ―したがって、これが一般的な理解だと、あなたは最初に全ての患者に教えようとします。あなたは、認識と行動などが変わることについて話すことで、患者の凝り固まったものを柔らかくしようとします。

エリクソン―その通りです。あなたは人に気づかせようとします。固定したセットを持つことは何も悪くありません。しかし、あなたが何らかの方法で自分を変えたいと思うなら、自分のセットだけでなく、もっといろいろなセットを持ったほうが良いと、キチンと理解しておく必要があります。

ロッシ―それで、行動範囲がはるかに広くなります。(ここでエリクソンは、患者の抑止的な意識セットをどのように、優しく打ち破ったか、いくつかの臨床例を挙げます。その後、患者は体などの完全な自己探究を徐々に開始しました(Haley, 1973; Rossi, 1973b))

幼い頃の記憶と年齢退行を促進するための「しないこと」

あなたはそれらの学習を持っています

成年期に、それらの学習を修正することができます、

(休止)

しかし、実際には、それらの学習を修正する必要はありません。

それらの学習を正しく評価する必要があります。

子どもは歩いているのを見ます

杖が。

(休止)

大人になっても、まだ彼女は、歩く杖 walking stick が本当はヘビだということにビックリします。

催眠を使用している心理療法では、

過去の記憶に注意しながら

純粋な記憶を

全く記憶を修正しません。

記憶が何か知りたいと思っているはずだと、あなたが思うとき。

（休止）
私たちはこれら個々の記憶を認識することを学習します、
記憶を修正しないで。
それから、あなたには評価する機会があるので、
完全な理解の構成要素の価値を見極めます。
あなたは人に会います、
そして、全く理由もないのに、その人を嫌いになります、
しかし、あなたには理由があります。
あなたには、歩く杖という理由があります、
足の間から世界を見た、という理由があります。
なぜなら、あなたはその人の中に新しい何かを見たからです、
記憶、学習に関しての。
しかし、大人として、あなたは通常これらの記憶を修正します、
そして、あなたは、その人が好きではないとだけ言います
全く理由もなく。
（休止）
私は個人的な出来事を話します、
他の例より私がよく知っているからです。
私が家に入ると、息子のランスのことですが、
そのとき、小さな少年には
問題がありました。
少年は、れんがの壁を透かして見ることができないことを知っていました。
少年は窓を通してだけしか見ることができませんでした。
しかし、パパは家の中に入って、
そして、「君は、テーブルでそのお人形と遊ばないようにと言われたよね」と、言いました。
少年は人形と遊んでいました、
そして、少年はたまたま窓のそばで遊んでいました
そして、私が近づいて来るのを、彼は見ました。
それで、彼は人形を慎重に元に戻しましたが、人形をテーブルの中心には置きませんでした。
それは、少年が知らないことでした。
それから、少年は私が知っていたからだと考えました、
少年が人形と遊んでいたことを、
れんがの壁を見透かす能力を使って。
（休止）
患者に

関する限り
大人の理解の仕方を思い出しません。
そして、あなたは大人の理解を使って、行動を見ません。

（休止）

ロッシ―ここで、あなたは、穏やかなトランス状態の一つに向けて、何の苦労もなく簡単だとアピールするために、しないこと（幼い頃の記憶と子ども時代の歪曲を修正する必要がないこと）によって催眠現象（幼い頃の記憶）を暗示します。これは実際には年齢退行へ向けての間接アプローチです。あなたは年齢退行するように、彼女に直接言いません。子どもが世界を見る方法が異なっていることを話すことで、あなたは、実際に、彼女の幼い頃の認識モードを呼び起こして、それによって、偽りのない年齢退行の可能性を促進することを望んでいます。

エリクソン―その通りです。

間接暗示としての質問
――疑いを置き換えて、抵抗を放出すること

どんなに早く
考えますか
するつもりのことを
目を開けることを
そして、手を見ないことを？

エリクソン―この質問は、実際、何をしますか？
文を分けてみると――

一．目を開けます。
二．見ます。
三．あることを見ません。これらは実際には命令です。

ロッシ―しかし、それらは既成事実として質問の中で述べられます。

エリクソン―そうです。それは質問として述べられていますが、本当の質問は「いつそれをしますか？」だけです。時間の問題に、すべての質問を置き換えています。それが唯一、疑問に思う必要があることです。残りすべては、現実になることです。

ロッシ―私が暗黙の指示と言っている質問を使って、あなたはそれをしました。

エリクソン―そうです。心理療法に共通する誤りは、疑う余地があるに違いないと考えずに、患者に指示をすることです。

ロッシ―私たちの社会では、どんな提案をされても常に疑って、検証します。これは、いわゆる抵抗と呼ばれる社会的基盤です。おそらく、それが、フロイト派が抵抗のことを、しきりに話す理由です。典型的なセラピストは、あなたが例示したように、自動的に抵抗を発散させて、指示をする方法を知りません。あなたは、物事を表現することで、常に抵抗と疑いを放出しています。

負の幻覚に関する暗示を検証すること

あなたは過去に何回も手を見ませんでした
手に視線が真っ直ぐ注がれていたとき。
(休止)
大人は、物事を見ることができることを学習します
視線を真っ直ぐにすると。
そして、さらに学習します
手が見えないことを
手に視線が真っ直ぐ注がれていたとき。
(休止)

エリクソン―今、私は、その質問を実際の物事に結びつけました。「あなたは過去に何回も手を見ませんでした」

ロッシ―あなたは、それを過去のよくある知覚的な経験と並べて、暗示を検証します。

エリクソン―何度、「見ることができるもの」を見なかったことでしょうか?

ロッシ―あなたの前で、私が手にしているこのマイクを、たった今、私は見ていますが、マイクを持っている手は見ていなかったと思います。

エリクソン―その通りです! マジシャンは、そういったことをして生計を得ています。マジシャンは、彼がしていることを、見ないというあなたの能力を利用しています。

意識と無意識
――論理と経験によるコミュニケーション

[ここでエリクソンは、同じ現象に関して大人と子どもが異なる見方をするため、記憶が異なることがありえることを、かなり複雑な例を使って示しています。このため、記憶には二つのセットがあることに気づくことがよくあります。そして、このことによってときどき、患者の中で混乱を起こすことになります]

エリクソン◎心理療法では、物事は、思っていること

と違う可能性があることを学びます。
(休止)
私は、あなたに目を開けるよう暗示するつもりです。
そして、目を開けたままにしてください、
そして、目覚めてください
見ることなく。
(休止)
[シーラは、目を開け、身体にリ・オリエンテーションしています]

ロッシ―そうして、自分がしたことを否定できない経験に対して、あなたが暗示を結びつけることは、素晴らしいアプローチだと思います。それは、あなたの暗示を検証しようとします。日常生活からの、これらのアナロジーを検証することで、あなたはどんなことを納得させようとしているのですか？　意識、あるいは無意識ですか？

エリクソン―無意識はこれらすべてのことを知っています！

ロッシ―あなたは、アナロジーによってどんなメンタルメカニズムを使うべきか、無意識に対して話しています。

エリクソン―そうです。

ロッシ―同時に、アナロジーの論理は意識に印象づけます。そのことを話してもらえますか？

エリクソン―論理は意識に訴えます。そして、無意識には実際に知っているという確信があります（経験的に知ること）。

ロッシ―それで、あなたは意識に対して論理、そして無意識に対して経験を話しています。

エリクソン―意識はその論理を理解します。そして、無意識は現実を理解します。

ロッシ―ここでの現実はどんなことを意味しますか？

エリクソン―あなたは、手ではなく、マイクを見るということで、現実をデモンストレーションしました。

ロッシ―無意識は、具体的な経験から、現実を知ります。

エリクソン―そうです。

ロッシ―シーラは目を開けて、トランスから出てきました。彼女は両手をこするという典型的な行動で、身体に対するリ・オリエンテーションをしました。しかし、実際に手を見ていたかどうか、コメントしませんでした。彼女が幼い頃の記憶を話すことにとても夢中になっていたので、もしかして、彼女が手を見ていなかったと仮定することができます。あなたは、目覚めるようにと彼女に話していません。しかし、彼女の場合、目を開けることができて、トランスのままでいることができて、見ることができないというあなたの含意より、目を開けることとトランスを終了することの繋がりをもっと強く連想しました。

主観的なトランス経験
——偽りのない年齢退行、記憶増進《Hypermnesia》、健忘

シーラ◎私は経験しました。私は実際に一歳児でベビーベッドから見上げていました。コップで飲んでいて、左手にこぼしてしまったのは、三歳児での経験でした。そのときの感覚について考えました。それは、アリスについての歌のようです、「彼女の背は一〇フィートでした」、そして、私は、一杯の水を飲ませるために、彼女の上に屈みこまなければならないことを恐れていました。というのは私はとても背が高かったからです。

エリクソン◎そして、それさえも
あなたは恐ろしいという感情を持たずにできました。

シーラ◎はい、それは嘘みたいでした。

私は、魔法のきのこを食べたようでした。

あなたが見ていたものは、何か違うもののように思います。それは、私が子どもで竹馬に乗って歩こうとしたとき、私の心をよぎりました。

午後中かかりました。そして、結局、竹馬にうまく乗れました。

エリクソン◎そして、あなたは、何かを見ました
とても高いところからですか？

シーラ◎そうです！

その竹馬は私の頭より上でした。

［このセッションは、シーラがトランスを経験していた間に、シーラに戻ってきた記憶を話して終わります］

後から、シーラ博士は、この時点での内部経験について、以下のように書きました。

「私は後から私が話したことを読んだとき、ベビーベッドにいると、自分自身を説明した最初の部分だけしか思い出せなかったので、私は混乱しました。実際には小さくても、大きな世界を見上げていたように、私はその経験を思い出します（偽りのない年齢退行）。三歳の事件に関して健忘しています。そして最後の一つは、私が再生できるものではありません。私はトランスワークの後、口が乾いていて、それで隣の部屋に水を飲みに

行きたいと思ったというのが、ここで思い出すことです。しかし、私は自分を動かしていないようでした。私は、椅子のそばの水が入ったコップを掴むことができませんでした。私は、どうしたものか一〇フィートの背の高さで、まだアリスの不思議の国にいました。それで私は出入り口を通るために腰をかがめる必要があって、そのせいで私はフラフラするのではと、恐れていました」

「私の説明は、私がトランスでの出来事を解説し始めたので、再度、トランス状態になったにちがいないということです。私は長いバタフライ袖のドレスを着ていたことを思い出します。手首は、袖で覆われて、椅子のアームの先端で折れ曲がっていました。これは、いつもの私が手を膝に乗せているのとは、全く違っていました。明らかに私はコップを掴むことができなかったという感じを持っていたので、私は、手を見ないという暗示（取り消されていない）に従いました（複雑なやり方で）」

「無意識は存在します！」

ロッシ――これはシーラにとって、素晴らしく上手くいったトランス経験でした。彼女は、制限している意識セットのいくつかをなんとか捨てました。したがって、彼女は、ベビーベッドの中で自分が経験した年齢退行という明らかに偽りのない経験をしました。そして、子どものときのように世界を実際に見ました。彼女は記憶増進（初期の記憶の広範囲な再生）を経験しました。また、逆説的に、彼女はさらに健忘（彼女はいくつかのトランスでの出来事を忘れました）を経験しました。あなたの暗示に、いかに個人的な方法で応ずるために手をなんとか見ないでおくことができたか、そして水が入ったコップさえ掴むことができなかったように、暗示が彼女をいかに動けなくしたかということを彼女は知っていました。「手に視線が真っ直ぐ注がれていたとき」に、あなたは負の幻視を彼女の手に喚起しようとしました。しかし、このとき明らかに彼女の無意識は、視線から手を動かさないようにして、手を見ないようにできただけでした。彼女の個性を目の当たりにできて、本当に嬉しく思います。この時点では、動かさないようにすることは、見ないことより、彼女にとって簡単です。そして、将来の催眠ワークのために、最も重要なことは、彼女は無意識の現実を本当に認識したことです！

抵抗を置き換えて放出すること

実際の臨床でのワークでは、「抵抗する」患者は、連想と経験に関わる新しい学習機会を妨害されて、行き詰まっていることに、私たちは気づきます。このように、私たちは、抵抗を新しい経験の邪魔をする誤ったメンタルセットとして見てしまいがちです。深い無意識の力によって絶えず維持される何かとして、精神分析的感覚で、抵抗を理解する必要は必ずしもありません。そうではなく、抵抗は、人々自身の能力を利用するのを妨害する、比較的単純で頑固な態度といえるかもしれません。

エリクソンは、ユーモラスで、賢くて、表面的に見える抵抗を置き換えて、放出するために、いくつかのアプローチを開発しました。しかし、これらのアプローチによって、かなり迅速に、患者自身の「精神的なブロック」を受けずに、患者が身をかわすことができます。

典型的なケースでは、「私は催眠療法を必要としますが、私に催眠をかけることはできないと確信しています」と、攻撃的な患者は、騒ぐかもしれません。オフィスの椅子が三つ空いていたとき、エリクソンは以下のように進行しました。

エリクソン◎もちろん、あなたは催眠にかかる可能性があります。（休止）

エリクソンは、トランスの「可能性」を話して、ドアを開きます。

あなたが催眠にかからないという可能性は、もっとあります。

それから、否定的な態度を素直に認識して、承認することで、その「肯定的な可能性」を補強したり、あるいは受け入れたりします。すぐに、患者は大事に扱われていると感じます。そして、肯定的なラポールが樹立されます。

さて、この椅子を試してみましょう。

どの椅子を使って治療するかということが、トランス状態に入るという問題を暗示します。これで、抵抗を患者から椅子へ移すプロセスを開始します。

あなたがこの椅子で失敗しても、トランス状態に入ることができるという可能性がまだ残っています。

このように患者に失敗する機会を与えることで、このように「催眠にかからない」という患者の主張が証明されます。この最初の失敗によって、患者は自分の抵抗を「使い果たして」、放出できます。

［患者は三つの椅子でトランスに入ることに失敗します。患者は最終的に四番目の椅子で満足できるトランスを経験します。上記の含意が、患者の抵抗を席の配置などへと移す方法だったため、患者はトランスに入ることに失敗するたびに、その椅子への抵抗の量を「使い果たしました」］

エリクソンのやり方では、ちょっとした努力でわずかに手順を変化させます（例えば、椅子の方向を変えて、自分の椅子を移動して、患者が最も満足のいく椅子を見つけるように、誘導手順を変えます）。

抵抗を置き換えて放出する別の手段は、ゲームによるもので、それによってセラピストが予測可能な結末を使って、積極的に抵抗を喚起してから放出する、一見無関係に見えてもユーモアのある挑戦です。

たとえば、たくさんのビー玉を持っているが、一つだけ単色だと、あなたは言ってください。子どもが選ぶつもりのビー玉を紙に書くつもりだ、と子どもに伝えます。あなたは予言できるので、あなたの選択を子どもは受け入れるという態度をとります。その子どもは挑戦を受け入れ、あなたは、選択を予言することができない、と子どもが主張します。それから、あなたはいろいろなビー玉があると、説明し始めます（白い縞模様の青いもの、茶色と白のものなど）。子どもは、あなたが一見ランダムな方法ですべてのビー玉を説明しているのを聞きます。あなたがいつも色の組み合わせのビー玉を選んでいることに、子どもは気づきません。子どもは逃れるために、色の組み合わせのないビー玉を選びます――その前に最終的に選択すると書いた単色のビー玉。

このケースでは、「君がどのビー玉を選ぶのか当ててみせるよ」と言って、抵抗を作ります。あなたが言った色の組み合せの一つを子どもは選ぶ、とあなたは主張しました。しかし、あなたが単色のビー玉を選ぶと書いたように、予測した単色のビー玉を選び、子どもは、あなたの推測に終止符を打ちます。子どもはあなたがした方法を知りません。それでも、正真正銘の正当性が、子どもの選択を予測するためにありました。子どもは今、興味をそそられて、あなたが言う必要のあることに、心を開いています。

同じ手順は、抵抗する大人においても効果があります。あなたはオフィスの本棚を見ます。そして、患者が選ぶ本を予想できると言います。それから、あなたはいろいろな選択の可能性があることを話します（明るい色で印刷している黒っぽい本、暗い色で印刷している明るい色の本、多色刷りの装丁、変わった大きさの本など）。あなたは注意して一冊だけ話さずにおきます。患者はいつでも、あなたが話した本を、選びたくないので抵抗します。患者が選んだ本を、ゲームを始める前に書いたとわかると、驚きます。患者の抵抗は本棚の中に残ります。そして、今、心を開いて、あなたがしていることを知りたがります。全体の手続きが、控えめな態度で行われると、楽しくラポールが増強されます。もちろん、どんな真面目な挑戦でも、大人は避けます。患者が選ぶ本を、セラピストが予測できないと、すべてが失われるというわけではありません。患者はその時点で「一歩リード」しているので、よりリラックスしたと感じます。患者は今、好意をもってトランスに入るということを、セラピストに示さなければなりません。抵抗は、遊びの中で放出されました。そして今、患者は治療的なワークの用意ができています。

疑いを置き換えて、抵抗を放出しようとしたことは、エリクソンだけが成し得た心理療法への貢献です。患者が新しい何かを成し遂げるために、彼自身の学習された限界を回避できるように慎重に考慮します。

以下のように、エリクソンは、定期的に疑いを置換して、抵抗を放出する治療について、とても一般的な状況の別の例を提示します。

エリクソン―一人の女性患者が、どれくらい話したら良いか、という疑問を持って、私のところへ来ました。それで、「わかりました。私に話して良いか、疑問に思う可能性のあることすべてを秘密にしてください」と、私は言いました。

ロッシ―彼女は心の中で、話して良いことすべてをすぐに集めました。

エリクソン―そうです。時間が終了するまでに、彼女はすべてを話しました。なぜなら、いったん一つのことを私に話すと、それが次のことに結びつくからです。彼女は結局、私に言って良いか、疑問に思うことは何もなかったことに気づきました。精神分析医は、数年間それらの抵抗に対処していました。

ロッシ―あなたが重要な指示をするときはいつでも、あなたは、患者の抵抗を放出するために避雷針を提供しようとします。

エリクソン―その抵抗を心の前面で認識させないようにします。患者に、抵抗のことを考えてほしくありません。

ロッシ―あなたは、抵抗を放出していることさえも気づかれないようにして、抵抗を放出します。

エリクソン―これを信用しないで操作しているというなら、あなたがきちんと味をつけた食べ物に味をごまかしていると言うのと同じくらい間違っています。

さらにエリクソンのアプローチに対する洞察には、否定性と抵抗を放出することだけでなく、治療状況から患者の「ノー」を取り除き、徐々にそれを「イエス」と入れ替える方法があります。抵抗する患者に(ここでの「抵抗」は、理解が不足していることを意味します。理解不足のために、危害が加えられると予想するときは、通常抵抗します)、エリクソンは、ときどき「あなたは、外のスモッグが好きですか?」と言うことから始めます。もちろん、患者は「ノー」と答えます。その後、エリクソンは一連の質問をして、セラピーの状況と関係ないことから、「ノー」の反応を引き出します。このプロセスによって、患者はセラピーの状況とは無関係に、抵抗を置換して、放出する機会ができます。それから、エリクソンは、セラピーの状況について「イエス」を引き出す質問をし始めます(例えば、あなたは、椅子にできるだけ快適に座っていますか?」)

それから、「イエス」の反応は、患者が思っている以上に、広い範囲に広げます。例えば、快適について一つ質問しても、セラピストが患者の快適さと幸福を心配していると患者は思いません。しかし、快適さについて、一連の質問をすると、患者は連想プロセスを使って一般化を始めます。例えば、快適さの可能性は、現在、患者が表現に苦労している難しい問題、外傷となる材料と関係するようになります。

セラピーの状況から、抵抗と「ノー」を追いやるために、そして、快適さと「イエス」を治療状況に運ぶために、配向過程 *process orientation* をエリクソンが使っていることは明らかです。つまり、「ノー」あるいは「イエス」の実際の内容は、無関係です。その内容に関係なく、どんな「ノー」であっても、否定した感じを発散します。被験者の問題に関係なく、どんな「イエス」でも、協力をさらに一般化します。

注意深く熟考してみると、このようなプロセスに対する方針が、内容に対するエリクソンの懸念以上に、しばしばエリクソンのアプローチにおいて、顕著であることがわかります。たとえば、トランスを誘導する際に、意識を弱めるために、混乱プロセスを利用します。実際の被験者の問題、あるいは内容は、混乱と無関係です。催眠被験者を訓練する際に重要なのは、特定の内容の現象でなく、経験している一つのプロセスとその後の一連の催眠現象です。治療を容易にする際に、最初に、患者の最も緊急の課題から省かれたとしても、重要なことはプロセスによって目に見える改善が得られることです。内容は確かに重要です。しかし、その重要性は、治療のプロセスを促進することができる患者の注意、そして連想構造に入るための伝達手段としてのものです。

疑いと抵抗を置換する練習

一．日常生活で抵抗を放出すること。あなたが何かに頑固に反対しているにもかかわらず、それに協力しているのに気づいて驚くという場合を考えてください。「妥協する」こと、「降参する」こと、あるいは「弱い意志力」を持っていたことで、後からあなた自身を非難したかもしれません。しかし、実際、故意か偶然か、別の人あるいは別の環境が、あなたの抵抗を放出した状況に、あなたは多分巻き込まれたのでしょう。「降参」したちょうどそのときの感情を思い出すことができますか？　あなたの抵抗がどのように放出されたか、精神力動の跡をたどることができますか？　あなたは、心理療法の状況でこの例を利用して、どのように抵抗を放出することができたか、明確に述べることができますか？

二．日常生活と心理療法において、疑いを置換して、抵抗を放出したすべての例を記録して残してください。あなたが十分な例を持っていたら、疑いを置換して、抵抗を放出する精神力動について、一般的な仮説を立てて述べてください。あなたは今、仮説の有効性をテストすることができた精神的な実験を設計することができますか？　あなたの結果を発表してください！

複数のコミュニケーションレベル
——アナロジー、しゃれ、メタファー、冗談、そして俗諺

ここで説明するのは、アナロジーを使ったコミュニケーションにおいて、エリクソンが好んだ二つのレベル

（意識と無意識）でのコミュニケーションです。アナロジーの論理は、意識に訴えて、その制限しているセットの一部を突き破ることができます。さらにアナロジーが深く染みついた（自動で、したがって機能的な無意識）連想、精神的なメカニズムと行動の学習されたパターンを参照するとき、それは、これらの内部反応を起動させて、問題解決に利用できるようにしようとします。アナロジーによってなされる暗示は、このように、意識と無意識の間を仲介する、二倍強力な間接的アプローチです。多くの連想プロセスによって、無意識のリソースを結集している間、適切なアナロジーは、彼らの固有の関心のため、意識に訴えます。

著者ら（Erickson and Rossi, 1976）は、言葉の連想に関するジェンキンズの状況理論（Jenkins, 1974）に関して、マルチレベルのコミュニケーションを検討しました。アナロジー、しゃれ、メタファー、冗談、そして俗諺によって、意識は最初に同化される表面的レベルで一般的な文脈を示すように、すべてを理解することができます。しかし、その一般的な文脈を明瞭に示す個人的な言葉にはすべて、文脈とは無関係な個人的で、文字通りの連想があります。もちろん、これらの個人的で、文字通りの連想は、通常、一般的な文脈を理解しようとすると、抑圧されて意識から除外されます。しかし、これらの抑圧された連想は、無意識に留まり、そして解離とこだわりが高められるトランスという特別な環境の下で、意識が考えもしない応答行動を促進することに、重要な役割を演ずることができます。

アナロジーを使うと、この状況をはっきりさせることができます。読者は、通常、著者が言おうとすることを考えながら読んでいます。ある範囲内に、どんな文章が書かれているか、どんな単語があるかは重要ではありません。同じ意味を言い表すのにも、いろいろな文章があり、単語の組み合わせがあります。特定の文章や言葉が無意識に分類され、「忘れ」去られる間に、意識に登録したものは、意味あるいは文の一般的な文脈 **general context** です。同様に、個々の文字で作った単語ではなく、全部の単語から「読んで」意味を理解します。文字の一般的な文脈は、文字の並びではなく、単語の意味として意識に登録します。ジェンキンズ（Jenkins, 1974）は、これらの現象を理解するために、文脈の有意性に重点を置いて、言葉の連想、イベント認知、情報統合、そして記憶の分野で最近の実験データをまとめました。どんな会話、あるいはどんな現象に単語を使用したとしても、意味は通常、一般的な文脈で理解されるのであって、ユニットの組み合わせで会話は成り立ちません。

もちろん、この明白な例外は、しゃれ、隠喩とあらゆる言葉でのジョークです。そしてそこでの（ジョークの）落ちは、当初意識の注意を引かなかった単語に、文字通り言葉を連想したり、あるいは個々の言葉から連想したりすることに依存します。言葉でのジョークは、通常抑制されている、文字通り言葉を連想したり、あるいは個々の言葉から連想したりすることに依存します。

エリクソンの二つのレベルでのコミュニケーションでも同じように、その文脈の範囲内の単語、フレーズ、あるいは文の個々の連想が、効果を生じて、無意識に登録される間、意識の注意を固定するために一般的文脈を利用します。この観点から、エリクソンの対人テクニック（Erickson, 1966）は、散りばめ暗示が無意識のレベルで、影響を受けとめられている間に、ある患者にとって関心のある主観的な事柄を、意識的注意に固定するための一般的な文脈として利用するというもので、二つのレベルでのコミュニケーションとして、最も素晴らしい例です。

エリクソンは、単語、フレーズ、あるいは、より一般的な文脈の中で埋もれた文章に対して、個々の、文字通りの、そして無意識の連想を有効にするために、他にも多くの技術を考案しました。例えば、一般的な意識的な文脈のために、とても難しい、あるいは理解できない衝撃的で、驚くべき、神秘的な、不合理な推論 non sequiturs というような言い回しすべてが、一時的に患者の意識セットを弱めて、以前に抑制されたこだわり、そして個々に、連想を生じる無意識のレベルでの探索を活動的にする傾向があります。多くの単語、フレーズ、または共通の個人的な連想をするような文章によって、エリクソンが一般的な文脈を持たせ過ぎる場合、意識が驚きの感覚を登録して、最終的に一般的な文脈を反応行動の中へ波及させるまで、それらの連想（散りばめ暗示）は、無意識の中で優勢になります。説明できない無意識に、連想による反応が示されるので、意識は驚くことになります。その後、被験者の意識的な意図による干渉のない、「すべてそれ自身で」起こるものとして、反応は説明されます。反応は、自主的、あるいは「催眠的」なように見えます。

ジョークだけでなくアナロジーとメタファーは、明らかに「新しい」データ、あるいは行動反応を現在の意識に、不意に加える無意識の連想パターン、そして反応傾向を起動させる同じメカニズムによって、強力な効果を及ぼしていると理解することができます。

暗示のミクロ動力学

いったん、エリクソンが質問あるいは一般的な文脈（例えば、理想的には患者の問題に関すること）に、患者の注意を固定させて、集中させたら、その後、意識セットを弱めるために、いくつかのアプローチを導入します。これによって、眠りに入るということが、意識を喪失することを意味しないことがわかります。私たちは睡眠の条件とトランスを混同していません。トランスでは、内部の現実への患者の注意の焦点が縮小します。私たちの通常の日常的な意識における典型的で一般的な現実志向（Shor, 1959）のように、意識は、広いエリア一帯に広がるのではなく、比較的狭い枠組みに注意を固定し、集中します。そのような狭い枠組みに注意を集中するとき、意識は不安定な平衡状態にあります。比較的簡単に移動し、変形し、あるいは迂回することによって、意識を「弱め」ます。

エリクソンは、臨床誘導の目的は、注意を内部に集中させて、個人の習慣的機能パターンを変えることだと考えています。患者の習慣的視点には限界があるので、通常の日常的な意識は、内部そして／あるいは外部の現実に対処することができません。それで、患者は「問題」の存在を認めます。このように、患者の通常の日常的な意識を弱めることは、個人的限界の側面を弱める方法です。解離とそれに付随する古典的な催眠現象の多く（例えば、年齢退行、健忘、感覚的、知覚的歪曲、カタレプシーなど）は、完全に自然発生的な方法（Erickson and Rossi, 1975）であることははっきりしていて、それは個人の習慣的機能方法を非自動化する方法（Deikman, 1972）です。このように、個人の通常のパターンにおける認識の限界を弱めることで、連想の新しい組み合わせの可能性を広げ、そして精神的な技術が、その個人の範囲内において、創造的な問題解決のために発展するかもしれません。

エリクソンの意識セットを弱めるアプローチは、言葉で書いた記録を研究するときでさえ、通常認識していない誘導と暗示という実際のプロセスを使って、それらを織り交ぜる方法なので、とても巧妙であり普及しています。それらを正しく位置づけるために、私たちは、表1に、次のように誘導および暗示のミクロ動力学を概説しました。（一）注意の固定、（二）意識セットを弱めること、（三）無意識の探索、（四）無意識のプロセス、そして（五）催眠反応です。さらに、私たちは、各段階を促進するためのエリクソンのアプローチをリストアップしました。これらのアプローチのほとんどは、本書の中で説明され、詳細に議論されています（Erickson and Rossi, 1974; Erickson and Rossi, 1975; Haley, 1967; Rossi, 1973）。表1の段階的プロセスを分析する目的のために、順番に概説しても良いのですが、通常、一つの同時プロセスとして機能します。こうしたことから、また以前に概説されているプロセスと、幅広い誘導の力学とを仲介している変数を区別するために（Barber and DeMoor, 1972）、私たちは、「ミクロ動力学」と呼ぶことにします。私たちが注意を固定させることに成功すると、通常の視点が弱められやすい点に焦点を当てて、注意を自動的に狭くします。そのような瞬間に、無意識レベルでは、新しい連想をするために自動探索して、無意識のプロセスを要約して、安定した視点を再構成しています。このように、表1のように、エリクソンが使ったアプローチは、見出しと順番を独断で決めています。エリクソンは、ショック、驚き、あるいは正式なトランス誘導と同様に、面白い物語、しゃれを使っても、上手く始めることができました。しかし、最初の三つの列の状況をセラピストが開始すると、患者自身の個人的な無意識の力は、最後の二つの列のプロセスを自動的に実行します（表1）。

催眠反応を促進するエリクソンのとても面白いアプローチは、表1の列3にリストアップした催眠形式です。これらすべてのアプローチが、無意識レベルで探索するようになっています。隠喩、しゃれ、メタファー、含意などを、通常、意識はすぐに理解することができません。ジョークを「理解する gets」前に、瞬間的な遅れを生じます。そしてある程度は、それはそれで面白いことです。その遅延期間において、意識がジョークを理解するために、意識に新しいデータを提示して、最終的に合計する探索とプロセスが、明らかに無意識のレベル（列4）に存在します。列にリストアップしたアプローチは、催眠でだけでなく日常生活でも役に立つ結果を意識に見せることができる連想と精神的プロセスの新しい組み合わせを探索し始めるコミュニケーション・デバイスです。さらに列二と三にリストアップした催眠形式は、エリクソンによる暗示を使った間接アプローチの真髄です。これらのアプローチの研究は、語用論 pragmatics に対する科学的貢献と考えても良いかもしれません（サインとサイン利用者の関係 the relation between signs and the users of signs（Watzlawick, Beavin, and Jackson, 1967））。エリクソンは、催眠行動を喚起するために、高い被暗示性 hypersuggestibility それ自体ではなく、そのような形式のコミュニケーションを上手く利用します。

表1　トランス誘導と暗示のミクロ動力学

(1) 注意の固定	(2) 意識セットを弱めること	(3) 無意識の探索	(4) 無意識のプロセス	(5) 催眠反応
1. 動機づける物語、関心、魅惑など	1. 衝撃、驚き、非現実的で異常なこと	1. 隠喩、しゃれ、ジョーク	1. 以下の要約 a. 散りばめ暗示 b. 文字通りの連想 c. 個人的連想 d. 言葉の複数の意味	「催眠として、あるいは単独ですべてが起こっているものとして、経験される新しいデータ、あるいは行動反応」
2. 標準的な凝視	2. 見方を変えること（疑い、抵抗、そして失敗を置き換えること）	2. メタファー、アナロジー、俗諺	2. 自主的、感覚的で、知覚的なプロセス	
3. パントマイム・アプローチ	3. 気を逸らすこと	3. 含意	3. フロイト派の主要なプロセス	
4. 想像とビジュアル化によるアプローチ	4. 解離と不均衡	4. 暗黙の指示	4. 個人的な防御メカニズム	
5. 腕浮揚	5. 認知の過負荷	5. 観念運動シグナリング	5. ツァイガルニク効果	
6. リラックスと内部知覚、知覚的あるいは情動的な経験のすべての形式	6. 混乱、不合理な推論	6. 調査セットを始動する言葉	その他	
その他	7. パラドックス	7. 無意識の探索を必要とする質問と仕事		
	8. バインドとダブル・バインド	8. セラピストが何かを期待するという態度をとって、間をとること		
	9. 声の力を通じて条件づけすること、その他	9. 無制限な形式の暗示		
	10. 体系化された健忘	10. ありうるすべての反応をカバーすること		
	11. しないこと、知らないこと	11. 複合文		
	12. 能力を失うこと、否定、疑い	12. 相互文脈上の合図と暗示		
	その他	その他		

第一章で記載したように、エリクソンは治療的なトランスを特別な状態（注意が減少した焦点という）とみなす一方で、高い被暗示性がそのようなトランス（Erickson, 1932）に必要な特徴だと思っていないことを認識することが重要です。つまり、患者がトランスを経験しているからと言って、それがそのまま、セラピストの直接暗示を患者が受け入れて、暗示に従って行動しようとしていることを意味しません。これは大きな誤解で、催眠療法の失敗のほとんどを、これによって説明できます。それは、過去に多くの臨床家を失望させ、落胆させて、研究所においては、催眠に関する科学的調査を妨害したかもしれません。治療的なトランスは、患者－セラピストの関係を強めて、患者の注意を内部の現実に集中させる特別な状態です。トランスだからといって、暗示を絶対に受け入れるわけではありません。エリクソンは、列3にリストアップされたようなコミュニケーション・デバイスを使います。そしてエリクソンはときどき、治療的ゴールを達成するある方向に、患者の連想プロセスと精神的な技術を呼び起こして、結集させて、そして動かします。催眠暗示が実際、通常の自我支配の範囲にない方法で、患者自身の精神的プロセスを呼び起こして、利用するプロセスだとエリクソンは考えています。催眠暗示のこのユーティライゼーション理論は、患者がすでに持っているどんな連想と精神的な技術でも、慎重に利用することによって、もっと信頼できる結果が生じて、特定の「催眠」現象と治療的なゴールを達成するために、結集させたり、広げたり、置換したり、変えたりすることができることを、その他のセラピストと研究者が理解したら、さらに有効性を確認することができます。

治療的なトランス状況で、無意識のプロセスを上手く利用すると、自律的な反応につながります。患者は、自分自身が、新しいデータあるいは行動（列5）に直面しているのに気づいて驚きます。しかし、質問、あるいは驚き、奇妙なもの、その他興味のあることに対して、注意が固定するときはいつでも、日常生活で同じ状況を目にします。そのような瞬間、人々は、ありふれた日常的トランスを経験します。人々は、最も支配的な大脳半球に応じて右、あるいは左を凝視する傾向があります（Baken, 1969; Hilgard and Hilgard, 1975）。そして、その「夢見るような」あるいは、「うつろな」表情をします。彼らの目は実際には閉じているかもしれません。彼らの体は静止して（カタレプシーの形）、特定の反射（例えば、嚥下、呼吸）が抑えられるようになる傾向があります。そして、一般的な現実志向を再度、安定させる新しい考え、反応あるいは視点のために、無意識レベルで内部探索を完了するまで、まわりのことに、少しの間、気づかなくなるようにみえます。私たちは、日常生活において、一般的な現実志向と表1で概説されるトランスの瞬間的なミクロ動力学の間の継続的に流動する状態の中に、意識があると仮定しています。熟練した催眠療法家は、このような力学と行動の発現について、敏感に気づいています。トランス経験と催眠療法は、これらの通常の精神力学的プロセスを単に拡張し、利用することです。意識の変性状態——そこでは注意が固定して、結果として生じる狭い視点は、薬、感覚遮断、瞑想、バイオフィードバック、あるいはその他の助けを借りて、粉砕されて、移されて、そして／あるいは変化します——は、異なるステージで、さまざまな強調を受ける以外は、基本的に同じパターンを続けます。したがって、私たちは表1を、変性状態と行動に対するその影響についての起源とミクロ動力学を理解するための一般的なパラダイムとして理解します。

アナロジー、しゃれ、メタファーの練習

一．意識にとって興味深く印象的なアナロジーとメタファーを作成してください。無意識の機能の習慣的方法も起動させている間、それはすべての標準的な催眠現象を促進するのに用いることができます。

二．特定の患者の問題への治療的なアプローチを予定するとき、しゃれ、アナロジー、メタファーと俗諺を以下の条件で利用してください。

a．患者の生涯の関心事という観点から、その人のために直接訴えること。

b．連想によって、治療的なゴールに到達できる習慣的機能方法を、患者の中で直接起動させる。

そのようなアナロジーがトランスの有無にかかわらず、効果があることに注意すべきです。しかし、アナロジーは、トランス状態で望ましい反応を促進するための道具と考えることができます。

第七章

間接的に条件づけされた閉眼誘導

Seven

このセッションで、エリクソンはトランス経験を学習しているシーラ博士の大問題（無意識が機能する方法を許可して、信頼すること）への対処を続けます。現代の催眠療法家の大問題は、合理的な心という側面が何よりも評価される私たち西側の文化において、対処することを学ばなければならないことです。合理的で知性的という心の偏りと思い上がりから、無意識の成果と可能性を評価しようとしていません。意識的な心を評価することは、その自主性と力を信じることです。実際には意識は常に焦点化していて、その瞬間に焦点内にあるものに、意識は制限されています。一度にすべてのことに対処することが、おそらく意識にはできません。ですから、私たちの生活は、いつも、無意識のプロセスに依存しています（血液成分から、次の言葉を連想することまで、すべてを管理するために）。意識は、比較的最近の進化によって得られたものです。進化の発達段階において、意識が高次の形式のものであると、私たちは信じたがりますが、意識は非常に不安定で、その能力は、実際に制限されています。

現在、わかってきたように意識の大きな問題は、意識がその直近の焦点から、外れているものすべてをしばしば除外し、そして意識は意識自身の瞬間的なその場の状態と真実だけを信じる傾向があるということです。こうしたことから、非常に多くの深刻な葛藤が、個人内に、そして、対人関係にあることは不思議なことではありません。意識が、無意識との最適な関係を学ぶことによって、このような限界を拡大する（気づきを高める）ことは、重要です。エリクソンにとって、このことは、それ自身の仕事をする機会を、無意識に与えることを意味します。意識を制限している焦点と意識セットから、無意識の仕事をある程度、開放する状態として、治療的なトランスを理解することができます。いったん無意識がその仕事を済ませたら、意識は生活のさまざまな瞬間、そして生活セット（周囲の状況）の中で、仕事を適切に受け取り、集中することができます。無意識は製造業者です。そして、意識は消費者です。トランスは、無意識と意識の間のまとめ役です。

エリクソンは、意識を混乱させて弱める傾向がある発言でセッションを始めます。その後、エリクソンは、閉眼を条件づけた間接アプローチの誘導をデモンストレーションします。エリクソンは、スケーリング（計量）手順を使って、トランス誘導を慎重に観察する必要性を強調します。このセッションを実況することに、特別な価値があるのは、トランスワークでの多くの困難な問題に、エリクソンが対処する際の異常とも言える鋭敏さが例示されているからです。例えば、心理的混乱の情報源（トランス中の「嘘」）を含んでいること、トランス中の被暗示性の交互リズム、後催眠暗示、自発的覚醒の取り扱い、そしてトランス中の被験者を保護する方法があります。

トランス誘導における混乱

エリクソンは、シーラに今日何をしたいか尋ねることで、セッションを始めます。シーラは、なくなってほしいと思うイボの話をしますが、個人的な問題については何も言いません。とりとめのない会話を、二、三分間します。それから、「おそらく、ロッシ博士は、何か気がついています」と、エリクソンは静かに言います。ロッシは、これがヒントになって、シーラの瞬目反射が自発的にゆっくりし始めたことに気がつきました。ロッシは何が起こっているか、はっきりわかりませんが、エリクソンが注意深くシーラを観察するように言っていることに気づいています。シーラは意識的に笑って、どうなっているのかと尋ねます。エリクソンは、すぐに彼女にわかると保証します。少し間をとってから、エリクソンは続けます。

エリクソン◎どれくらいで、あなたは、わかるようになると思いますか？

私に何がわかるのでしょうか？

（休止）

ロッシ―あなたは、このようなアプローチをよく使って、患者の意識が適応できない出来事があると仄めかします。それらによって患者は混乱させられます。そして、混乱によって自我のコントロールという主観的な感覚が弱められます。彼女の質問から、「おそらく、ロッシ博士は、何か気がついています」というあなたの意見に触発されて、大きく混乱していることがわかります。

間接的に条件づけられた閉眼誘導

エリクソン◎今から、私はある目的のために奇数か、偶数かを言います。

シーラ◎教えてもらえますか？

エリクソン◎終わったら。

偶数。

奇数。

（休止）

奇数。

奇数。

偶数。

（休止）

［シーラは、エリクソンの奇数―偶数というメッセージに、ハッキリ戸惑っています。エリクソンは明らかに意味ありげに話していますが、彼女は、彼が言っていることの意味がわかりません。注意を少しの間、集中した後、彼女は明らかに諦めたみたいで、トランスに入ります］

エリクソン―「奇数」は瞬きがゆっくりのとき、「偶数」は速いときに言います。
ロッシ―あなたが何をしていたか気づかれないように、奇数、偶数を言うのですか？
エリクソン―そうです。
ロッシ―それによって、彼女はどうなりますか？
エリクソン―彼女は、無意識に接続をします。彼女は、速いまばたきを一回と遅いまばたきを一回という二回のまばたきすることから始めます。彼女の無意識は、遅いまばたきの後に「奇数」と言っていることに、気づきます。そうしてその後、彼女は休止して、それから三回、ゆっくりとまばたきします。彼女は、前より速くまばたきをして、再び休止します。

ロッシ―これは誘導手順ですか、それとも何か別のものですか？

エリクソン―これは誘導手順です。あなたがまぶたを閉じたからです。まぶたを閉じさせるテクニックです。

ロッシ―なぜ、まぶたが閉じるのでしょうか？

エリクソン―それが条件反射 conditioned response になっているからです。遅いまばたきの度に、「奇数」と言うと、「奇数」は遅いという感じと関係するようになります。

ロッシ―一度あなたが連想を作り上げると、あなたが「奇数」というだけで、まぶたはどんどんゆっくりとなり、最後には目を閉じます。これは、トランス誘導する巧妙な方法、それとも間接的な方法ですか？　それは、誘導のための無意識の条件反射ですか？

エリクソン―そうです。それは、無意識の条件反射です。

催眠深度の観察スケール

彼女は一から一〇〇のスケールで行ったり来たりします。

シーラ◎私は、いつもはそれほど瞬きしません。

エリクソン◎今、彼女は一五くらいです。

（休止）

五〇。

三五、四〇。

一五、閉じて。

［ロッシに］今、私はさらに続けることができましたが、それを完全に証明できたので、私はそれを中断しました。通常は、これをダラダラ続けることはありません。これは、あなたが操作して、それを確認するチャンスです。

エリクソン―一から一〇〇のスケールで、一〇〇は深いトランスです。「閉じて」と言って、目を閉じたとき、被験者はたぶん一〇くらいです。

ロッシ―彼女に一五、五〇などと言うとき、あなた自身の主観的なスケールを使っています。彼女が一五だったとき、私は顔の表情がなくなり始めていることに気づきました。四〇では、もっと動きがないこと気がつきました。

エリクソン―ここで目が、ゆっくり瞬きして閉じようとしたとき、私は「閉じて」と言いました、そして、それは目を閉じることに役立ちました。

知的な学習というより、むしろ経験する学習としてのトランス

今、私は、シーラが漂いたいと思っていることを知っています。
（休止）
そこで、あなたは今、意識的な心が重要な言葉を認識していることがわかりました。
しばらくしてから、彼女は無意識に漂わせたままにしています。
（休止）
［シーラに向かって］　今、あなたは本当にほしいことをあちこち探します
たくさんの理由のために
それらを理解するためだけでなく、
それらを経験するために。
（休止）

ロッシ――「漂う」という言葉で、明らかに自我意識によって、仲介されたシーラは、見た目にもリラックスしていました。というのは自我意識の仲介が明白で、速かったからでした。リラックス状態が無意識によって仲介されるとき、それはどことなく微妙なものです。彼女の意識的な心は、「漂う」ということを、トランス深化を彼女自身が説明したものとして、認識しました（最初のセッションの最後を参照すること）。

エリクソン――今、シーラは催眠について、合理的に理解しようとしていました。泳ぐことを学ぶためには、実際に水に入る経験が必要だと、彼女は思っていません。泳ぐことについて、本で知的に知識を得ようとするだけで実際にしません。しかし、彼女はトランスに入ろうとして、最初に水に入る必要があることを理解しました。

ロッシ――患者が観察して理解しようとすると、それだけでものごとを起こせる経験による学習プロセスの邪魔をします。トランスでは、知的に理解することではなく経験することが、学習に必要です

散りばめ暗示――意識と無意識に対するマルチレベルのメッセージ

十分に知ったとき

現象について
そうすると、自分の無意識にさせることができます
詳しく話してください elaborate
望んでいる現象のことを。
そして、全ての方法で。
また、自分のために、その経験をするべきです
あなたの無意識ができることを発見するために。

エリクソン―「詳しく話してください elaborate」を、命令として使うために、前の文から切り離します。

ロッシ―何を命令していますか？

エリクソン―「そうすると、自分の無意識にさせることができます」は、意識が聞くと、許容的メッセージになります。「詳しく話してください」は無意識が聞くとコマンドになります。▼訳註1 これは、散りばめテクニックです。命令が目立ちません。

ロッシ―ここでの散りばめメッセージは何ですか？

エリクソン―「詳しく話してください」という言葉です。この言葉を強調することで、その文章の別の言葉から、特定の言葉に強調したい言葉を変えます。

ロッシ―「詳しく話してください」というその言葉を強調して、特定の方向と命令を無意識に対して与えます。

暗示を促進するために、可能性がある反応すべてをカバーすること

あなたの無意識は、どの部分かを決めることができます
あるいはどの様相かを
ロッシ博士と私によって、共有する必要がある経験の中から。
普通は、他の人によって。
あなたが、治療した患者によって。
（休止）
あなたの中の他の人とで。
さらに、あなたの理解はあなたが所有しています。
しかし、それは可能です
あなたが以前、考えもしなかった方法で他の人と共有することが。

エリクソン―「私は、この程度しかロッシ博士を知らな

▼訳註1 無意識は、小休止（改行）があるので単独の動詞として聞き、意識は前の文とつなげて聞くから。

いのですが、ロッシ博士とこれを共有するべきですか？　これを、ロッシ博士は許容できますか？　これはロッシ博士が興味を持つことですか？」と彼女は考えます。

ロッシ――ここでのメッセージは、一連の心理的な自明の理で、可能性があるすべての反応に言及しています。そして、あなたとあなたの言葉から、彼女が連想するものならどんなものでも運んできます。これらの自明の理を受け入れて従うことは、彼女にとって簡単なことです。しかし、彼女がどんなものを選んだとしても、実際、彼女はあなたの言葉に従う状況におかれます。したがって、あなたとのラポールを強化し、他の暗示に従う傾向が強まります。

退屈によって意識を弱めること――間接暗示の例

個人的な例をお話しします。学校で九九表を学習しているときに、「私にはあなたのしていることがわかりません。でも、答えは全部合っています」と、先生に言われました。やったことを、教師に説明できたのは、大学に入ってからでした。

（休止）

「今、あなたがどんな算数のレッスンをしているかわかりません。しかし、あなたは正しく答えていますし、やっていることは全部合っていますね」と、息子は先生に言われました。

理由を、先生が知らなかったのですが

私の六年生の息子は対数を使っていました。

これは、先生を困惑させました。

これは、私の息子を当惑させました。

そして、息子は、計算尺をおもちゃにしていたのだ、という結論に達しました。

私は、息子に図書館に行かせ、面白そうな本を何冊か探させました。

息子は対数の本を見つけました。

そして、対数の研究を正式に開始しました

そして、先生に対数を教えようとしました。

しかし、彼は対数を先生に説明することができませんでした、

そして、後でわかったことですが、大学生に対数を教えることもかなり困難な仕事でした。

私は、どのように数学を勉強するか、息子に話しました。

息子は言いました、

「うん、僕はずいぶん前にそれを試したけど、とって

も簡単だったよ」

あなたが九九表を使うとき、数学的な関係が答えの間にあります。あなたが答えの間にある数学的な関係を知っていたら、あなたはすべての答えを知っています。七の九九表を見ると

七×一＝七
七×二＝一四
七×三＝二一
七×四＝二八
七×五＝三五
七×六＝四二
七×七＝四九
七×八＝五六
七×九＝六三

あなたが、最後の桁が、このように、三ずつ減って進行する関係があることを知っていたら、全部の九九表を覚えることは簡単です。

ロッシ―この時点ではシーラは軽いトランスにいます。それで、まとまりのない方法で、難しい数学の例を挙げたのは何故ですか？　これは彼女の意識を起動して、トランスと無意識の学習を深めるプロセスをダメにしませんか？

エリクソン―しばしば高学歴の被験者に対して、あなたは面白くないことをくどくど話して、被験者を死ぬほど退屈させます。

ロッシ―それは、あなたがここでしていることですか？　死ぬほど彼女を退屈させていたのですか？　そういうわけで、あなたはこの数学の事例を使ったのですね！　でも、その時点では、私自身がさらにトランスに入っていたので、成功していました。

エリクソン―彼らは、あなたが何をしているか知りません。過去の教えた経験から考えて、丁寧にやると、彼らはとても疲れます。

ロッシ―それではこれは、彼女を疲れさせる方法です。

エリクソン―そうです。疲れているとは、彼女に話しませんがね！

ロッシ―わかりました。あなたは、彼女の知性から、勇気とやる気とエネルギーを取り出しています。あなたは、退屈させて、それを放出しています。あなたが退屈させて、それを立ち消えさせています。

エリクソン―その通りです。

ロッシ―なるほど！　私も、退屈しました！「これは、素晴らしい催眠療法であると思われているのだろうか？

これは何なのだろう？」と不思議に思っていました。しかし、それを使った理由がわかった今、私は素晴らしさを理解しています。あなたは、退屈させて、勇気とやる気とエネルギーを失くさせて、意識を弱めました。

エリクソン―そうです。その通りです。

ロッシ―これは暗示に対する、あなたの間接的アプローチの優れた例です。リラックスするとか、疲れるとか、彼女に直接暗示をしませんでした。もっと正確に言えば、ある心理学的な状況、あるいは刺激（退屈な数学）を、あなたは喚起しました。そして、それは内部反応（丁寧に作用しながら）を刺激して、次に、彼女の内にすでに存在する連想、そしてプロセスによる精神的疲労の経験を促進します。彼女は、あなたが言っていることと、彼女が実際に経験していることが関係していると思っていません。このため、間接暗示は、彼女の意識の注意を回避します。彼女は、何とか返答していますが、正確に理由を理解してはいません。この知らないことは、トランスの本質と互換性があります。そして、それは、反応を組み立て、指図して、コントロールして、意識の習慣的なセットを使わずに、より多くの自律的、あるいは自発的な反応が起こるようにします。読者のためにあなたが話したかったことは、七の九九表の最後の桁が、三ずつ減って進行しているという関係だったことを、私は指摘しておきます。それは、最後の桁を三列に配置すると、簡単にわかります――

七　八　九
四　五　六
一　二　三

もちろん、問題を解くために、トランスに入ろうとしてもうまくいきません。ですから、被験者の意識は諦めます。そして、いつもの正常な自我意識が、事態について指示もコントロールもしていないときがトランスです。

個人的な意味――否定的な態度を放出すること

さて、個人的な意味は、
あなたにとって
あなたのものです。
他人に対して
それらのすべての意味の
応用は
完全に異なるものです。
私は理解できました
数学的関係を、

それでも、先生に対して、
その関係を説明できませんでした
私の息子は先生に説明できませんでした。
しかし、私たちと先生たちの答えは同じです。
私たちは、私たちの方法を、説明することができませんでした。
(休止)

エリクソン―私は彼女に理解させようとしています。ある人にとって、楽しいこと、好ましいことが、他の人にとって、楽しいことでも、好ましいことでもないことをです。

ロッシ―なぜあなたは、ここで話したのですか?

エリクソン―「でも、あなたはこれを聞いても、興味がないでしょう」と、患者はあなたに何度か話しています。それが、患者の中で、妨げになっています。患者が患者自身を妨害しています。あなたは、「あなたは興味をもっています」と患者に話さなければなりません。

ロッシ―あなたは、意識の否定的な態度を突き破っています。そして再度、あなたは、彼女が知的にトランスを理解する必要がないとシーラに話しています。彼女に必要なのは、トランスを経験することです。

心理的混乱の源

さて、幻覚の問題、
退行について
時間歪曲について
記憶の選択、
理解の達成、
状況から自分を隔離すること。
(休止)
私はオフィスに存在します。
(休止)

エリクソン―彼女は、どんな現象にも、知的好奇心があるかもしれません。しかし、無意識が求めたとしても、彼女にはわかりません。

ロッシ―私たちの無意識に、どんな可能性が必要か、指示させたり経験させたりするためには、私たちは控えめにする必要があります。

エリクソン―そうです。私たちは無意識に指示させます。被験者にはいつでも、理解させてください［被験者の意識を使って、無意識に指示させてください］、被験者は混乱に入り込みます。

ロッシ―私たちが人格、そして内部の問題に対処する場合、混乱の重要性がハッキリするのではないかと思っていますが？　混乱は意識をだまそうとした結果であって、無意識の幅広い機能パターンを限局して理解したものですか？

エリクソン―混乱は、何らかの組織化を自然なプロセスに強いることによるものです。

ロッシ―なるほど。そのようにして、心理的混乱を定義するのですね。

エリクソン―悪いやつが、どの足がどの後に来るか、ムカデに尋ねるまで、ムカデは、ちゃんと歩くことができます。それから、ムカデは、聞かれたことの答えを見つけようとして、混乱に陥ります。▼訳註2 ムカデが合理的に考えない限り、ムカデは大丈夫です。

ロッシ―神経心理学的見地からすると、心理的混乱と障害は、左脳の合理的なプログラムを右脳にゲシュタルト・パターン認知させようとすることから生じる可能性があるかもと思いますがどうですか？

▼訳註2　オグデン・ナッシュのムカデの詩のことを話している。

セラピストの声――個人的連想を喚起すること

あなたは、私の声を聞くことを学べます
ただひとつの意味のある音として。
意味のある音は
あなたの解釈次第です。
そして、あなたには、
心のエネルギーを浪費することが
必要ありません、
現実において、
外部の現実において。
今、私はそれを説明します。
(休止)
私がデモンストレーションしたとき
病院で、何人かの被験者とステージの上でしました。
被験者たちは、トランスに入っていませんでした。
私は観衆に、被験者たちはステージ上でトランスに入ると話していました。
私が、トランスに入れようとしていると、観衆の中の何人かがトランスに入っていくことに、私は気づきました。

彼らはとても静かにしていました。
私は、観衆の中を見まわすと、観衆の誰がトランスに入ったか見ることができると、観衆に話しました。立ち上がらないと、見回せない人も何かいると思います。

（休止）

エリクソン―私の声を聞いたら、彼女にとって有意義な記憶と連想を、彼女に想起してほしいのです。
ロッシ―あなたは、彼女の内部の有意義な局面に、あなたの声を関連させようとしています。彼女はさらに、あなたの言葉を認識する彼女自身のメンタルセットと個人的文脈▼訳註3の中で、あなたの言葉を解釈し直すことができます。
エリクソン―私の言葉は、言葉だけに限られていません。私の言葉は彼女の中で自然にいろいろな連想の引き金になります。
ロッシ―そうすると、あなたが実はここでもう一つの自然なメンタルメカニズム、つまり連想プロセスですが、これを解説していますね。同時に、あなたは、どんな個人的連想をしたとしても、あなたの声に関連させています。
エリクソン―その通りです。無意識レベルで、患者の連想を念入りに作るために。あなたは、そのすべてをあなたと共有する必要がないと、患者にすでに話しました。しかし、あなたは患者に、詳しく話してほしいと思っています。
ロッシ―あなたは無意識を活性化しています。連想をここ（無意識）に移動させているのですか？
エリクソン―連想がカバーすることができる領域がたくさんあるので、連想を移動させています。
ロッシ―言い換えると、患者が受け身でそこに座っているだけでなく、心の中の世界でも活発でいることを、あなたは望んでいます。
エリクソン―その通りです。

自発的トランスにおいて内部の現実を利用すること——一般的日常でのトランス

観衆の一人の女の子が、立ち上がって、見まわしました。

▼**訳註3**　個人的文脈personal contextsは、人の周りにある独自の経験と関係を指す。基本的には個人的生活——まわりとの関係、個人的な生活、家族、習慣、職業上の望みなど。

彼女がしたいことをすることができると、私は彼女に話しました。

（休止）

彼女は快くうなずきました。

彼女はそうします。

私は、ステージで他の被験者とやり取りしました。

後から私は、こちらに注意してほしいと彼女に言いました。

私は、私に話してほしいと彼女に言いました、
もし、彼女が他人とそれを共有できるなら、
彼女がしたことを私に話すことを
そして、それを説明することを。

彼女は、入り江に行って至る所を見ました、と言いました。

見渡す限り、誰もいませんでした。それで、裸で泳ぎに行き、とても楽しいときを過ごしました。

その後、ものすごく離れたところから、彼女は私の声を聞きました。

五〇マイル離れたところから。

私の声は、彼女に病室に戻って来るように言っているようでしたが、遠かったのでよく聞こえませんでした。

彼女は帰ってきて、裸で泳ぎを楽しんだ様子を

そして、何回もその場所で、一人で裸で泳いでいたことを説明しました。
彼女は泳ぎを楽しみました
そして今、とても安らぎ、
（休止）
リフレッシュした感じがしました。
（休止）
夜、あなたは、夢の中で同じようなことをしています。
（休止）
あなたはトランスの状態の中で同じようなことをすることができます。
（休止）
あなたは本を読むことができます。
あなたは泳ぎに行くことができます。
あなたは友人と会話することができます。
そして、すべてが完全に本当になります。
なぜなら、現実だけが
そしてそこにあるものが、
私たちが感じている現実です。

ロッシ―会場であなたの話を聞いていて、観衆の人々が自然にトランスに入るのは、珍しいことではありません。

その人たちは、身体の動きがなくなり、典型的な「空虚な」、あるいは「遠くを」見ているような目をしています。そして顔の「表情がなく」なっています。この種のトランス、あるいは空想は、日常生活でもごく自然に見られます。そして、あなたは、自発的なトランスをデモンストレーションとか治療目的で利用するためのアプローチを開発しました。観衆からこの女の子が立ち上がったというまさしくそのことが、女の子があなたとラポールしていることを示しました。そして、あなたは「彼女がしたいことをすること」ができるという簡単な暗示をするだけで、自発的なトランスをデモンストレーションできました。

エリクソン―彼女は無駄な動きを省いて立ち上がったので、トランスに入っているとわかりました。

ロッシ―それで、あなたは彼女の自発的なトランスをデモンストレーションするために利用しました。

エリクソン―彼女の呼びかけで。

ロッシ―なるほど。彼女は自発的にトランスに入り、立って、見回すという、あなたの暗示に従いました。そこで、あなたは、彼女の無意識が、あなたの指示でトランス経験をしたいと思っている、と考えました。［ここでエリクソンは、彼が実験的被験者と患者の無意識の希望をどのように察知したかという例をいくつか挙げます。そして、その後、深いトランスで希望を利用して、被験者や患者の希望を実現しました］

ロッシ―このことから、あなたが被験者を深いトランスに入れて、上手く目標をかなえさせていることが説明できます。被験者が望んで、必要とすることを素早く察知して、望むことを成し遂げるために「彼らに許可を与える」と、自らの必要性に焦点を当てる内部没頭inner absorption（深いトランス）に被験者は集中するので、それによって内部で具現化します。それは、あなたの臨床、患者中心のアプローチの潜在能力を説明します。あなたは、そこで努力している自然の流れに協力して表現させます。あなたは単にそこにあるものを利用しているだけです。

エリクソン―そして、「私は、これをしたくない」と患者が言うとき、「オーケー、それでは、あなたがそれ以外のことをしている間、私はそのことを引き受けます」と、私は言います。それで、患者は解離することができます。

ロッシ―あなたは、患者にする必要があることから、否定的な作用を、患者が引き離せるようにします。

ESP（霊感）ではない最小の合図と無意識の知覚

目の見えない人は
聞いたり、感じたりします
そして何か匂いを感じます。
彼は、その人を見ることができません、
しかし、彼は、背の高さを聞くことができます。
彼は見分けることができます、
その人と話しながら、
自分の話をその人にすることで
彼は、男性か女性かを見分けることができます、
なぜなら、その人の身体から、彼の耳に届く音が異なっているからです。
彼は、人がこちらを向いているか、背を向けているかがわかります。
気づかなくても
私たち全員、とても多くの知識を持っています。
（休止）
そのことを考えるために、立ち止まりますか？
あなたが使うつもりのものを
（休止）
あなたが意識している
物事の
どれを使うか
私たちは知りません。

エリクソン—刺激にどれだけ反応できるか、自分の能力を知っている人々はほとんどいません。微かな合図しかなくてわかりにくいと、そこには神秘的な意味があると、彼らは考えます。［エリクソンは被験者を背後から見ると、被験者が振り向く理由を次に説明します。なぜなら振り向く人は、とても小さな合図によって、聴衆の中で自分を見ている人がいると気づくからです。二人しかいない場合でも同じ結果になりますが、意識しなくても、相手のほんのちょっとした匂い、あるいは音を感知します。大勢の場合には、ESP（霊感）、そしてサイ現象▼訳註4が催眠にあるかと、エリクソンは尋ねられました。エリクソンは、わずかな知覚的合図を利用することで、どのような「超心理学的」出来事も説明できるのですが、皆さんが気づいていないだけです、と回答しました］

▼訳註4　psi phenomena ／超心理学の用語。ESP（霊感）とPK（念力）の現象の総称。

ロッシ――そうですね、催眠での初期の読心術、考想察知thought-readingと読筋術muscle-readingの実験（Hull, 1933）では、ほとんどの人が通常認識しない観念運動性の合図、あるいは観念感覚性の合図を使ったものとして説明することができます。

無意識の合図および知覚を利用すること

あなたは、まっすぐ西へドライブすることができます
そして通り過ぎます
遠くの山腹を。
景色は印象的です
とても
暖かくて。
一〇年後
東にドライブしていると
見覚えのある景色だとわかります。
人は考えることができます
状況について
一切筋肉を使わずに。
あるいは人は状況について考えることができます
そして記憶だけを使います
筋肉の働きについての。
あるいは人はとてもわずかに
筋肉を使うことができます
人は思い出すことができます
遠い過去の恐怖を
そして、完全に受け身になって、
しかし、その恐怖の全ての記憶を感じます。
[ここでエリクソンは、筋肉の働きと関連した個人的な例を話します]
そして、私の声を
意味のある音にできます
あなたがわかるように
どんな方法でも。
(休止)
そして、あなたは
怯える必要がありません
あるいは興奮する必要がありません
あるいは困惑する必要がありません
望んでいることを
除いて
そしてあなた自身の
理解を除いて

あなたは見ることができます
望むものすべてを
それを見るために。
あなたは自分の記憶を使います
それを構築するために。
目を開くことで構築できるなら、そうしてください。
しかし、あなたは目を閉じて構築できます。
要約すると、
探査するための広い領域があります
あなたにとって。

［ロッシに］さて、患者が自分を探査する機会を持ったときには、あなたは患者が何をしても、そのことを解釈しないように注意します。

エリクソン―これは、同じことを扱った別の例です。あなたは、どの合図を使っているか、知りません。しかし、あなたは景色を覚えています。全体の結果が登録されます。

ロッシ―全体ということは、ゲシュタルト▼訳註5ですか？

エリクソン―はい。ゲシュタルトです。

ロッシ―それで、あなたはゲシュタルトに敏感になるように、この例を使ってシーラに話したのですか？

エリクソン―「物事を認識するとき、名前をつけることができるのは、一つの合図だけとか、一つの事実だけとかと、決めつけないでください」と、私は彼女に言いました。

ロッシ―なぜ、あなたは彼女にそう言ったのですか？あなたの意図は何ですか？

エリクソン―あなたは合図がどんなものかわからなくても、物事を認識することができます。

ロッシ―そのように、あなたの無意識は、自動的にそれらの合図をすべて識別しています。

そして、その認識に至った方法をすべて詳細に、意識に教えることなく、「それは誰それです」と意識に伝えることによって終了します。したがって、その合図すべてを利用することを、彼女の無意識に教えます。

エリクソン―その合図を名づける必要はありません。意識は、識別できる合図を持っている必要があると考える傾向がありますが、物事をするために特定の合図は必要ありません。

ロッシ―しかし、彼女にここで、このレッスンをしてい

▼訳註5　人間の精神を、部分や要素の集合ではなく、全体性や構造に重点を置いて捉える。この全体性を持ったまとまりのある構造をドイツ語でゲシュタルトGestalt（形態）と呼ぶ。

る理由は何ですか？

エリクソン―彼女は心理学者として訓練を受けているからです。そして、心理学者に教えることの難しい点は、異なる物事に対して、すべての合図に気づくようにしようとするということです。

ロッシ―心理学者は、直観力（無意識の認知力）を利用するための学習ではなく、すべてを意識的に区別するための訓練をします。あなたは、単独で作業することを無意識にさせるために、この過度に合理的なトレーニングの一部を、シーラにやり直させる必要があります。無意識が自主的に働く催眠現象を、彼女が経験するつもりなら、やり直しが必要です。あなたはこのように、(一)無意識は単独ですべてのことをうまくできる、と強調することで、彼女の無意識の活性化を試みます。そして、(二)合理的な意識は必要ない、という方針を強調することで、彼女の合理的な意識を弱めます。

エリクソン―すべてを表現するために、言葉と数字を使うということを、彼女は大学で学びました。

ロッシ―その合理的なアプローチは、特定の知的なことには良いことです。しかし、人間が、全体として機能するためには良くありません。

エリクソン―それは良く*ありません*！

ロッシ―それはあなたを動けなくします。それはあなたをあなたの意識的な認識の中へ制限します。それは、無意識の認知力と精神作用を締め出します。あなたは、無意識の認知力を信頼していません。

［ここでエリクソンは、会議場の男子トイレの前で、彼と男性の同僚の何人かが遭遇した魅力的な物語を話します。彼らは小さな女の子がオシッコを漏らしそうになって、うろうろしているのを見ながら、一緒に立っていました。エリクソン博士はすぐさま、彼女が私たちの中から、子どもが一番たくさんいる既婚男性を選んで、その人に男子トイレへ連れて行ってもらうことに賭けました。無意識の認知力で、彼女は確実に行いました。「今、私を助ける有能な人は、一番たくさん子どもがいる人で、そういう人は、この種のことに慣れています」と、その子どもは立ち止まって、考えませんでした］

ロッシ―そうして、あなたはシーラがトランスワークにおいて、無意識の「知ることknowing」と「することdoing」を信頼することを学んでほしいと思っています。それから、この経験は最終的に、彼女が日常生活で合理的プロセスと合理的でないプロセスの間のバランスをさらに良くすることに役立ちます。

エリクソン―そうです！　あなたは、結婚している男性とか女性を見つけるために、結婚指輪を探す必要は実際にはありません。

無意識の機能を信頼すること
――無意識が機能する自然な形としてのトランス

［シーラに］私たちは、物事を見るためには、目を開ける必要があることを最初に学習します。しかし、視覚情報を再構成するために、あなたに必要な物は記憶だけです。

［ロッシに］目を開ける必要があることを、生涯にわたって学習します。そして、それが助けになるので目を開けることができると彼らに言います。

あなたは彼らに機会を与えます
目を開けるために、
さらにあなたは彼らが、
鼻を使って匂いを嗅ぐことができることを
そして、耳で聞くことができることを、
指で感じることができることを知っています。

ロッシ◎彼らは、含意によってそれをすべて手に入れます。

エリクソン◎そうです。含意です。人は読書して、
見て、
感じることで、
話しを聞くことで、
体験することで学ぶことができます。
そして、学習する最も良い方法、俗諺を使うことは、
その感触を得ることにあります。

ロッシ―あなたは無意識を信用するように言って、トランスに入ることを奨励する必要があります。なぜならトランスは無意識が機能する自然な形だからです。

エリクソン―その通りです。

ロッシ―私たちはトランスを変性状態と考えています。あなたは、トランスが精神的な機能の――新皮質よりもむしろ旧皮質の――古い論理システム paleological system であるという考えに賛成しますか？

エリクソン―トランスは、より単純に機能する、そして簡便に機能する方法です。

［ここでエリクソンは、食物に対する両親と兄弟の反応を見ることによって、子どもがどのように食物選択などを学ぶかという例を挙げます。後付けの言葉や論理的思考プロセスを使った複雑な学習形態ではなく、このよ

うな早期の学習では、より簡単で、より直接的な観察プロセスに基づいています。しかし、エリクソンは、トランスが隔世遺伝的状態とは考えていません］

単純な行動レベルに到達するパントマイムと非言語的コミュニケーション

あなたは詩の感じを、
絵の感じを、
塑像の感じを手に入れます。
とても有意義な言葉を感じます。
私たちは指で感じるだけではありません、
心臓でも、
心でも感じます。
あなたは過去に学習したこととともに感じます。
あなたは未来への希望とともに感じます
あなたは現在を感じます。

ロッシ―あなたは、パントマイム、そして非言語的アプローチを使って、トランスへ入れることが好きです。非言語的アプローチが活性化すると、より単純に機能するレベルに、さらに深く到達するからです。

エリクソン―そうです。あなたは、後から意識的に習得するときの強制的で堅苦しい形式を、それによって回避します。物事を言葉で表現する必要はありません。

［エリクソンは、求愛における例を挙げます。女の子がキスしてほしいときは頭を傾けます。しかし、願望を言葉で表現すれば状況を台なしにします］

あなたは、後からの学習によって物事を台なしにします。頭を傾けることは、言葉よりもっと多くのことを語ります。

ロッシ―どのようにしたら、これをトランス行動全体に般化することができますか？　トランスは退行行動ではなく、もっと単純な形の行動です。

エリクソン―そうです。トランスはとても単純な行動です。

トランスにおける頭の観念運動シグナリングの特徴

［シーラは、わずかに「イエス」と頭で頷いています。とてもかすかで、ゆっくりとした動きだったので、エリクソンは黙って、その動きを指摘しなければなりませんでした。そして、ロッシはその動きが確かにあっ

たと納得するまで、一、二分間、シーラを慎重に観察する必要がありました。これらのかすかな「イエス」というシーラの反応は、明らかに、エリクソンの話と一致していました」

［エリクソンは、トランスでの無駄を省いた身体の動きの例を挙げます。トランスで「イエス」と頭で頷くことは、とてもかすかでゆっくりしています。これは、私たちが目覚めている場合にするような、「イエス」を示すための速くて大きな頷く動きとは、大きく異なっています］

ロッシ――あなたは無意識の動きから、意識の動きとの違いを認めることができます。なぜなら、前者は、いつでも遅くて、省略された動きをするからです。

エリクソン――もし何かとても大事なことがあると、それから、あなたが実際、理解したように、動き［例えば頭で頷くこと］は、一回だけではなく連続的です――ゆっくりした動きで、連続していますが、それ以外は省略されます。あなたが理解したと承認するまで、彼らは頭でうなずき続けます。トランスでの反復的な動きは、物事がもっと重要であることを意味しています。

問題を無意識に引き渡すこと

さて、私は残しておきます、
あなたの無意識に、主に神経症の場合の指示を。
（休止）
そして私はあなたに知ってほしいのです
それぞれの人生において、
好きなこと、そして知りたくない
物事があります。
あなたがマジシャンの
マジシャンのトリックの技術を
でしょう。
マジシャンは帽子からどうやってウサギを出すのでしょうか？
もちろん、何らかのトリックがあります。
しかし、あなたはむしろ彼のパフォーマンスを楽しみたいと思っています、
トリックを知ることよりも。
どんなマジシャンでも特別な秘密を持っています、
そして、マジシャンすべてが、他の人の秘密を尊重しています。

[エリクソンは、自分と他の人たちが、マジシャンが不可解な妙技をどうやって演じたのか知らずに楽しんだか、いくつかの例を挙げます]

そして、全ての患者が
心に持ち続けねばならないもう一つのこと、
大人は、単に背が高い大きな子どもです。

ロッシ―「さて、私は、あなたの無意識に、主に神経症の場合の指示を残しておきます」という教訓的なメッセージが急に出てくるので奇妙に感じます。なぜ、これをここで出したのですか？

エリクソン―なぜなら、[私は前の文脈において、彼女にその準備をさせました。そこで、私は無意識の機能をもっと自由にするために、多くの指示をしていたからです]。ですから、そのメッセージは「無意識に対して、神経症に関するすべての指示を残しておいてください。この問題を無意識に引き渡しましょうか？」という意味になります。

ロッシ―意識は、その問題に対処する方法を知らないからですか？

エリクソン―その通りです。しかし、あなたは、その問題には、意識的に対処することができない、と彼らに話しません。

ロッシ―再度あなたは、偏った、柔軟性のない意識セットから何かを取り出しました。そして無意識の柔軟なシステムに、取り出したものを与えました。

エリクソン―もし、マジシャンが行ったトリックのやり方をあなたが知っていたら、それはマジシャンのテクニックを台なしにします。もし、あなたが泳ぎを楽しみたいなら、泳ぎを分析してはいけません。もし、あなたが愛し合いたいのなら、それを分析してはいけません。

ロッシ―そうですね。マスターズとジョンソンでさえ、セックスにおける「見物人」的役割が、問題を起こすことを話しています。そして、見物人はセックス体験を妨害します (Masters and Johnson, 1970; Rossi, 1972b)。

創造的な認知力を促進すること

無意識は
ホントに子どもっぽくて
そこでは、無意識は直接的です
そして、無意識は自由です。
子どもたちは私に尋ねました
どうしてそんな変な歩き方をするのですか、と私が足を引きずっていることに、親でさえ気づきもしていなかったときに。

親たちは、私のひきずった足の話をする子どもたちにゾッとしました。

子どもたちは、自ら理解したいと思ったことを見ました。

子どもたちは、理解をしようと、進んで手を伸ばしました。

患者がトランスにいるとき、患者は子どものように考え、理解しようと手を伸ばします。

エリクソン―患者は、トランスの間、子どもっぽくなるので、自分を軽蔑する傾向があります。しかし、そのように患者に自分を軽蔑させないでください。あなたは、患者からその種の神経症的シェルターを奪い取ります。
ロッシ―自分を軽蔑することが、神経症的シェルターです。したがって、トランスにおける自然で自由な探求に対して、子どもらしい新たな認識と好奇心の世界という創造的な面を強調することで、大人の否定的な偏見から患者を自由にします。これは、自らの問題に対して、新しい見地から新鮮な視点を、患者に取らせようとする独特な方法の一つです
エリクソン―年若いことは老いぼれていることより、はるかに優れています。

被験者を守ること

あなたの仕事は患者を守ることです。

ロッシ◎患者を守ることとは？

エリクソン◎患者を守ることで、患者は何を見つけても驚きません。

エリクソン―タバコを辞めたいという患者が来て、トランスに入って、「私は、本当はタバコを辞めたいと思っていません」と言います。それから、セラピストは身体的な警報を確認します。患者は、今、自分自身について、本当のことを知っています。それで、あなたは「あなたが目覚めているとき、今のところ、あなたは本当のことを知る必要がないと思います」と、患者に言います。あなたは患者を守ります。あなたは、その自己認識を無意識に置いておくことで、意識を保護します。
ロッシ―なぜなら、意識は、その自己認識セットを速く打ち砕くべきではないからです。
エリクソン―そうです。もし患者に、本当のことに耐え

る力がないなら、自己認識は強烈な経験になる可能性があります。

トランスでの嘘

一つの例がウソの中にあります。子どもたちには、嘘を言う権利があります。子どもたちには、怯えることなく、物事を見る権利があります。

エリクソン―トランスに入っている人が、あなたが知っていることを嘘だと言うとき、それは別の意味を持つので、あなたはさらに良く調べます。

ロッシ―それには、嘘であること以外の意味がありますか？

エリクソン―はい。何らかの方法で人は真実を話します。全く異なる観点から見える真実があります。そして、セラピストとしてのあなたもまた、あなた自身のセットを持っていて、対処するための厳正な見解を持っていることを心に留めておいてください。

ロッシ―さらに、トランスの中での嘘は、子どもらしい状態へ退行しているという指標になるでしょうか？

エリクソン―それは、より簡単でわかりやすい機能モードへの退行です。それはよりシンプルでわかりやすい機能モードへの退行です。ウィスコンシンに行ったことがない人が、ウィスコンシンのサーカスに行ったことをあなたに語ったとしましょう。それはウィスコンシンの誰かに自分を重ねあわせているということです。これは「私は誰それに自分を重ねあわせている」という言い回しを持ち合わせていない人が同一化について語るやり方なのです。

ロッシ―彼らは、他人の何かが自分に起因すると考えることによって、同一性を言葉で言い表します。この種の心理的な言葉が、トランスにおいて、いわゆる嘘と歪曲を言う主な原因になります。

別々のシステムとしての意識と無意識

子どもがコップを床に落としたら、「割れちゃった！」とビックリして言います。

そうしたら、大事な骨董品ではないと考えて対応してください。

（休止）

患者は誰もが、訳もわからないうちに、何か感情的なことを経験している可能性があるということを知っている必要があります。

（休止）

さらに、まるでそれが他の誰かに起こったことのように、患者は出来事の記憶を知性的に思い出すことができます。

他のことは、ほとんど自分には、何の意味もありません。そして、後から、感情的なこと、知識的なことが一つずつ、ジグソーパズルのように集まります。

エリクソン―こうしたビックリする状況を、トランスで体験させることは良いことです。
ロッシ―それは、トランスでは無意識は意識の偏りから解放されているということですか？
エリクソン―そうです。意識が知っていることを、無意識が忘れることができることを、それは示しています。それは意識の中に、特定の知識を残しておく可能性があります。
ロッシ―なるほど。では、意識と無意識は別々のシステムなのですか？
エリクソン―そうです。それらは別々のシステムです。
ロッシ―心理的に、理想的に機能する方法を使った治療のゴールはありますか？　例えば、意識と無意識間で、一定量を交換するとか？
エリクソン―意識と無意識間での交換を受け入れる準備ができている人が、理想的な人です。子どもたちは、柔軟性のない意識セットのせいで心が乱れません。したがって、子どもたちは大人ができないものを見ることができます。

トランスにおける右脳と左脳の機能

私は、庭を耕す最良の方法を息子に教えました。

あなたは一平方ヤードを持っています
北西の角に、
一平方ヤードを北西の角に、
そして、南東に、さらに南西にも。

さて、全ての角にある一平方ヤードを耕して、中央の一平方ヤードを耕します。

それから、中央から角へ鍬で線を入れてください。

今、あなたは庭をデザインしています。

それは、骨が折れますが、とても面白い仕事です。

あなたはデザインに興味が出てきて、楽しくなります。

難しい問題に取り組んでいると、あなたは、その取り組みの中で、面白いデザインにしようとします。

そのようにして、難しい問題に対する答えを、あなたは受け取ります。デザインに興味を持てるようになると、骨の折れる労働に気がつかなくなります。セラピーにおいて、それはとても楽しくできることです。

(休止)

あなたが自由に、そして、喜んでワークするとき、いつでも休憩時間をとる権利があります。あなたは、いつでも仕事を再開できます。ワークでのデザイン、パターンを自由に変えることができます。

右から左へ、あるいは、左から右へ、自動筆記をすることができます。

[ここでエリクソンは、一人の子どもが、逆方向に、上下逆に、さらに右から左へと、常識的な方法ではなく書いた臨床例を、詳しく提示します。間違った方法で書くことを禁止して、子どもに正しく書かせようとするのではなく、エリクソンが、常識的な方法で一つのやり方だけで書いていた間に、三つの違った方法で書くことができたという子どもの優れた点を指摘しました。それから、エリクソンは、子どもがした書き方の一つを学ぼうとし始めました。すると子どもは、自分の優越性を維持するために、今、さらにもう一つの書く方法――常識的な方法――を学ぼうとします。エリクソンが、子どもの二番目の方法でまだ奮闘している間、子どもは四つ目の書き方をそのとき学んでいました]

エリクソン―骨の折れる仕事から、意識を逸らす簡単なテクニックがあります。

ロッシ―そして、シーラに意識セットと方向性を捨てさせるために、ここで再度あなたは話しています。なぜなら、それらはとても骨が折れるからです。鍬をふるって列を作るという骨の折れる重労働を、あなたは、パターンを使った一種の創造的で、美的な遊びに代えることを提案しています。

この例や以前の多くのセッションを通して、あなたが努力してきたことが右脳の機能の自然発生的な、知覚的―美的で、運動感覚的で、総合的な方法を支持し、左脳の機能である言語的で、合理的で、直線的で、方向性を持った方法から注意を逸らしたり、あるいは弱めたりすることだ、と理解することができました。夢、空想、そしてトランスは、近年、右脳の機能の特徴と考えられています。あなたがトランスにおいて機能する自然なパターン、あるいは無意識のパターンを信頼することを強調するときには、同時に実際には、右脳の特徴が、錯論理的 paralogical、あるいは同格であると（Bogen, 1969）強調しています。今まで私たちが描写してきた意識と無意識の間（二次的プロセス思考と一次的プロセス思考）の対立は、神経心理的な左脳と右脳の機能間の対立として、将来の研究によって証明されると思われます。この観点からすると、右脳がうまく対処できた状況に対して、合理的な左脳が誤ったアプローチを強制した結果、多くの心理的問題が起きたと考えられます。

現代的な精神《Modern Mind》を鍛えることは無意識に頼ること

さて、次にあなたに話したいことはこれです。あなたが夜眠るために、翌日に夢を覚えている必要はありません。

夢見ることができます。
今夜
そして、あなたは一年待ってください。
夢を思い出すまで。
あなたは夢の一部分を思い出すかもしれません
明日になったら、そして次の週にもその一部分を。
あなたがその夢を思い出したのは、
調和する必要があったからです
必要なことと。
あなたは思い出す必要はありません。
重要なことは
心に記録された
ある経験をしていることです。
いつか、その経験したことが、あなたに役立ちます。
あなたが気づくことが必要です
そこで経験していたことを知っているということに。
いつでも重要なことは
正しいことを
正しい時間にすることです。
自分に頼ることができることを知ること。
あなたに対して、
正しい情報を
あなたが正確な時間に正常なことができるように、
あなたの無意識が与えるために。
それは今年、あるいは
来年

それとも今から二年後かもしれません。

（休止）

ロッシ――トランスにおいて、あなたは、無意識と比較して、意識が重要でないことを再び例示しています。これら全ての例を使って、無意識に頼ることができることを、シーラに教えました。このアプローチはシーラにとって必要でした。なぜなら、彼女は、相対的に言って、博士号を持ったとても知性的な人だったからです。人々が知性的になればなるほど、無意識に頼るために、患者を再訓練するこのアプローチは将来、もっと重要になると思われます。直接的権威的暗示は、その方法で無意識に到達することができた一〇〇年前には適切であったかもしれません。しかし、現代の催眠療法家は、物事を自然に無意識に残しておく方法を再度、学ぶことを手伝う必要があります。

間接的後催眠暗示

具体的な例は、あなたが目覚めるときです。

あなたに経験してほしい最も楽しいことは、

初めてのトランスに入る準備ができていると考えながら

トランスから出てくるときです。

そしてそのとき、あなたはトランスに間違いなく入っていると気づき始めています。

たぶん、外部には軽い程度のトランスだと示しています。

その指標は外部からです。

それをあなたは

素晴らしい学習体験として評価します。

（休止）

ロッシ――これは、間接的な後催眠暗示の例です。最初に、夢を思い出しても良い時間まで、夢を忘れていることについて話すことで、あなたは基礎を慎重に築きます。それによって、あなたは、忘れるメカニズムを呼び起こしたいと思っています。それを思い出すことが重要になるまで、彼女が夢を忘れていることができるように、含意によって、それを思い出すことが重要になるまで、彼女がトランスに入っていたことを忘れることができます。それから、あなたは間接的な後催眠暗示を与えます。あなたは、トランスに入っていたことを忘れるようにと、彼女に直接言いません。「しかし、私は方法を知りませんよ?」という、典型的な意識の反応を、それは引き起こしたかもしれません。その代わりに「あなたは初めてのトランスに入る準備ができていると考えながらトランスから出てくる」ことができるという一種の楽しい経験として、あなたは説明しています。何かしなさいと、意識にとって難しいことを直接暗示するのではなく、あなたは、単に「楽しい」ことを経験させるために、彼女を動機づけします。あなたは、時間の経過の徴候として、外の日の光がどうなったか話します。おそらく、日光のことが、しばらくの間トランスの中にいたと認識できる唯一の合図です。さらに、無意識は合図を使うことと、物事をするために無意識を頼りにすることの価値について以前話したとき、この準備をしていました。

このように、このセッションの初期の部分において、あなたはこの一見何気ない後催眠暗示に対して、重要な基盤を設置していました。あなたは連想ネットワークを構築して、メンタルメカニズムを作動させました。そして、完全に自主的に、あるいは解離する中で容易に忘れるために、その連想ネットワークを利用するのかもしれません。

エリクソン—はい、あなたはいつでも、一つのものの上にもう一つのものを築き上げていて、以前話したことに、今、話していることを関連させています。

意識を弱めること——意識の欠落についてのアナロジー

日常生活で、あなたは、人々が自分自身に言っているのを耳にします、

「今、どうやってそうしたのだろうか?」

彼らが言いたいことは、

自分が、どうやってそれをしたか、知らないということです。

彼らは、どのようにそれをしたか、全体像を理解していません。

その後、彼らはやり直す必要があります

一歩一歩

彼らがそれをした方法で。

ロッシ◎体験して、学習した後、理解します。

[エリクソンはここで、たとえ患者が、禁煙のために、治療にやって来たとしても、特定の患者たちが本当に喫煙をやめたくないことを示した、手、目、唇の振る舞いから、最小の合図を理解する方法を、いくつか臨床例で提示します。これらの例は、意識的な目的と意

欲のより深い理解には違いがあることを示しました］

ロッシ―ここで、あなたは、日常生活で意識の欠落の例を挙げています。これらの可能性を簡単に説明することで、あなたは、シーラの中の出来事を促進して、意識が弱まってほしいと思っています。

自発的覚醒を受け入れること

［上記は、実際にエリクソンとロッシが会話しているだけのように見えました。シーラは、明らかに見捨てられたと感じたので、唇、鼻、額にしわを寄せたり、いくつかの指運動などの最小の動きを示しながら、自発的に目覚め始めました。エリクソンはこのことに注目して、彼女が目覚めていて、私たちと話す準備をしていると気づきます］

シーラ◎あなたは何を知りたいですか？

エリクソン◎あなたが私たちに伝えたいことだけ。

シーラ◎ええ、私はたくさん飛び回っていました。私が目覚めようとしているとあなたが言っていたとき、私は実際にすでにその考えを放棄していました。なぜなら私の手が非常に重かったので、私は手を動かすことができなかったからです。しかし、私が目覚めていると、あなたが言ったとき、再度目覚めようとしました。しかし、私は、あなたがトランスに入っている誰かと、なぜ最後までやり通さないのか、理由を知りたいと思います。催眠療法を私がするときは、その間ずっと患者につき合います。そしてそれが正しいと私が判断する場合、そのとき、私は、目覚めるためのこと、あるいは他のことであっても、あなたは数えることができる、と言います。そのようなことをしたらどうですか？

ロッシ◎そうです。エリクソン先生、通常の催眠療法家がするような振る舞いを何故しないのですか？

ロッシ―ここでは、あなたは、単に覚醒について意見を述べて、覚醒がさらに進むのを助けることによって、催眠暗示の一部として、彼女の自然発生的な覚醒を受け入れて、利用しました。人々は、トランスへの出入りを繰り返します。そして彼らが出てくるとき、それを争って、セラピストと患者の間でそれぞれが欲するものを戦わせるよりはむしろ、あなたは、催眠関係を強化するために、その行動を利用する方を選びます。彼らがトランスの中とか、外とかにかかわらず、あなたは彼らといることができます。
エリクソン―彼らがトランスから出るとき、あなたは彼らの仲間になった方がよいです。そして、後になって、彼らは前より簡単にあなたの暗示に従って、あなたの仲間になります。あなたは、患者がしていることを、常に承認します。
ロッシ―患者が自発的に覚醒したとき、ビギナーの催眠療法家がパニックになる必要はありません。それが患者の自然な機能方法なので、催眠関係を強化する方法として受け入れます。
エリクソン―それが、患者が機能する方法なら、それに協力した方が良いのです。
ロッシ―セラピストは、実際には誰もコントロールしていません。
エリクソン―その通りです！

被暗示性のリズムを変えること

ロッシ―患者が経験したいことを、セラピストが効果的に指図することができる瞬間があります。しかし、それは「ひやひやするような危ないこと」です。暗示を受け入れることができる瞬間と、受け入れることができない瞬間が交互に起きます。
エリクソン―そして、セラピストはその状況で落ち着いていることができます。
ロッシ―そうです。ビギナーのセラピストが学習するためには、これがとても重要です。セラピストが認識していて、協力していることがわかる患者には自然なリズムがあります。「ああ、これは効かない、それも効かない、何も起こらない！」と考えることによって、私はかつて患者と仕事をすることにおいて、いつも緊張しているようにしました。そのような態度は今では、おかしいとわかっています。
エリクソン―それはとてもおかしなことです！　間違いなくいつでも警戒しているという印象を、あなたは患者に与えないようにします。仕事が成功することに対する責任を、常に分かち合っているという印象を、あなたは患者に与えるようにします。催眠療法をするときには、患者と、その間ずっとつき合わなければならないという彼女の信念を、シーラは話しました。そのため、私の気が散っているように見えたことが彼女が覚醒する理由になりました。

トランストレーニングとユーティライゼーション

シーラ◎あなたがやっていることにはどういう論理があるのですか？

エリクソン◎学習状況において、あなたは、あなた自身の学習をする必要があります。私は、あなたに私より、ずっと速く学習してほしいと思っています。私は学ぶのにおよそ三〇年かかりました。しかし、そんなことに意味がありません。今、私があなたの問題を治療したなら、あなたとずっとつき合って、別の点で援助したいと思います。しかし、あなたはすべての感覚を得る学習プロセスにいます。

シーラ◎しかし、このように、私は退屈するまで、考えをめぐらせてから出てきます。

エリクソン◎あなたがそこから出てくるのは退屈だからだ、と思っていますか？

シーラ◎ほとんど、私は寝ているかのようです。自分が二、三回こっくりしたことに気づいたからです。

何が左側で起こっていましたか、左側で少し離れたところでしたか？　何かを探していましたか？

[エリクソンは今、トランスでの左右への目と眼球の動き、顔の細かい動き、呼吸の変化などのような行動に関係する主観的体験について、詳細な一連の質問をシーラにします。シーラのトランスでの行動について、彼女が思い出すことができた以上に、エリクソンは驚くような方法で実際、多くのことを詳細に観察していたことを明らかにしました]

ロッシ―ここでの質問で、シーラが非常に合理的なアプローチをしていたことを明らかにします。そういうわけで、あなたは、意識的なコントロールをあきらめるように言うことに、このセッションの大部分を費やしました。あなたが、独力で学習してほしいと思っていることを、彼女にここで詳しく話すことができましたか？　これはほとんど自己催眠のように見えます。自己催眠では、すべて独力で学習しなければなりません。あなたは、物事を起こすことを学ぶように彼女に言っているのですか？

エリクソン―その通りです。

ロッシ―痒みが起きたら、素晴らしい、それに身を任せて。重く感じられたら、素晴らしい、それに身を任せて。記憶を思い出したら、素晴らしい！　頭の中で閃いて、考えをめぐらせたら、素晴らしい！

[ここでエリクソンは、トマトを育てることを互いに

競いあっている夫婦の面白い逸話を話します。トマトを植えた数日後に、妻は、トマトにはもっと太陽が必要だと思いました。そこで、彼女はトマトを植え替えました。その後、トマトには、もっと日陰が必要だと彼女は思いました。それで彼女は再びトマトを移植しました――など。彼女の夫がトマトを収穫していたとき、彼女はまだトマトを移植していました」

ロッシ―私たちが議論していることと、その物語はどう関連しますか？

エリクソン―あなたが被験者を成長させるのです！

ロッシ―そうすると、被験者は、自分のペースで、自分がすることを学ぶのですね。あなたは、被験者を成長させて、自然な成長プロセスの邪魔をさせないようにしました。

エリクソン―私は、長年にわたって、私があまりにたくさんの指示を患者にしようとしていた、ということを学習しました。患者が成長するように、物事を生じさせて、使えるようにするには、長い時間がかかりました。

ロッシ―それは、現代催眠に対する基礎的な貢献――あなたのユーティライゼーションテクニックの発展を説明します。あなたはトランス、自己探究などを始めるために患者自身の行動を利用します。

患者の要求を満たさないことによる暗示の失敗

シーラ◎私は目覚めようとして、終わり頃に腕を上げようとしたときにフラフラしました。

エリクソン◎なぜ、フラフラしたと思いますか？

シーラ◎朝、起きるときのようでした。そのときは、とてもよろけてしまいます。まるでいろいろな方向に傾いていたような、そんな方向感覚の喪失でした。それは奇妙な身体感覚でした……私は、始めは自分自身トランスを楽しんでいました。その後、何をすべきか、あなたが一体なぜ、私に話さなかったかと疑問に思うようなセラピストに私はなりました。

ロッシ◎シーラは、私たちに苛立っていると思います。

エリクソン◎変わった方法で苛立っています。そして、苛立ちは、いつでも障壁となります。

シーラ◎ええ、私は、催眠に関する実際的なことを知りたいと思います。それは何かと言うと、あなたが問題に対処する方法です。タバコとか、体重の問題とかに、あなたが対処する方法です。

ロッシ◎シーラは、トランスを経験して学習するのではなく、知的に学習することに慣れています。

［エリクソンは、知的に学習することに対して、経験して学習したり、知識を得たりする例をいくつか出して、このセッションを終わりました］

ロッシ――トランスに入っていたことを彼女に忘れさせるために、面白い後催眠暗示を与えて、このセッションのトランストレーニングを延長させました。あの暗示を成功させるために、不思議な年齢退行、記憶増進を経験した前回のセッションで、彼女がしたように、彼女は無意識に頼る必要がありました。しかし、このセッションでは、彼女はイライラしました。なぜなら、トランスの間、セラピストはもっと密着して気を配るべきだという、彼女の期待にそぐわなかったからです。このように、個人的感情的欲求が満たされなかったので、あなたの間接的後催眠暗示は、とるに足らないこととみなされて受け入れられませんでした。彼女がトランスを経験していたことは、彼女の手の重さによってわかります。しかし、このセッションで、さらに学習経験を邪魔したのは、彼女の内部のセラピスト的オブザーバーかもしれません。リラックスして、無意識にゆだねて、暗示を実行してほしいと期待する以前に、患者の感情的な要求を、何らかの方法で満たすことが重要だと、この指標からはっきり理解できます。

トランストレーニングとユーティライゼーション

エリクソンは、「私は長年にわたって、私があまりにたくさんの指示を患者にしようとしていた、ということを学習しました。患者が成長するように、物事を生じさせて、使えるようにするには、長い時間がかかりました」という解説で、非常に重要なことを教えています。ここでの全てのセッションで、エリクソンが努力して訓練したことは、シーラが自発的に、無意識に物事を起こさせるようにすることでした。催眠における最も基礎的な仕事は、意識が学習した習慣とプログラムからできるだけ自由になって、物事が独力で起こることを学習して、無意識が機能するようにすることです。

これこそが、正常な催眠治療のワークすべてにおいて、本質的な第一歩である、ということがわかるのに、エリクソンは長い期間がかかりました。患者は無意識とラポールしていないから患者なのです。トランスは、患者が意識セットの限界から無意識をある程度自由にする経験をできるようにします。いったん、この無意識が機能する方法が明らかになると、それを治療的な目的に患者が利用できるように、エリクソンは気軽に手伝いました。

治療的な催眠は、患者をプログラミングするテクニックでありません。患者は、あまりに多くプログラミングをした人――自分の内面と接触を失うほど、外面に多くのプログラミングをした人です。治療的なトランスは、患者が自分の中から何かを受け取るという経験です。頭のきれる催眠療法家は、そのような感受性を内部体験できる状況を整える人です。エリクソンは、患者独自の内部体験の価値を、患者が認識できるようにします。そして、治療に内部体験を利用する方法を暗示します。

注目すべきことは治療的なトランスを定義する方法が、古典的な瞑想の使用と酷似している点です。「瞑想」という語は、ラテン語の *meditari* が語源で、「中央へ動かされる」ということを文字通り意味する動詞の受動態です。意識は、中央（無意識）の方へ動かされると、受動的な状態になります。そこでは、意識は、完全性を達成することができます。意識から除外された内容と傾向に再結合します（Jung, 1960）。

間接暗示と直接暗示の力学

このセッションで、シーラ博士を退屈させ、疲労させるために、エリクソンが使用した数学の説明は、間接暗示の使用の基本原理を、特別にわかりやすく明示しています。エリクソンは、リラックスする、疲れる、あるいは疲労するという暗示を、彼女に直接していません。むしろ、エリクソンは、丁寧な（R 丁寧）外部応答を引き起こすために、刺激（S 数学）として演算説明を使用しました。そして、それは次に、シーラ博士の中に、退屈という内部反応（r 退屈）を引き起こし、そして、それが疲労する（R 疲労）と、彼女に感じさせました。外の刺激、内部の伝達、そして行動反応という、このプロセスを図1で概説して提示します。どんな形であれ、被験者が認識できる、あるいは影響することができる暗示（S 数学）と最終的な反応（R 疲労）の間に、同一性はほとんど、あるいは全くありません。

対照的に、被験者に直接暗示をすることは、刺激を使ってどんな反応が起きるか識別するためです。実際に直接暗示をしているセラピストは、患者が反応を仲介する必要がある内部プロセスについて、正確に被験者に話

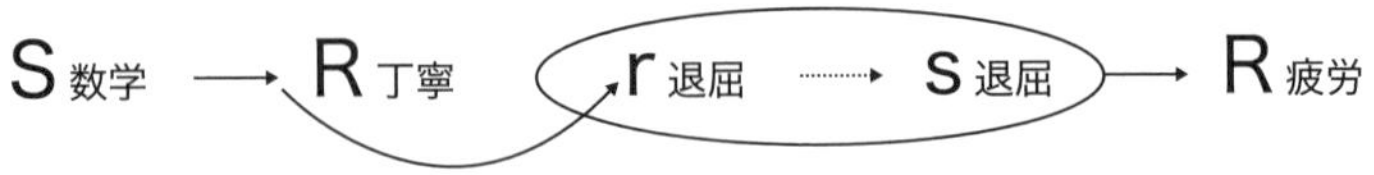

図1　暗示（S数学）と反応（R疲労）に、明瞭な関係のない間接暗示プロセス。大文字は、顕在的で、外部的で、客観的な出来事を表わします。一方、小文字（rとs）は、通常、患者によって理解されない、あるいはさらに認識されない、隠在的で、内部的で、主観的な出来事を表わします。

図2　提案（s疲労）と反応（R疲労）との間のとてもハッキリした関係のプロセス。内部の仲介している反応（r疲労→S疲労状況）を、患者はある程度認識し、理解します。

す場合がよくあります。直接暗示を与える場合、被験者はこの的確な暗示に協力するか、あるいは反応が仲介されることによって、他の内部のプロセスを見つけることを、セラピストは期待します。反応がどのように内部を仲介するか、ときどき、被験者は一部分を理解します。例えば、成功する場合には、被験者は、疲労する状況で自分自身を想像したと、通常報告します。そして、連想によって、被験者は、実際に感じることができた疲労反応を引き起こすことができました。何人かの研究者(Barber, Spanos, and Chaves, 1974)は、被験者に、このような意識的な観念化をさせる訓練を実際にしています。直接暗示は、図2に図解しています。そして、内部的に仲介された反応をする最初の暗示と、被験者が認識できて影響させることができる外部反応の間に、はっきりした識別があります。

　直接暗示と間接暗示は両方とも、効果的な結果を出すことができます。しかし、意識と意志に対して、直接暗示と間接暗示の関係が異なっているように、両者は異なる方法で仲介されます。直接暗示は、被験者が通常、ある程度認識をしている内部プロセスによって仲介されます。被験者は、プロセスが反応を起こしたことを認識します。反応は多かれ少なかれ自主的なコントロール下にあります。対照的に、間接暗示は、通常、被験者が知らないままでいる内部プロセスによって仲介されます。暗示を察知すると、被験者は、通常、驚くことで反応します。意識しない方法で、そして自発的な方法で、反応が生じるように見えました。それは「催眠」として通常、認識される奇妙な解離した様相、あるいは自律的様相を持っています。

　直接暗示の問題は、得られる反応が単に、被験者の側の自主的遵守である可能性があるということです。被験者は、完全に意識的な方法で、セラピストを喜ばせようとしているだけかもしれません。このように、催眠とトランスを被暗示性（直接暗示の遵守）と一緒のものだと考えた理論家は、催眠経験の自律的様相、あるいは意識しない様相を評価しませんでした。このように、理論家の提言（Barber, Spanos, and Chaves, 1974）を加えた上で考え、想像すると、自主的なロールプレイ（Sarbin and Coe, 1972）、あるいは自主的に意識が協力する形としてのトランス理論を私たちは持っています。これらはすべて、実際には直接暗示に関する理論です。被験者が直接暗示を受け入れて行動するとき、無意識の構成要素、あるいは意識しない構成要素は必ずしも明白ではありません。

　しかし、間接暗示において、被験者は通常、暗示と自らの反応の関係を理解していません。したがって、セラピストの暗示を、自主的に遵守することはありえません。反応が起こる場合、その後の暗示は被験者の直接の認識の範囲外で、意識しないプロセスによって仲介されました。この意識しない仲介反応は、トランス行動の純粋性を定義するために、私たちが使うものです。意識を驚かせる意識しない反応、あるいは自主的な反応によって、催眠を通常の覚醒行動と区別します。そのような自律的な反応は、直接暗示——例えば、すべてのスタンフォード催眠被暗示性スケールの暗示——によって誘発することができます（Hilgard, 1965 and Barber et al., 1974）。しかし、直接暗示には、シミュレーションの問題が常に存在します。反応は自主的、あるいは非自主的な方法で起きましたか？　しかし、被験者は、反応が起こる理由、あるいは起こす方法を知らないので、間接暗示で反応が出現することは、その意識しない性質を満足させる判断基準である可能性があります。

　ワイツェンホッファー（Weizenhoffer, 1957, 1974, 1975）は、催眠暗示の特徴は催眠反応の成果に、意識的な意志が欠如していることである、と強調しました。私たちは、この基本的な定式化に同意します。直接暗示と間接暗示の区別をする準備段階を進めるために、私たちは、上記の定式化での意識的な気づきと意図の役割について議論しました。直接暗示において、患者は催眠反応がどのように内部を仲介するかという、ある意識的な気づきを持っていることができます。そして、結果として意識的な意図性を備えた催眠反応を禁じること、あるいは促進することの、どちらかを試みるかもしれません。間接暗示では催眠反応がどのように内部で仲介するかを、通常の患者が知ることがないように注意します。それゆえに、意識的な意図性によって、反応を促進したり、あるいは妨げたりする機会はさらに少なくなります。

トランスの間接的な条件づけ

エリクソンが、このセッションで使ったまぶたへの間接的な条件づけは、間接的アプローチの一番良い例です。エリクソンは、「奇数」という言葉による遅いまばたき（トランスと関係している）と、「偶数」という言葉による速いまばたきを区別します。被験者は、まばたきと言葉の関係を知りませんでした。連想は、速いまばたきと、意識的に認識しない「奇数」と「偶数」という言葉の間で作られます。一度この連想が作られた後、「奇数」という言葉を言うと、遅いまばたきが喚起されるようになります。そして、遅いまばたきはトランスの開始と関係しているので、（白日夢とか睡眠のような変性状態に流されるときのように、ゆっくりまばたきし始める日常的生活体験だけでなく、以前の凝視誘導によって）被験者は、トランスに流されているのに気づきますが、正確な理由を知りません。

エリクソンは、完全に単独で起こる間接的条件づけ、あるいは偶発的条件づけという形を実際に多用しています。エリクソンが頻繁に頼ったのは、最初にトランスに入ったトランス経験とその状況の間で形成される自然な連想条件づけプロセスだけでした。エリクソンのオフィスに来て、トランスを体験した被験者は初めてであっても、エリクソンの声、エリクソンの態度、そして他にも特徴を持った人として、エリクソンとトランス経験の間に、多くの連想接続を形成します。トランスとオフィスで初めて同じ椅子に座っている被験者の間に連想接続があります。部屋の外観と、エリクソンが通常凝視点として、誘導などに使ったカットガラスのペーパーウエイトの間に連想があります。事実、何人かの被験者は、エリクソンとの面接に行くという行為だけでも、内部調節がトランス経験を促進させるので、面接に行く途中で早くもトランスを期待し始めます。
エリクソンは、これらのトランス経験を条件づける自然なプロセスを観察するだけです。患者がオフィスに入ると、エリクソンは、患者の行動からトランスの微妙な徴候を注意深く観察しました。これらの多くはほとんどの人々に適用可能な標準的徴候です。ゆっくりしたまばたき、動きの節約、表情が穏やかになること、反応注意力 response attentiveness などがあります。いくつかのサインは、その個人に特有のものです。身体の一部の目立たないカタレプシー（例えば、特徴的な形に曲げられた一本の指）、特別な凝視、あるいはそのやり方などです。自然に条件づけられたトランス行動の徴候が出ていることに、エリクソンが気づいたとき、エリクソン自身のいつもの方法を採用してトランスを誘導します。エリクソンは、期待という特徴的態度で患者を見ます。エリクソンは、意味ありげにカットガラスのペーパーウエイトを見るかもしれません。エリクソンが深呼吸すると、目に見えてリラックスします。エリクソンは、しばらく目を閉じます。これらはすべて非言語的合図で、患者がトランスに入るためのものです。患者はトランスがとても簡単に生じることに気づいて驚きます。そして、方法も理由も、患者が理解していないことがよくあります。どのように患者がした場合でも、抵抗するよりも、従った方が快適であると理解します。それでも、患者がトランスに抵抗したい場合、確実にそうすることができます。そのような間接的に条件づけられたトランスは、信頼、快適さと協力という雰囲気だけで、ある程度生じます、

間接的に条件づけられたトランス、あるいは偶発的に条件づけられたトランスの練習

一．前回のセッションでトランス経験をした後に、患者がセラピーの状況に入ったとき、慎重に患者を観察することを学んでください。あなたは、トランスの徴候を見つけることができますか？

二．患者のトランス経験、そして周囲の環境という物理的特性、さらに自分の行動との間で形作られる偶発的な連想を発見するために、自分のオフィスの物理的状況と誘導プロセスを、注意深く研究してくださ い。あなたが後からトランスを促進するために、これらを利用する方法を計画してください。

三．あなたは、以前の被験者にトランスを再誘導するために、どんな非言語的な合図を利用しますか？　被

験者が容易にトランス経験ができるように、あなた自身の行動を少し変更したものが、非言語的合図になります。それはあなた自身認識していない微妙な行動変化をあなたが理解できるような、訓練された観察者になれるようにします。

トランスでの声の力学

エリクソンが使った声の力学は、間接暗示に対する主要なアプローチです。エリクソンの声が個人的連想を呼び起こすという単純な直接暗示から、被験者内での異なるプロセスに声の場所を結びつけるという間接的条件づけまでの範囲で、エリクソンは声の力学を使用しました。

トランス経験の指標としてセラピストの声に対する注意を変化させること

従来のスタイルの直接暗示でセラピストは患者に、セラピストの声に注意して、他の全てを無視するように言います。それは、直接暗示による効果的アプローチです。対照的に、間接暗示では、エリクソンは、自分の声を聞くことさえ必要がない、と患者に通常、話します。患者が、トランスにいる間、エリクソンの声に追従していくことができなかったので、話の内容がいつでもわかっていたわけではありませんでした、と後で報告することを、トランスの典型的な指標として捉えることができます。最初に、多くの被験者は、聞いているとき、そして聞いていないとき、あるいは注意をしているときに変化があったことを報告します。この自発的な変化は、トランス深度の自発的な変化という催眠経験の特徴と一致します。

投影するための伝達手段としてのセラピストの声

このセッションで、エリクソンは、シーラ博士が解釈をする意味がある音として、エリクソンの声を聞くことを暗示しました。つまり、エリクソンが話した内容は、無視できました。エリクソンの声音は、シーラ博士自身を投影して、伝える伝達手段になりました。しばしばエリクソンは、自分が言っていることは重要ではないと暗示したり、あるいは示唆したりします。重要なことは患者の解釈だけです、とエリクソンは言っています。このために、エリクソンは、多義語 multiple meanings、しゃれ、不完全な文章、そして懸垂修飾語▼訳註6 dangling phrases (dangling modifier) を使用します。

空間的に知覚して連想するための声の位置とボリューム

エリクソンのユニークな貢献には、私たちが空間知覚連想と呼ぶ声の位置を利用するものがあります。エリクソンが過去に戻って連想と記憶のことを話すとき、エリクソンは患者から離れるように椅子を後ろに倒し、声を落とし、患者から、自分の頭をそむけたりします。そうすることで、離れたところから声が聞こえるようにみえます。遠くから声が聞こえるようにすると、かすかな過去のはるか遠くから、患者の記憶がやって来ます。過去の記憶がかすかに動き、患者の意識が利用できるようになると、エリクソンは、徐々に椅子を前に倒し、患者に近づき、はっきり、そして大きな声で話します。しかし、エリクソンの態度は、いつでも巧妙です、そのため、患者はエリクソンがしていることを認識しません。

しかし、変性した連想パターンを呼び起こして、記憶を利用できるようにする刺激として、患者の無意識は、声の位置とボリュームの違いを利用します。被験者が目を閉じて暗示された場面を視覚化する印象的なデモンストレーションにおいて、エリクソンが被験者内部の視覚的なスクリーン上で、空中の何かを被験者に見てほしかったとき、エリクソンは声の調子を上げて、見上げて、実際に、上方へ声を投影しました。そして、下方の何かを見てほしかったとき、逆のことをエリクソンはしました。彼女の閉じた目の動きによって、声の位置と調子を正確に追いかけているのが観察されました。患者は後から、暗示されたイメージによって、高さの変化が現われることについて述べました。エリクソン (Erickson, 1973) は、船酔い、めまい、そして類似した状況を、声の位置を使って誘導する方法を報告しました。

条件づけられた意識と無意識の感受性レベルの声の位置

エリクソンは声の位置を選択的に変えて、患者の意識と無意識に暗示をしましたが、これには賛否両論ありました。エリクソンは誘導会話をしているとき、「意識」という言葉を口にするとき、明らかに意識的関心事につ

▼訳註6　フレーズまたは節をあいまいに修飾する語句。

いて話すときには、わずかに右に向きを変えました。「無意識」という単語を使用する場合か、通常、自主的なコントロールなしで仲介する意識しない自律的プロセスについて話すときに、エリクソンはわずかに左に向きました。患者は、エリクソンがしていることを理解せずに、右から来る声の位置に、意識的な任意のプロセスを関連させ条件づけました。そして左側の声の位置に無意識的、あるいは意識しないでプロセスを関連 disdissociated させました。いったんこれらの連想ができあがると、エリクソンは相応しい方向に、声を変化させることにより、意識か無意識のレベルへ、暗示を発することができます。このテクニックの有効性と誰もが系統的な方法で、それを有効に使用することを学ぶステップを究明することは、将来の実証的研究と実践における課題です。

声の力学の練習

一．異なる状況での自分の自然な音声力学、そしてあなたが意識的、無意識的にコミュニケーションしていることを良く知るために、治療セッション中、そして日常生活での自分の音声を録音テープで研究してください。

二．トランス誘導の前とトランス誘導している間、通常どんな変更をするか、そして、変更によって、どのように患者の中でトランス発生を促進しているか、あるいはどのようにトランス発生に干渉しているか学習するために、あなたの声を記録して研究してください。

三．自分の声の力を実際に意識的に利用するには、ある程度の実践が必要です。目的は、患者の意識的注意を刺激しない方法で音の力を使用することです。意識的注意を刺激してしまうと、その目的は、ほとんど達成できなくなる可能性があります。聞き手にもっと細心に注意させたい場合、すこし柔らかく話すことを学習しながら開始します。それから、聞き手のペースをスローダウンさせたい場合、もっとゆっくり話すことを学習します。トランスから覚醒させたい場合、少し大きな声で、明瞭に話すことを練習します。

四．異なるレベルの意識で、暗示を受け取るように、被験者を条件づける際に、声の位置の使い方を検討してください。あなたは、声の位置の使用効果を評価するために、新しいフィールド実験（Erickson, 1973）、あるいはもっとコントロールされた実験状況を考案することができますか？

相互文脈上の合図と間接暗示

エリクソンが、いろいろな相互文脈上の合図 intercontextual cues を間接暗示として利用したことは、次の対話で示されています。

エリクソン―私は、昨晩、このことについて話しておかなければならないことを繰り返し夢で見ました。トランス状態で催眠被験者に暗示と指示を与える際には、あなたが話すことだけでなく被験者が聞くことも重要です。一つ例を挙げます。

サンフラワー Sun*flower* という名前の村がアリゾナにあるとします。想像上の場所をウェルドンの溝 *ditches* と呼ぶことにします。アリゾナに関する会話をたまたま続けていると、サンタワー Sun*tower* の話になります。サンフラワーではありません。あなたはわざとサンタワーと言いました。あなたが、実際には「サンタワー Sun*tower*」と言ったということを知らずに、聞いている人は、機械的に、そして何の気なしにあなたの誤りを直します。アリゾナ南部で露天採鉱について話すときには、あなたはウエルソンの半ズボン *Britches*（溝 *Ditches* の代わりに）の話をします。

今、あなたは、とんでもなく間違って二つのことを言いました。そして、被験者はあなたの言い間違いを意識的に修正しました。したがって、聞き手は「サンフラワー」と「ウエルドンの溝」のことをあなたが言ったと考えます。しかし、無意識は、サンタワーと半ズボンのことをあなたが言ったと聞きました。聞き手は、それを探し、思い出します。花（フラワー）とオランダ人の半ズボン Dutchman's *Britches* のことを、なぜ話さなければならないのか、聞き手はわからないので、あなたは、これを後から使うことができます。

ロッシ―彼らは、あなたが無意識の中に入れた連想を使うことを強制されます。

エリクソン―そうです。その後、彼らはカリブ海の「デビルス・タワー」について話すかもしれません。そして、どうしてそういうことを連想したのか、全くわかりません。しかし、あなたはそのやり方を知っています。彼らが、意識的にその答えを見つけることは、絶対できません。意識的な心を意識は訂正しましたが、無意識は間違いなくそれを聞いたのです。

ロッシ―あなたのエラーは、無意識の中で、表現しようと努力しながら、留まり続けます、

エリクソン―それは、無意識の中に留まります。そして、話し続けると、ワイルドフラワーの議論に、オランダ人の半ズボンとカリブ海のデビルス・タワーを持ちこんで、同じように会話を進めます。

このかなり極端な例は、患者の無意識内に連想を入れる例として、そして無意識自身の方法で、患者に無意識を利用できるようにする例として、考えて良いかもしれません。エリクソンのもっと一般的ないつものやり方は、文章の構造を解体するように、休止をフレーズの中で使うことです。そうすることで、解体された各フレーズが、文全体が持つ意味とは、まったく異なるそれ自身の意味を持つようになります。各セッションにおける誘導部分の口述筆記では、このような重要な休止に注意して配慮しました。文章の残りの部分を意識が待っている間に、各々のフレーズが分割された意味、そして独立した意味に、無意識が気づいて、部分的に処理する相互文脈上の合図と暗示、と言うことができます。このように、文章の文脈に埋められたフレーズは、間接暗示として機能します。

このフレーズの使い方は、実は散りばめテクニック(Erickson, 1966b)の一つの形で、文章全体が別々の暗示として、幅広い文脈の範囲に埋められています。エリクソンは、患者が簡単に一体感を持つことができる話題(例えば、農民と一緒に成長する植物、母親による子どもの世話などという一般的な会話)について、一般的な会話の幅広い文脈の範囲内で、散りばめ暗示の使い方を例示しました。この会話の中での暗示の間隔はランダムなパターンで、しかも暗示は散りばめられています(ときには声のイントネーションをわずかに変化させて)。それで被験者は暗示を予想できません。散りばめ暗示は、予想外の瞬間に来ます。暗示は短く、通常、議論の余地ない自明の理です。そして、患者が暗示に反応する前に、セラピストは一般的な会話に素早く移ります。患者は暗示を受け入れますが、習慣的な連想、制限された視点、あるいは他の抑制因子で暗示に抵抗する機会が、患者にはありません。

患者が興味を持つ一般的な会話には、散りばめ暗示を伝える手段として、以下のような機能があります。

一．一般的な会話が患者にとって興味のある話題であると、会話の受けいれ、あるいは「イエスセット」が

容易に進展します。このように散りばめ暗示は、患者に対して動機づけする明白なメッセージと同様に、肯定的に受け取られます。

二．一般的な会話は、患者を睡眠と、その不確かな感受性の境界に漂わせるのではなく、むしろ感受性の最適レベルで「覚醒」させておきます。

三．関心のある話題は、彼らの連想マトリックスへ、セラピストと患者を遠く漂わせるのではなく、セラピストと患者のラポールを促進します。そしてそれは、再び結果として不確かな感受性になるのもしれません。

四．よく知っている冗漫なメッセージに、暗示を散りばめると、散りばめ暗示によって体系化された健忘 *structured amnesia* (Erickson and Rossi, 1974) が促進されます。そして、このように、患者の通常の連想構造が暗示のじゃまをしないようにします。文章の一般的な文脈の範囲内で埋められた相互文脈上の合図と暗示は、先に述べたことだけでなく、一般的な会話の文脈の散りばめ暗示としても同様に機能するように見えます。

相互文脈上の合図と暗示の練習

一．全体として文でなく、フレーズになっている相互文脈上の合図と暗示を研究するために、前のセッションのすべての誘導部分をチェックしてください。

二．他方では、各文の個別のフレーズが完全な文と同じ意味合いを、どのように持っているか注意してください。そのような場合、フレーズは、文全体に含まれていた暗示を合計し、大いに強化することができますが、そのことを長々と続けることもありませんし、覚醒した意識の制限反応 limiting reactions を起こす可能性もありません。

三．エリクソンが、以前の解説のセクションにおいて、もっと一般的な文脈の範囲内に埋められている別々の暗示として、そのフレーズ、またはそのフレーズに対する注意を、どれくらいの頻度で喚起しているか、気をつけてください。しかし、このセッションでエリクソンが暗示を使った別の間接アプローチを教えようとしていたことを、ロッシは最終的に理解しました。その間接アプローチを私たちは今、「相互文脈上の合図と暗示」として区別しました。

四．実際に実践するときには、相互文脈上の合図と暗示をする方法を学ぶことはとても簡単です。あなたのセッションをテープで録音して、あなたがどんな相互文脈上の合図と暗示を無意識にしているか気づくために、後から口述筆記をよく見てください。あなたがあなた自身の埋められた暗示にもっと敏感になって、治療セッションで実際に、そう暗示すると、自分が言っていることをもっと自覚するようになります。すぐに、相互文脈上の合図を味わうために、そしてもっと重要な管理下にその合図を持ってくるために、あなたは文構造の中の休止を、喜んで受け入れます。あなたがフレーズを言ってから慎重に患者の顔を見ると、各々別々のフレーズに対する患者の無意識の反応（顔をしかめること、微笑むことなど）を確認することができます。これによって、あなたは相互文脈上の暗示の現実感を得ることができます。その後、患者の連想構造に対する、あなたの言葉の影響にもっと気づくようにするために、一種のフィードバックとして、患者のこのような即時反応を利用することができます。その後、患者と一緒に作る治療での協調関係を、もっと十分なものにするために、フレーズと患者の反応を組み合わせることを学習することができます。

トランスにおける右脳と左脳の機能

トランスとその促進について、エリクソンが理解していることを概念化するのに多くの異なるモデルを使用しました。

一．意識－無意識というシステムにおける精神力学的モデル
二．行動心理学の学習理論モデル
三．複数レベルのコミュニケーションを利用する言語モデル

このセッションから、たとえ、エリクソンが脳半球の機能に関する最近の研究（Sperry, 1968; Gazzaniga, 1967; Bogen, 1969）より、かなり以前に見解と技術を開発していたとしても、右脳と左脳の機能の違いを利用する神経心理学のモデルが、エリクソンの仕事においてもまた、暗黙の前提であることははっきりしています。

これらの研究によって、合理的な方法、論理的な方法、

そして言葉での方法で機能するのが左脳の特徴である一方で、トランス経験、空想、そして夢という機能すべてが右脳の特徴であると、一部の研究者は考えています。エリクソンが強調した覚醒経験とトランス経験の違いに関連する大脳半球の機能の違いをまとめたリストは、以下の通りです。

左脳（覚醒）	**右脳（トランス）**
言語学的	パントマイム、運動感覚的、音楽的
論理的－文法的	視覚空間的
合理的	直観的
抽象的	文字通り－具体的
分析的	知覚的－統合的
指示的	自発的
限局性	広汎性
努力	快適さ

この二項対立から、左脳の機能を弱めて、トランス経験を促進する方向に、エリクソンが努力していたことは明らかです。左脳の機能の特質は、言語的で論理的－文法的な意識構成です。そしてそれは、通常、左脳の皮質の言語中枢の位置と関係があります。エリクソンのトランス誘導への非言語的な、パントマイム、そして間接的アプローチの多くは、明らかに、この言語的特殊化から左脳の意識をそらす手段です。本書の中で私たちが気づいたように、エリクソンの言葉で表現する習慣的な形式の多くは、被験者の通常の方法で左脳が知る規則的で、合理的で、抽象的で、そして指示的な機能を邪魔するか、あるいは弱めることを実際に目指しています。ショック、驚き、解離、視点の変化、混乱、パラドックス、そしてダブル・バインドを使用することはすべて、このように左脳を弱めることに向けられます。ボディ・ランゲージ、声の場所、強調、リズムなどを使った合図をエリクソンは強調して、左脳に特徴的な合理的で分析的なものから、知覚的で、運動感覚的で、統合的な機能へとすべてを変えます。含意、期待、部分的な意見、そして懸垂句、アナロジー、メタファー、しゃれ、そして俗諺のような催眠形式を、エリクソンが使用するとき、再度、抽象的で分析的なものから、右脳の直観的で統合的な方法へと変化させます。トランス経験で最も特徴的な特性、例えば空想、夢、直解主義、快適さ、そして精神的な経験と行動の自律的、あるいは自発的な流れは、しないこと not doing、そして知らないこと not knowing、無制限な形式の暗示、そして可能性があるすべての反応をカバーする

暗示のような催眠形式によって、すべて促進されます。

多くの研究者（Bakan, 1969; Morgan, MacDonald, and Hilgard, 1974）が、トランスの間に左脳の機能が減少しているという見方を調査しました。そして、右脳の機能がそれによって強化される、と考えました。これは、出された暗示が、自分の身体と個人を認識するもので、その暗示によって特化されたトランス状態のケースに見受けられると思われます。右脳は、感覚、そして筋運動感覚の合図、空間的定位 spatial orientation、および身体図式 body schema の構成の認識に、直接関係しています（Luria, 1973）。しかし、もっと典型的なトランスにおいて、私たちがトランスの特徴と認めているのは、正確に言うと身体図式の妨害です。身体イメージの歪曲――例えば、異常に大きくなったり、小さくなったりする身体の部分的感覚（頭、手など）、解離、あるいは麻痺――について、トランスを初めて体験している被験者が、自らコメントすることがよくあります。そのような歪曲は、右脳に器質的障害がある患者の特徴でもあります。ルーリアは、トランスにおける自発的現象と類似している右脳の機能障害のパターンをいくつか報告しています。右脳に深い損傷がある患者には、空間的定位をひどく損失し、さらに時間感覚に障害がありました。この本にあるように、時間歪曲はトランスの特徴です。そして、トランスから目覚めようとする人のサインで、最も信頼できるものは、自分の体にリ・オリエンテーションしようとすることです。さらに、幻視（Orne, 1959）を催眠被験者が経験しているまさにそのとき、二カ所に同時に、自分がいると堅く信じている患者の「トランスロジック trance logic」を、ルーリアは報告しています

典型的トランスにおいて、右脳の機能は左脳の機能と同じように衰えることを、これらの相関関係は示しています。実際のところ、右脳の機能は広範囲で、そして拡散しているという特徴があるために、右脳は左脳より簡単に変化する可能性があります。このために、私たちは、左脳の焦点化された言語論理機能をまったく遮断しないでも、身体図式などの妨害があることに頻繁に気づきます。これは、特に非常に知性の高い被験者（Barber, 1975）に特徴的です。そしてその人は、左脳の損なわれていない言葉の論理を使って、右脳が経験している知覚変容を正確に記述できる可能性があります。ルーリアはさらにこの状況について、患者はもっともらしい言葉を定式化して、右脳の病巣から来る個性と意識の変化を覆い隠す努力をするようになると、コメントしています。これは、非常に知性の高い被験者の方法と、とても似通って

いるように聞こえます、そしてそのよう人たちはトランス、あるいは変性状態を経験したことを否定する傾向があります。そのような被験者たちは、正しくもあり、間違ってもいるのかもしれません。被験者が、左脳の機能が変更されたことを否定するのは間違っていません。しかし、右脳の機能の変化を否定することは間違っていますし、気づかないままでいます。さらに、このようなどんな機能妨害でも否定することは、右脳の器質性機能障害患者に特徴的です。

これらの検討項目から、トランスを右脳の機能として見ることは、あまりにも単純だということがわかります。トランスへ誘導する方法は、通常リラックス状態を暗示します。そして、快適さが、左脳と右脳の機能を変えます。しかし、たいていの場合、右脳の機能が、左脳の機能以上に、明白に変化する理由を、私たちは理解することができます。左脳が支配的であり、より多くの焦点化された機能が左脳にあるので、右脳は、トランスを経験する学習初期段階に、左脳以上に、簡単に弱められる傾向があります。大部分の人々は、右脳機能より、左脳の機能を維持して、コントロールするために習慣を確立しています。それで、右脳は、左脳以上に、簡単に弱められるか、変えられる傾向があります。そして、左脳は言葉の論理的意識の中心ですから、催眠療法家が言葉で論理的に暗示することに対して、左脳は反駁したり、「身を守ったり」することができます。対照的に、右脳は、自分の左脳の言葉の論理的定式化に協力することに用いられます。このように右脳は、セラピストの言語暗示に従って、この協力する機能を一般化する必要があります。

こうした左脳－右脳の機能の特徴についての最近の研究によって、私たちはトランス現象の理解を大いに進展させることができます。そのような研究は、トランス経験をもっと調査するための興味深い仮説を提供し、さらに古典的な手順を洗練するだけでなく、新しい方法を考案する手段を提案しています。行動反応における個体差のある遺伝的なパターンと学習されたパターンの持つ機能として、催眠感受性 hypnotic susceptibility を理解するために、この神経心理学的なアプローチは、暗示から言葉の「魔法」を取り出して、堅固な理論的根拠を私たちに提供します。

第八章

学習の無限のパターン
——二年後のフォローアップ

Eight

最後のセッションをした後、シーラ博士は、臨床診療に催眠を使用し始めたとき、最初に努力したことと問題点について述べました。そのとき、シーラ博士は、当面はエリクソンの元で十分に仕事をして、アメリカ臨床催眠学会のワークショップで専門家の監督下でトレーニングを続けようと思いました。

二年後に、シーラはフォローアップのための連絡を受け取りました。彼女は、その間、催眠療法のトレーニングを継続しており、臨床診療で催眠を定期的に使用していた、と報告しました。彼女が実際に面談に来たとき、エリクソンと催眠療法のトレーニングを経験した以前と同じ椅子に、彼女は座りました。彼女は座って身なりを整え、腿の上に手をのせるなどして、習慣的な誘導姿勢をしたことがすぐにわかりました。エリクソンはこのボディー・ランゲージを認識し、催眠を誘導するときに通常見るように、何も言わずに彼女を見ました。このように催眠状況を再生することによって、シーラ博士は、すぐに、今まで経験したことがないほど深いトランスに入りました。

このようにフォローアップでの面接は、シーラ博士にとってトレーニング段階の中で経験したことがないほど深いものになりました。エリクソンは、彼自身の夢での経験を使って、「二段階解離退行」を始めます。シーラ博士は本物の記憶増進状態を経験して、完全に忘れた幼児期の段階から、記憶を取り戻します。それから、エリクソンは、シーラ博士が内部経験をどんな形でも学習できるように、一連の無制限な形式の暗示を始めます。シーラ博士の意識が、学習の邪魔をしないように、エリクソンは、これらの暗示を使って、うまく健忘させます。しかし、シーラ博士が必要とするときはいつでも、新しく経験した学習を利用できます。

エリクソンが健忘のプロセスを始める前に、シーラ博士は、このセッションのように非常に深い経験をしていたことがあった、と少しだけ思い出しました。彼女は、経験を説明するために「トランス誘導後の感想」という短いながら参考になる文章を書きました。

このセッションにおいて、特に興味深いことは、エリクソンの無制限な形式の暗示形式の実例があることです。そして、それによって、人の命を救うほどの価値を持つ無限のパターンの学習を生み出すことができます。ピアソンという学生に与えた無制限な形式の暗示を、数年後に緊急事態に利用したという出来事について議論します。ここでピアソンは、自分で麻痺させて、レンガで頭を強打した後の身体の治療を早めることができました。

トランスワークによって開始した無限の学習の可能性は、さらにそのことがあった二年後に、口述筆記を読んだ率直な感想によって、シーラが説明しました。彼女は、この二年間で、特に患者をトランスに導くアプローチにおいて創意に富むようになったと自分のことを考えていること、そして、個人だけでなくグループにもトランスを生じさせて、治療的な使い方をしていることを報告しました。しかし、この口述筆記を読んで、彼女は自分の「オリジナル」のアプローチは、エリクソンがあちこちで言ったことや行ったことの中に起源をもっていることを理解しました。エリクソンとのトランス経験と彼女自身の創造的なプロセスが明らかに相互作用して、新しい考えと行動パターンを、彼女は作り出しました。

トランスにおけるボディー・ランゲージと期待

以下の面接の間、オブザーバーとして参加するZ医師が紹介されました。シーラは、まさに、二年前トランスに入る用意をしていたときのように、腿の上に手を置いて気持ち良さそうに座っています。エリクソンは、すぐにこの準備に気づいて、何も言わずにしっかりと、そして、期待を持ってシーラの目を調べ始めます。

シーラ◎あなたは、また私をじっと見つめています。

エリクソン◎そこに座っている感じを説明してください。

シーラ◎そうですね。良いですよ。リラックスしていますし、快適です。

[休止の間に、エリクソンとシーラは互いの目を覗き込み続けます。シーラはその後、二、三回ゆっくりと瞬きしました]

エリクソン―そのとき、私は彼女の座り方がとても興味深かったので、二年前に戻ったのかと思いました。私がしたことは、自信に満ちた期待しているという目をすることでした。今、それが大事なことです。一生懸命歩こうとしている幼児がいて、あなたは幼児が歩けるようになることを知っています。しかし、幼児は知りません。あなたは、手助けが得られるという期待が持てることを幼児に確信させます。

ロッシ―彼女はボディー・ランゲージを使って、トランスワークをする準備ができていたということを、あなたに知らせました。あなたは、期待しているという表情によって、その準備を黙って認めたので、何も言わなくても、彼女はトランスに入ることができました。

トランス誘導の間の目と視覚の変化――霧がかかる現象とトランス凝視

シーラ◎今回も霧がかかってきます。
(休止)
さらに
リラックスしています。
[休止の間に、シーラが最後に目を閉じて、深呼吸して、顔の筋肉をリラックスさせ、身体を全く動かさずにトランスに入ったことがハッキリするまで、少し長い間、見続けます]
エリクソン◎そして今とても楽しんでいます
深く深く入りながら。
(休止)

ロッシ―彼女は、目を閉じる前に、この霧のかかる体験をしました。三年前と同じように、彼女がトランスの初期段階を経験する通常の方法です。彼女がこの霧を経験するとき、それは同時に、彼女が「トランス状態」であることを示しています。彼女の目は、瞬きもしないでジッと見つめて、一点に固定して、夢見るように、遠くを見る目つきをしています。ワイツェンホッファー（Weizenhoffer, 1971）は、トランス凝視を、眼球の自発的な、ランダムな、断続的な動きの大幅な減少と瞬きの割合の減少のせいだと考えています。他の被験者は、トランス誘導の間、視野の主観的な変化を報告しています（背景色の変化、トンネル視、知覚的な歪曲、幻想、ぼやけること、照明のはっきりした減少、目の前にベールがかかること、視野全体の暗さ、など）。

トランス深化

しばしば、言われることは、
私たちは夏、スケートを学びます
そして、冬に泳ぎを学びます。
私たちは達成します
あるレベルの学習を
冬、スケートをするために。
しかし、今度の冬
すごく高いレベルのスケートをします。
なぜなら、最初の学習は難しかったですが
デタラメなスケートの動作は
なくなりました。
そして最初の冬
デタラメな動作は
心の中では新鮮でした。
（休止）
今、行くことができます
もっと深くへ。
なぜなら
少ないながら多くの
デタラメな動作
あるいはプロセスがあるからです。

ロッシ―これは、誘導経験から長い休止期間を経た後で、トランス深化をする新しい方法でした。あなたは、学習過程の自明の理を解説します。デタラメな動作は、休息をとっている間になくなります。したがって、これは以前よりさらに深いトランスです。

エリクソン―そして、それは、誰でも過去に経験したことです。

ロッシ―それで、あなたは、みんなが経験した生来の学習過程を利用することによって、トランスを深めました。

エリクソン―あなたは顔をしかめて、手だけではなく足も動かして書くことを学びます。しかし、しばらくして、これらのデタラメで無関係な運動はなくなります。

無制限な形式の暗示

そして今、私は知りません、
あなたが感じたいと思う
特別な経験を。
私は、あなたが意識的な考えを持っているかどうか知りません、
しかし、常に、無意識の心にはそれ自身の考えがあります。
それ自身の望み。
(休止)
そして、あなたはとてもうれしいと感じることができます
見つけることに
あなたの無意識がするつもりのことを。
(長い休止)
そしてそれはあなた自身の体験になります。
(休止)
そして、どこでも
いつでも
どんな状況でも経験します。
(休止)
自分を見ると
何かしていることは
いつでも、素晴らしいことです。
(休止)
私はあなたに個人的な話をします。
一九三〇年、
五月始め、
ある夜、夢を見ました。
私は、ウィスコンシンを
東西に通る道の
北側にいました。

ロッシ――ここで、あなたは、無制限な形式の暗示の典型的パターンを開始します。あなたは、「知りません」、と言うことで意識を弱め始めます。そしてそれは、彼女の意識が、両方とも知らなくても大丈夫です、ということを意味します。しかし、あなたは、考えていること、そして望んでいることが、無意識にあると強調します。そして、さらに補強するために、無意識がしようとするこ

とに気づくと、彼女が喜べることに注目します。後からの、彼女の「感想」に示されているように、彼女は、ユニークな自分にあった方法で、これらの無制限な形式の暗示を使いました。あなたは暗示の無制限な形式の面を強調して、いつでも、どこでも、どんな状況でも彼女の経験になると言います。これには、大きな自由があるように聞こえます。それは、関連する意識では自由ですが、彼女自身の無意識がほとんど決定します。

二つの状態の解離性退行

そして私はそこに立って
自分がエリクソン博士だと知りました。
そして、私は小さな少年を見ていました。
彼は、駆け足で昇り降りしていました。
丘の傍の道路脇で等級づけするという
整備担当でした。
最上級のフェンス
そして、鋭い鉄条網のフェンス。
ハシバミの茂み、
オークの木、
野生の桜の木。
そして、私はオーバーオールを着たその裸足の男の子
に会いました
新たな傾斜面を、物珍しそうに詳しく調べて、
そして、木の根の切られた端あたりを掘って、
そして、オークの木を見て、
そして、野生の桜の木を見て、
それから、木の根の切られた端を調べて、
決定しようとします
野生の桜の木の根はどれか
そして、オークの木の根はどれかを。
小さな少年はわかりました
その根が、ハシバミの茂みの根ではないことを。
私はその少年はいいやつだと思いました。
私ははっきりと彼を見ることができました。
私は彼が誰かわかりました
小さいときのミルトン・エリクソンだと。

ロッシ—幼少期の自分に会って、ときには関係するこの二つの状態の解離性退行については、オルダス・ハクスリー（Erickson, 1965）に対するトランスワークで、あなたは詳しく説明しました。日常的な夢の中でどんなことが起こったかという素晴らしい例を挙げて、シーラにこの

状態になってほしいと考えました（Rossi, 1972, 1973a）。シーラ博士がこのセッションについて、彼女の「感想」で説明しているように、彼女はルイーザ・メイ・オルコット▼訳註1の本を読んでいたので、あなたはこの点で、上手く対処しました。彼女が作家志望だったとき、完全に忘れてしまっている人生の局面から、実際に、記憶を思い出していました、と彼女は話してくれました。つまり、彼女は本物の記憶増進を経験していました！

時間に影響されない劇場としてのトランス——アクティヴ・イマジネーションとサイコシンセシス

しかし、彼はエリクソン博士に会うことはできませんでした。
彼は、私がその東西を結ぶ道路の
向こう側にいるということさえ知りませんでした。
そして私はその小さな少年を見守ることを楽しんでいました。
そして思いました。

▼**訳註1**　ルイーザ・メイ・オルコット（Louisa May Alcott, 1833-1888）は、アメリカの小説家。一八六八年に書かれた『若草物語』（Little Women）で知られる。

しかし、彼は、これからの成長に対して、ほとんど評価されていませんでしたが
やがてエリクソン博士になりました。
そのとき、その夢は終わりました。
その年の九月に
私はウィスコンシンへの休暇旅行をしました。
私は、郡庁所在地に行きました、
すべての記録を見つけました
郡道メンテナンス作業の。
そして、私は、その道路がどこにあるか知りました。
そして、私はその地域まで車で行きました。
私は、そこへ行ったことが
あることがわかりました。
砂利採取場が、その道の近くにあります。
父がたくさんの砂利を買ったとき、父とそこに行ったことを憶えています。
しかし、私には、
道の等級づけを調査した記憶がありませんでした。
しかし、私は、ハシバミの茂みがあること
オークの木があること
そして野生の桜の木があることに気づきました。
そして私はまだ小さな少年で、

裸足の少年でした。
私は長い間そのことを忘れていました。
しかし、私の無意識は
それを覚えていました。
(休止)

ロッシ──まるで時間が存在しないかのように、夢の中とトランスの中とで、異なる年齢レベルの同じ人に出会うことができる、素晴らしい方法です。ハクスレーとのあなたの仕事では、とてもわかりやすい形で、このことが行われていました。この状態では、活発で、そして創造的なイマジネーションを働かせて、大人である個人が子どもである自分と実際に関係を持って、子どもとしての自分に援助できます。この方法で、古い精神的外傷と欲求のどんな「やり残し」であっても、解決することができます。それが、夢、トランス、自由連想、アクティヴ・イマジネーション、瞑想、あるいは他のことでも起こるかどうかにかかわらず、この心理的治癒形式は、どんな治療においても、本質的なものです。共通する点は、個人の中で新しい何かが統合されることです (Rossi, 1973b)。

トランスでの最小の身体の動きを読むこと──トランスでの目の動き

私は、経験する可能性があることとして、このことをあなたに暗示しています。
(長い休止)
調査業務の仕事を、私は始めました、
マサチューセッツのウースターで。
そして、いろいろなレベルでの
人々の考え方とふるまいに
ものすごく興味を持っていました。
そして、私は、九月の休暇で、ウィスコンシンへ行く
予定になっていることを知っていました。
そして、私の無意識は、私に以前の
自分自身を
観察する
機会を与えました。
(休止)
そしてあなたは患者に対処します
そして、自分の意識に対処します
そして、あなたの理解は

自分のふるまい方の
知識から来ます。
他人のふるまいを
観察していると
(休止)
あなたは
あなた自身の過去のふるまいを
イキイキと観察しなければなりません。
(長い休止)

エリクソン―ここでの彼女は、Z博士がいることで少し当惑していると思います。しかし、Z博士は現在ここにいない［シーラ博士にとって］と、考えています。私の判断では、明らかになっているだけでも、非常に多くの流動的な記憶があります。

ロッシ―あなたは説明できますか？

エリクソン―その肘のあたりで起きている筋肉の静止時振戦 muscle quiverings によって。そして、彼女の呼吸の変化は、流動性を強く連想させます。たとえば、その変化は、ときには森に散歩しに行くことを連想させます。

ロッシ―目のわずかな振動には、どんな意味がありますか？

エリクソン―でたらめな動きのときもありますが、一種のリラックスを意味していることもあります。本当のことはわかりません。私は、少しずつ、自分のことをもっともっとたくさん、彼女に見つけさせられたら良いと思います。

ロッシ―そのことについて、いい加減な般化をするのではなく、あなたは患者に、このような最小の動作を見つけさせ、話しをさせるのが好きです。トランス経験における個人差は非常に大きく、どんな一貫した方法を取っても、外部行動に内部の出来事を関連づけることは実際には困難なので、このように患者に話させることはとても賢明です。

エリクソン―その通りです。

ロッシ―ワイツェンホッファー（Weitzenhoffer, 1971）は、「自然な睡眠のステージ一とある種の変性意識状態を伴うと報告されたそれに良く似た遅い眼球運動の振り子（正弦曲線）タイプ……こうしたとき、被験者は催眠術師に、さらに敏感に反応することがわかっている」ことを調査しました。ノンレム睡眠には四段階の深さがあり、ステージ一と二を浅睡眠、ステージ三と四を深睡眠といいます。スピーゲル（Spiegel, 1972）は、誘導の間、白目をむくこと eye-roll（まぶたを閉じている間、上向きにして信号を見る能力）と斜視が、臨床的被催眠性の徴候であることを見つけました。しかし、他の研究者（Switras, 1974; Wheeler et al., 1974）は、研究所では白目をむくことと催眠へのかかりやすさなどの関係は見つかりませんでした。瞑想のヨガ行者の写真だけでなく、古代の絵画においても、眼球を上にして、白目をむいています。トランスの間の目の動作に、大きな個体差があったとしても、変性意識状態に関連しているなら、どんな手掛かりでも研究する必要があります。

健忘――トランスの学習を意識から保護すること

さて、
あなたがここで今日
できたことを
思い出すことは
重要ではありません。
あなたの無意識は
適切なときに、バラバラに
できたことを、あなたに明らかにすることができます。
そして、あなたは素晴らしい理解を持てるようになります。
そして、今日思い出せなくても
心の中で記憶しています。（休止）

ロッシ―後からの「感想」で、シーラ博士は、このメッセージによって望んでいないのに、劇的な健忘が実際に起きた、と報告しました。

エリクソン―このトランスで、内部経験を学習する機会を、私はシーラ博士に与えました。その学習については、相応しい時間に使うまでは彼女はわかりません。

ロッシ―相応しい時間になるまで、あなたはそのことを彼女に知ってほしくありません。なぜなら、彼女の意識に邪魔されたくないからです。

エリクソン―彼女の意識的プログラムに、それを弱めてほしくありません！

ロッシ―あなたが全く何もしなかった、という感覚を、患者が残すことができたのは、そうしようと思ってのことですか？

エリクソン―その通りです！　患者は、そうすることがよくあります！

ロッシ―後になって、患者が達成したことの価値を報告するために、あなたに電話をするときまでですね。

エリクソン―その通りです。

潜在能力を促進すること――無限の学習のための知らないこと、そして無制限な形式の暗示――麻酔と身体の治癒

今日、自分がおそらく完全に麻痺していることを
あなたは知る必要はありません。
そして完全に動けなくなります。
（休止）
あなたが
自分の身体から解離したかどうか
知ることさえ必要ありません。
相応しい時間に見つけます。
成し遂げた全てのことを、
続けて
これらの学習を繰り返します。
そしてあなたは理解し始めます
以前考えていたより、自分がずっと良い被験者だったことを。
（長い休止）
そして、トランスの中で続けます、
あなたが学ぶ必要のあることを学ぶことを。
そして、私は振り返って、ロッシ博士と話すつもりです。
［長い休止、この間、エリクソンはZ博士とロッシ博士と静かに話しています］

エリクソン―セラピーにおいて、これがしばしば患者に自分の能力を気づかせる方法となります。基本的に患者が、自分自身を自由に使うことができるようにしています。患者があなたの所へ来る理由は、自分自身を自由に使うことができないからです。

ロッシ―これが、ロバート・ピアソン博士が緊急時に、突発的に麻酔を使うことができた、無制限な形式の暗示の方法（Pearson, 1966）ですか？　あなたはこれまで、麻酔を体験するための暗示をしなかったと言っていますね。

エリクソン―はい、していません。

ロッシ―しかし、ピアソン博士は麻酔を生じさせて、自分の命を救いました。なぜなら、数年前、必要なときに麻酔できるように、無制限な形式の暗示をあなたがしたからです。

エリクソン―「知る必要のあることを、たくさんあなたは知っています。あなたは知っていることを知らないだけです。相応しい状況になったら、相応しい学習を使っ

てください」と、私は彼に言いました。

ロッシ―たとえ、催眠麻酔を以前に経験したことがなくても、相応の状況である頭をレンガで打ったという緊急事態において、ピアソン博士は催眠麻酔を生じることができました。

エリクソン―その瞬間、「ここにエリクソンだけでもいてくれたら」と、彼は自分に言いました。エリクソンは、彼のための催眠を暗示しました。そして、その暗示は、彼が催眠を使用するべきだ、という意味でした。

ロッシ―緊急事態でしたので、彼には催眠を使う必要性が明らかにありました。したがって、これは、あなたが患者にしたとても価値ある暗示です。相応しいときに学習を使うことができるように、あなたは、患者に対して数限りない学習を刺激しています。

エリクソン―ピアソンの出来事は、相応しいときに学習を使うことについてのとても素晴らしい例です。私についてピアソンが連想したことは、主に催眠、麻酔と無意識の利用についてでした。それに彼は治癒を加えました。そして上手く回復しました。

ロッシ―それで、彼は催眠暗示によって、早く身体を回復させることができましたか？

エリクソン―彼は、二、三日後、バンドエイドをしただけで講義に戻ってきました。彼の頭は割れていたので、骨の破片が取り出されました。外科医は、二、三週間、ピアソンはスリッパをはいて、そっと歩くと思っていました。

トランス終了の基準

［エリクソンは今、二、三分かけて、とても熱心にシーラ博士を調べています］

エリクソン◎私は、あなたの指の動きを
肘の動きを、
呼吸の変化を理解する方法を知りません。
しかし快適に、
ゆっくりと、愉快に、
あなたのトランスを
自分が選んだ時間に、終わりへと導いてください。
そして、身体が休まったと、
そして快適だと
そして楽になったと感じて、
とてもうまく何かをしたと感じて、トランスから出てきてくださいロッシ―あなたは、現在何を調べていますか？
エリクソン―私は彼女をどれくらい速く起こさなければいけないか決めようとしています。
ロッシ―どんな基準を使いますか？
エリクソン―わかりません。彼女が深呼吸をしている間には、そうしないことがわかっています。
ロッシ―どうして？
エリクソン―そのとき、何が起きているか、私にはわかりません。間違ったときに、被験者を目覚めさせると、被験者は憤慨してトランスを終わらせます。そしてその後、トランスに戻すように、被験者はあなたに要求します。
ロッシ―被験者がトランスを終えたとき、そして目覚める準備ができたときをどのように知るのですか？
エリクソン―快適に、すべてが見える静かな瞬間を探します。

気を逸らすことで、健忘させること

［休止の間に、シーラ博士は身体にリ・オリエンテーションして、目を開け、目覚めます。彼女が目を開けるとすぐに、完全に目覚める前に、エリクソンは素早く彼女の気を逸らします］

エリクソン◎ロッシ博士は、あなたに私の鉄木彫刻について話しましたか？

シーラ◎何のこと……？

エリクソン◎ロッシ博士は私の鉄木彫刻のことを、あなたに話しましたか？

シーラ◎鉄木彫刻？

エリクソン◎そして、私は昨日、三輪車に乗っている蛙の名誉ある所有者になりました。

シーラ◎［笑う］誰もがほしがっているものかもね。

［笑い声とあたり一体の浮かれた感じに包まれて、エリクソンは、たった今のセッションに関係すること以外のありとあらゆることを話し続けます。その後、みんなは、エリクソン家のリビングルームに鉄木彫刻を見に集まります］

エリクソン―そのとき、私がしなければならなかったことは、彼女を目覚めさせて、気を逸らすことでした。そうすると、彼女がしたことすべてを、無意識レベルに残すことができます。私は、彼女がしたことを、意識的な視点に押し込んでほしくありません。

ロッシ―気を逸らすことによって、催眠の健忘が生じました（Erickson and Rossi, 1974）。そして、無意識レベルのトランス作業を、この方法で効果的にし続けることを望みました。後の「感想」で示されるように、たとえ彼女が、健忘したことを大いに後悔したとしても、この健忘を非常に効果的に促進しました。いくつかの材料は、意識をくぐり抜けました。そして、これは彼女の感想の核心です。

シーラ博士のトランス誘導後の感想

私は霧がかかる体験をしてから、トランスに入り、リラックスしました。私は忘れていましたが、エリクソン博士のコメント（木の根についてなど）によって、作家になりたいと思っていた幼い頃の記憶を思い出しました――浜辺でルイーザ・メイ・オルコットの本を読んでいる自分、ベッドルームの窓の外に、種から成長したカエデの木を植えている自分を見ました。浜辺を歩いている場面などもありました。

私は、イボが消えたことを、エリクソン博士に話さなければならないと思います［シーラ博士の指のイボは自己催眠で消失しました］そして、セラピストとして、スムーズに話ができるようになりました。「あの先生は苦しい思いをしなくても、助けてくれるよ」と患者がコメントします。私は、何だかうれしく感じます。私は、体が麻痺して、動かないと感じたのを覚えています。

「あなたは、何が起きたか、覚えている必要はありません」というようなことをエリクソン博士が言ったのを聞きました。その後、突然、私が見ていると、記憶に霧がかかり始めました。それから、私はベッドの中で、「あなたは深い睡眠に本当に入っています――あなたはリラックスして、夢を覚えていません」と自分に対して考えている自分に気づきました。

その後のことは全く何も思い出せません。しかし、私は夢の中にいたような感じがします――しばらくの間、夢のようなトランスに。私は暗示（思い出せるもので最初のもの）の後、リラックスして、穏やかに、満足して、素晴らしい気分で目覚めました！

彼女の霧がかかるという興味深いコメントは別にして、幼児期のアイデンティティの忘れていた局面（作家になりたいという）から回復した記憶、身体の麻痺、自己催眠によってイボを消したという明らかな心身的治癒、さらに、どのように健忘を経験したかというシーラ博士の説明は、とても啓発的です。「深い睡眠に本当に入っていません――あなたはリラックスして、夢を覚えていませんでした」というベッドの中の自分自身の視覚映像に、エリクソンの言葉が心の中で変わると、彼女は報告しています。

上手くいった暗示にはどれにでも、セラピストの言葉による変化のプロセスが含まれていて、被験者の個人的精神力学と一致する方法で再度定式化されていると、エリクソンは考えています。このように、できるだけ無制限な形式の方法で定式化された許容的暗示を使って、この変化プロセスを促進することがとても重要です。エリクソンはしばしば、直接暗示によってこの傾向を強めました。そうすることで、患者の無意識が、直接暗示を聞くと、無意識自身の機能に適合した方法で、セラピストの言葉を変換することができるからです。

創造性、治癒、そして学習の無限の可能性

将来の催眠療法のためにエリクソンが開いた展望の中でも、創造性、治癒そして学習の新しい可能性を促進する無制限な形式の暗示に加えて、被験者の制限された、習慣的な見方を弱めることは、最も刺激的なもののように見えます。エリクソンは、自分史とトレーニングから以前に学習された制限の一部から自由になることができる内部志向の経験として、トランスが利用できることを、ライフワークで示しました。心は、ほとんどの人々が、いまだ実現していないことの可能性を秘めた信じられないほど大きな貯蔵所です。トランスは、これらの可能性を、内部で発見したり、調査したり、そして実現したりするための自由な時間です。今のところ、私たちは人間の可能性の氷山の一角だけしか見ることができません。操作と支配の技術であるという過去の悪いイメージが、催眠を使うことを妨げてきました。セラピストあるいは患者のどちらもが、思いもしていなかった人間性の新しい可能性を促進できるときに、操作と支配のことを考えることは、何と退屈なことでしょうか。夢、空想、そしてイマジネーションの創造的な状態と同じように、トランスは進歩するための自由な時間です。現代の催眠療法家は、その技法を使って、この進歩の可能性を切り開くために、個人が自身の学習された限界から脱却できるように援助しています。

第九章 まとめ

Nine

本書で私たちがとった手法は、催眠療法分野における一人の卓越した臨床医のアプローチを、実際の言葉から詳細に分析することでした。私たちの目的は、臨床医や研究者たちが、私たちが見出したことを検討して、テストして、利用できるように、可能な限りエリクソンのアプローチを学ぶことでした。エリクソンのアプローチは、ある程度の臨床技術があることが前提ですから、この本で目指したことは、エリクソンが、自らのワークを通して、観察して、結論を得る方法について、そして彼が検証した仮説について、慎重に正確に描写することでした。エリクソンのアプローチを公平に評価しようとするなら、臨床医や研究者たちが、エリクソンの催眠療法的な技術を、いくらかでも持っていることが必要です。臨床医や研究者たちが、臨床診療や催眠の研究を上手く進めていくのに必要な研究や練習のタイプを概説し、技能を習得するプロセスを容易にしました。

読者が整理するために、本書の資料を四つの大見出しに分けて、基本的な考えを要約します。

一. 治療的催眠の性質
二. 催眠誘導への臨床的アプローチ
三. 催眠暗示の形式

一．治療的催眠の性質

エリクソンは、理論に基づかず、実用的なアプローチをする傾向がありました。エリクソンの知識は、理論的な推測ではなく、むしろ実際に作業した経験からもたらされたものです。エリクソンは、催眠の全体的な理論をこれまで明確に述べてきませんでしたし、理論的な問題を彼が話すのは、話を促す場合だけです。しかしながら、治療的トランスについて次のような見方を、エリクソンがしていたことは、本書を通してはっきりわかります。

a．内部志向の状態と考えられるトランス

トランス現象は、内部志向の状態として、広い意味で理解できるかもしれません。その状態において、普通の日常的な意識に特徴的なのは、注意の焦点は複数あっても、比較的少数の内部の現実に限定されていることです。この制限された焦点によって、無関係な刺激と通常の準拠枠の限界に患者が邪魔されなければ、トランスにおいてもっと敏感に、そしてもっと強烈に、新しい学習を続けることができます。

b．高度に動機づけられた状態と考えられるトランス

エリクソンは、患者のトランス体験を開始して、進めるために、個人の精神力動および動機づけを注意深く観察し、利用します。患者の動機づけが、内部の焦点での課題と精神力動を結びつけます。研究室での催眠（被験者の特性を除外するために標準的な方法が使用さる催眠）と臨床催眠（患者の特性がトランス誘導と利用に使用され、アプローチの核心となる催眠）の間に認められるいくつかの違いを説明するのは、この類を見ない個人的動機です。

c．活動的な無意識の学習と考えられるトランス

自ら学習した限界のために、患者に問題が起きるというエリクソンの見方が、彼のアプローチの基本となります。トランスの目的は、患者が認識していない潜在的で巨大な蓄積を使うことができるように、このような患者の通常の準拠枠で学習された限界を緩めることです。偏りと意識の抑制という共通セットから解放されると、自主的に、あるいは従来の言い方で言うと無意識レベルで学習を続けることができます。理想的なケースでは、意

識的に誘導された考えを仲立ちにしないで、無意識レベルで内部から自分自身を形成して、再構成するために、エリクソンは最初に、患者の学習された限界というガラクタを精神的な局面 mental stage から排除して、それから患者自身の独自の生活体験と連想を利用できるようにします。このようにトランスは、潜在的学習プロセス、あるいは実験心理学で記述されるような認識していない学習プロセスと、いくらか似かよった活動的な無意識の学習プロセスです。実際、これは、患者がオペレーターの管理下にあるロボットで、受動的な退行状態であるという下品な催眠の概念とは異なっています。

d. 機能が変性している状態と考えられるトランス

被験者ができるだけ、オペレーターの指示に従うような動機づけられた状態というトランスに対して、過去一〇年間の研究文献には、変性状態という対照的な見方で扱われたものが多くありました。「変性状態」を構成する事柄を定義する際に、また、「変性状態」の客観的な指標の開発の中に、この論争を解決することの困難さがあります。最近の催眠健忘に関する論文（Erickson and Rossi, 1974）の中で、著者らは、以下のように臨床催眠における「状態理論」の論拠を説明しました。

フィッシャーら（Fisher, 1971）は、最近いくつかの方法で、状態依存型学習 *state-dependent learning* を調査しました。一つのグループの被験者は、無意味な綴りを、お酒を飲みながら記憶します。その後、被験者がシラフの場合と酔っ払っている場合を比較すると、後者の場合に、綴りを一層よく思い出せることがわかりました。記憶力は、このように状態に依存します。学習しなければならないとき、そのときと同じ状態にいると記憶力は良くなります。他の調査者は、アンフェタミンによって誘導された興奮状態とアモバルビタール▼訳註1に誘導された抑制状態において、同じ状態依存的な現象を確認しました。フィッシャーは「目覚めている状態から別の目覚めている状態へと生活することで、複数の存在が可能になる方法」として、これらの結果を理論に一般化します（一つの夢から次の夢へ。ＬＳＤからＬＳＤへ。一つの創造的、芸術的、宗教的、あるいは精神病的インスピレーション、あるいは憑依 possession から、もう一つのことへ。トランスからトランスへ。そして空想から空想へ）。

私たちは、「拘束された状態 *state-bound*」と同じくらいすべての現象学的な経験の基本的な性質を持つ、たった

▼**訳註1**　不眠症の治療などに用いられるバルビツール酸系の催眠薬。

一つだけのわかりやすい例として、治療的なトランスそのものを最も役立つように概念化できると考えています。正常な日常的な意識に、はっきりとした連続性があったとしても、それは実際には不安定な幻覚であり、関連するちょっとした会話、仕事への取り組みなどの間に連想の接続があることによって可能になっているだけです。私たちすべてが、脇道に大きく逸れた場合すぐに健忘が生じることを経験しています。そうしたとき、私たちは「考えの続きを失う」か、あるいは「するつもりだったことを忘れ」ます。連想接続の橋渡しがないと、意識は、夢の中の人生と同じくらい連続性がなくなり、一連の別々の状態に分解されます。

今、これらの連続性のない状態が心的内容の中だけで別々に異なったものなのか、あるいは、この状態を定義するのに、もっと多くの総体的な生理学的指標を使用することができるかどうかを決定することは、定義に関する疑問であり、さらに実証的な仕事に関する疑問です。薬は、生理的変化を明らかに誘導しますが、その変化は、現在の技術で、測ることができる場合もありますし、できない場合もあります。治療的トランスを使ったケースでは、さらに曖昧です。フィッシャーが上に示したように、そうしたトランスを使うケースでは、いったん、変性状態が生じると、「象徴的なこと」を連想するだけでも、トランスを新たに誘導できるという事実によってさらに複雑になります。

どのようにしたら、私たちは、催眠トランスは特別な状態であるという理論と、通常の意識と連続しているか、基本的に異なっていない「敏感に反応する覚醒状態」としての催眠の代替パラダイム alternative paradigm (Barber, 1969) を支持するような多くの有益な実験的研究とを、一致させることができるでしょうか？ 多くの論文で、エリクソン (Erickson, 1939, 1952, 1966a) は、深い、あるいは実際に満足できるトランス経験は、覚醒行動パターンを従属させる能力、そして排除する能力に依存していることを強調しました。すなわち、特徴的な意識的な態度に関する学習された制限、そして習慣的なフレームワークのうちのいくつかを放棄すること。この目的を達成するために、エリクソンは多くの新しい誘導テクニックを発展させて、各々の被験者の個性を、限りなく習慣的意識的態度と精神的なフレームワークがないトランスにおいて、不随意的、あるいは自主的な行動を最大にすることを考慮した注意深い「催眠トレーニング」をする必要性を強調しました。初期の仕事において、エリクソンはトランスが少なくとも二〇分間生じない限り、暗示療法をすることはほとんどありませんでした――その前に数時間かけて催眠トレーニングした後でしか暗示療法をしませんでした。何年も経験を重ねた後、エリクソンは、患者の精神的力動、そして現在の精神状態を臨床的に評価することで、非常に速くワークに入ることができるようになりました。

実際の臨床で、すべての覚醒パターンを排除することは、不可能とは言えないまでも、正直なところ困難です。これは、典型的な実証研究において特に言えることです。そして、その研究においては、トランスでの習慣的な意識パターンの除去に向けられた、あるいは少なくともその緩和に向けられた広範囲な催眠トレーニングに、標準化された指示と直接暗示はほとんど、あるいはまったく利用されません。多くの実験的研究において、トランスと覚醒状況に共通する多くの言語的、感覚的、知覚的、精神力動的な連想の存在は、トランスと覚醒状況の間のギャップを埋めて、さらに、不連続を減らします。したがって、「トランスという特別な状態」ではなく、多少とも連続的なこととしてトランスおよび覚醒状態を見る典型的な実験状況の評価において、正確な代替パラダイムを、私たちは提示します。しかし、そのパラダイムは、特別な状態理論を連想させるトランスと通常の意識状態の間の著しい不連続を生むために、患者の必要性とセラピストの技術が相互作用するそのような臨床的状況を十分に概念化しません。

この問題は、今世紀の最初の四半期に、連続したもの（波動）か、あるいは不連続なもの（粒子）なのか物理学者がとても悩まされた、光の基本的な性質をめぐる熱い論争に類似しています。実際には、あるときには光を波として、別のときは粒子とみなすと、都合が良いことがわかりました。数学的なシンボルを使う概念化が、最も相応しいのですが、それでは言葉とイメージというレベルにある日常的な連想に対して、有意義な関係を持つことができません。同様に、実験研究での理論的な興味が、連続性を扱うことにある一方で、臨床診療では、トランスと覚醒状態の間の不連続性を促進する既出事項と仲介変数を概念化して、強調することはとても有用かもしれません。

e．トランスでの主観的経験

トランスでの主観的経験は、トランス誘導、そしてユーティライゼーションに使われたアプローチと同様に、個人の性格と生活史（Hilgard, 1970）に対応して、自然に変化します。エリクソンのほとんどの患者が経験している共通点は、トランスの中では物事が、単独で起きているように見えることです。トランス現象の体験学習のデモンストレーションにおいて、腕浮揚、あるいは観念感覚現象が上手く現れたとき、シーラ博士は驚きを感じました。

ひとりでに起きることと、私たちがコントロールし、指図しているように思われることの対比は、実際、主観的経験のとても興味深い点です。私たちの精神生活は、私たちに起きることに対して何かする、というやり取りです。感覚、認識、感情、ムード、夢、ファンタジー、そして連想は常に無意識レベルで自発的に起きて、そのもの自身が意識の戸口に差し出されます。このような自然発生的なプレゼンテーションに対する応答をどのように学ぶかによって、現実、メンタルヘルスおよび幸福の感覚の大部分が決まります。たとえば、私たちは、飛行機旅行、恐怖症という恐怖を伴った夢を見ているときであっても、あるいは好奇心と創造力を伴った夢を見ているときであっても、認識しているときには、心に浮かぶ新しいものに反応することができます（Rossi, 1972a）。

前述したように、トランスは無意識の学習プロセスであり、意識にプレゼンテーションをする自主的なプロセスを、主に取り扱うようになります。しかし、物事は、それほど単純ではありません。ほとんどのトランス経験では、静かにその場を訪れる観察者自我 observer ego が存在します。患者は、何が中で起きているか、静かに見ています（Gill and Brenman, 1959）。トランスにおいて、この観察している自我が、意識的な観念化に、分離、無個性、客観性という性質を与えます。この客観性という観念化が持つ性質によって、特に心理療法において、観察している自我が役立つようになります。しかし、患者の多くが自分は催眠にかからないと主張するのは、この観察者自我が存在するからです。言葉の通常の意味において、監視機能と意識があることを、患者は同等視しています。

エリクソンは、この観察者機能に、常に関心を持っています。そして、彼のアプローチの多くは、観察者機能を周りに押しのけて、弱めることを目指しています。トランスにおいて、その観察者の意識そのものが問題でなく、むしろ、指示したり、コントロールしたりという関連した機能が問題です。トランスにおいて、監視機能の度合いは変化しないのですが、一方で自我は支配と指示という習慣的パターンを変化させます。これによって、二つのことが起きます。

一．自主的な（無意識の）プレゼンテーション（感覚と感情から、夢、そして自発的な連想まですべてのもの）は、通常の自我の準拠枠という制限を受けないで、自然に機能するために解放されます。

二．これらの自主的なプレゼンテーションと観察している自我の間の接点を広げることで、実質的に無意識の多くのものが、さらに意識できるようになります。

エリクソンが好んだことは、一つ目のプロセスだけで、治療が進行することです。患者がどのようにしたかわからずに問題を解決すると、エリクソンはいつでも喜びました。

従来の深層心理療法では、無意識の多くのものが、さらに意識できる二つ目のプロセスによって進行します。エリクソンは、全体的な催眠療法の計画の一部の中で、一ステップとして、このプロセスを使用しました（Erickson, 1954, 1955）。

二．催眠誘導への臨床的アプローチ

a．催眠誘導へのオリエンテーション

トランス誘導の目的は三つあります。

一．注意の焦点を縮小すること（通常、いくつかの内部の現実に対して）。

二．被験者の習慣的なパターンにおける指示とコントロールの変更を促進すること。

三．治療反応へ統合できる患者自身の内部の連想と精神的能力に対する感受性を促進すること。

通常、エリクソンが患者に話している間、ある方向に座って点に集中して、静かにしているように言うだけで、エリクソンはとても簡単にこれを成し遂げます。それから、エリクソンは一連の連想に着手して、記憶、感覚、そしてすべての連想、発達上のパターン、そして学習経験に関して、患者が内側に注意を集中できるようにします。ここでのエリクソンは、喚起しているときに、多くの暗示（患者の心に何かを入れるという意味で）を

しません。エリクソンは自らの言葉によって、患者の中に、既存のパターンの連想と自然なメンタルプロセスを呼び起こす効果を事前に計算していました。記憶はすでにその人の中にあるので、エリクソンは記憶を呼び起こすだけです。エリクソンは、健忘、麻酔、あるいは他のどんな催眠現象でも引き起こすことができます。なぜなら、すでに患者の中に存在しているこれらのプロセスのために、組み込まれたメカニズムがあるからです。

エリクソンは、誘導している間、とても慎重に患者を見ます。誘導は確かに、丸暗記した決まり文句をおうむ返しに言うような標準化された、機械的手順ではありません。エリクソンは、患者がどうしているか、いつでも注意して気に留めていました。エリクソンが誘導を始めるまさにその瞬間は、内部へ注目する必要性が患者にあることを、そして治療を進められるように、制限された意識的な態度および信頼システムを、ある程度変える必要があることを、エリクソンが感知するときかもしれません。エリクソンは、トランスについて、内部の現実、あるいは外部の現実（例えば、白日夢を見ていること、あるいは音楽を聞いていること）に深く没頭することで日常生活で自然に生じる経験 normal experience と考えています。トランスが始まったサインにエリクソンが気づいたら、今この環境でその人にとって、特に相応しいならどんな方法をとっても、そのサインを強化します。

エリクソンは、「緊張してガチガチ」（身体の動きが他の人より少ないこと）に見える人、そして「反応注意力 response attentiveness」（人が言うことやすることに極度に集中するようになること）を示す人々に注目することで、潜在的に良い被験者を、観衆の中で見つけることができる、と言いました。これらの特徴が治療セッションではっきりと現れる瞬間が、明らかにトランス誘導のための最高の時間になります。もし、そのような特徴がはっきりしてこない場合には、エリクソンは、面白い話、逸話、あるいはその患者を動機づけたり没頭させたりするものに、患者の注意を集中し、固定することを始めるかもしれません。これらの面白い物語は、その場にいる観察者とは無関係に見えるかもしれません。しかし、観察者を通して、エリクソンは、「イエス・セット」を実際に始めると、患者は適切な誘導段階に徐々に導かれて、次の行動をします。

エリクソンは、反応注意力が示された状態を、よくある「日常的トランス」として説明しました。そして、トランスに入るちょうどそのときに、自然な形の没頭として、反応注意力を、エリクソンが利用することがよくあります。いかなる正式なトランス誘導もしていないのに、患者は、エリクソンが言っていることに、夢中になるので、エリクソンがトランスに入れたとしても、後になって、患者は何も知らないし、訳もわからないので不思議な感じがします。この夢中になっている状態でされた「暗示」であっても、正式なトランスのときと同じくらいの効果があります。このように、トランスを臨床的な仕事に効果的に使うためには、正式な誘導は必要ありません。本書で示した臨床的誘導へのアプローチは、セラピストが内部への焦点づけと無意識の学習プロセスを始めることができる簡単で便利な手段です。

b. 催眠誘導へのアプローチ

私たちがよく話すことは、催眠誘導への「アプローチ」のことで「方法」とか「テクニック」ではありません。後者の言葉には、人に強要する、機械的で、揺るぎのない手順という響きがあります。エリクソンは、何も強要しません。エリクソンは、患者自身の内部の現実を受け入れることができる自然なプロセスを患者内で呼び起こして、問題を解決するために、新しい創造的な内的作業の可能性を経験させようとします。

エリクソンは、これらの分野に対する呆れるほどの種類の「アプローチ」を開発しました。本書の中で説明したように、エリクソンは頻繁に、同じセッションに、このようなさまざまなアプローチを使用します。それぞれのアプローチで、エリクソンは、新しいことを、患者特有の反応方法について学習します。エリクソンは、患者がどんな反応をしても、適切なものとして受け入れます。それは患者の個性の表現なので、適切であるということ以外にどんな可能性があるでしょうか？ ユニークな問題のためのユニークな解決が見つかるのは、この特性の中でです。これらの反応によって、患者個人の反応方法（患者の「行動階層」）に関して、エリクソンは何かを教えられ、トランスに特徴的な内部の指示と受容力を患者が成し遂げることができるように、患者の個性をさらに適合させるために、アプローチを修正できる一種のフィードバックとして、この知識を使います。

私たちは、本書で説明されるトランス誘導に対して、特別なアプローチ、そして一般的なアプローチのいくつかを要約してリストアップします。これらのアプローチすべてが、アプローチを患者に提示する方法に依存しますが、直接的、あるいは間接的トランス誘導のために、どちらでも使うことができます。

特別なアプローチ

早期学習セット
凝視
腕浮揚
握手誘導
相互トランス誘導
後催眠合図
以前のトランスの連想を喚起すること
リズム誘導

一般的アプローチ

対話形式
混乱
パントマイム
条件づけ
経験的
内省的イマジネーション
驚き
質問
見方を変えること
高まった意識

意識は、起きていることについて正確に、そして完全に気づいているわけではないので、これらのアプローチのほとんどが、多かれ少なかれ間接的に記述されます。意識が理解できるのは、起きていることのすべてではなく一部です。物事は、すべて単独で、すぐに起き始めるようにみえます。意識セットはさらに弱められて、トランスが始まります。トランス誘導と暗示のミクロ動力学を以下のようにまとめ、フロー図にして解説します。

注意の固定	↑	催眠誘導、あるいは被験者を注意を惹きつけ、保持するものに対するびっくりするような、普通ではない、標準的なアプローチ。
意識セットを弱めること	↑	ショック、驚き、気を逸らすこと、解離、そして他の催眠形式。
無意識の探索	↑	含意、質問、アナロジー、そして他の間接的催眠形式。
無意識のプロセス	↑	文字通りの連想と個人的連想の要約、上記すべてによって、構築されたメンタルメカニズム。
催眠反応	↑	完全に単独で起きる経験として現れる潜在的な行動能力。

C. 習慣的な準拠枠を弱めること

患者を内面に集中させて、習慣的態度と信念システムのコントロール機能と指示機能を変化させることを、臨床誘導の目的とする場合、実際には、私たちは患者の通常の生活意識を弱めることを手助けしています。患者の習慣的な準拠枠に限界があるため、通常の日常的意識は内部、そして／あるいは外部の現実に対処できません。こうなると患者は「問題」があることを認識します。このように患者の通常の日常的意識を弱めることは、個人的限界を弱める方法です。個人の通常の認識パターンの限界を弱めて、このように、新しい連想と精神的能力を組み合わせることで、個人内の創造的な問題を解決できるようになります。

私たちの解説の大部分において、意識セットを弱めるエリクソンのアプローチは、重要な地位を占めていて、とても巧妙で、広範囲にわたっています。さらに、エリクソンのアプローチは、エリクソンの催眠形式の説明、そして力学については、ほとんどの小論の中で、主要なトピックとしてリストアップしてきました。ここでは、被験者の習慣的準拠枠を弱めるために利用できる催眠形式の一部をリストアップします。

挑戦の欠如	解離
何気ない、そして許容的な方法	ダブル・バインド
持続的に構築された健忘	疑い
退屈	期待と気持ちの整理の必要性
混乱	不随意的なシグナリング
注意を向ける先を絶えず変えること	能力を失くすこと
矛盾	否定
疑いを置換して、抵抗を放出すること	セラピストのリズムを使うこと
部分的な意見と懸垂修飾語	声の場所と声の強調
質問と気を逸らすこと	イエス・セット
休息	あなたは知る必要がありません
患者の通常の準拠枠を超えた仕事	

d. トランス発現の指標

いったん誘導を始めると、エリクソンは以下のようなトランスの発現と深度のさまざまな指標を確認します。しかし、トランス経験はとても個人的なものなので、一人一人の患者は、程度だけでなく組み合せも異なる指標を示します。

自主的な観念化	主観的、無個性的観念化
バランスのとれた緊張力（カタレプシー）	瞳孔の変化
声の質の変化	反応注意力
快適さ、リラックス	知覚の変化、筋肉の変化、身体の変化
動きの節約	眼瞼反射がゆっくりとなること、そして欠如すること
目の変化と目を閉じること	脈拍が少なくなること
顔面表情が失くなること	呼吸が緩徐になること
離れているという感覚	自発的催眠現象 健忘 退行 麻酔 カタレプシー 時間歪曲など
トランス後の良い気持ち	
身体の動きの欠如	
驚愕反応の欠如	
直解主義	運動行動と観念的行動における時間のズレ
嚥下反射、眼瞼反射の遅延	

これらの指標が明らかになると（通常一〇〜二〇分以上の間）、患者とラポールがとれていて、エリクソンについてきていることがわかるように、エリクソンは言語表現を徐々に導入し、患者から認識できる反応を引き出します。患者の反応を、うなずくこと、あるいは首を振ることから、腕浮揚、さらに少しずつ、トランスワークでその患者を訓練しながら、他の催眠現象へと変化させていきます。そうすることで最終的に、患者は治療でのゴールを達成することができます。

興味深いことには、エリクソンが探していたのは、年齢退行、麻酔とカタレプシーという催眠現象が「暗示された」とき以上に、もっと本物のトランス指標となるという、そのような催眠現象の自然な発現でした。患者に直接暗示するとき、患者の意識的な態度と意識セットが困難をもたらします。催眠現象が自発的に起きるとき、それは自然に解離した結果か、あるいはトランスに特有の一般的な現実志向の自我のコントロールの緩和です。

一部の研究者は、これらの自然現象の一部を選択し、トランスの基本的な性質の特徴として定義しました。例えば、ショル（Shor, 1959）とミアーズ（Meares, 1957）は、トランスの基本的様相として退行を選びました。しかし、私たちの観点からすると、患者が自我コントロールを放棄することを学んでいるとき、退行は多くの場合、トランス発現の初期段階の付帯現象として存在しますが、退行自体はトランスの基本的な特徴ではありません。自発的年齢退行、知覚異常 paresthesias、麻酔、体歪曲の幻想 illusions of body distortion、心身の反応、時間歪曲、その他を含めて、自我コントロールを放棄したこの最初の段階には、多くのコントロールできないことが起こります。いったん、患者がこれらの望んでいない副次的反応を安定させることを学ぶと、その後、セラピストの暗示と相互作用しても、意識的自我の仲介を受けずに、自分の無意識を自由に機能させることができます。

e. トランスを承認すること

トランスには通常、自我の監視機能が多かれ少なかれ存在するのですが、ときに患者はトランスに入っていたことを信じようとしないことがあります。そして、そのように思っていると、その後のワークが限定されることになります。そのため実際に、トランスが通常の覚醒状態と異なっていることを実証することが必要です！　エリクソンは、この実証を「トランスを承認すること」と表現しています。セラピストが明敏に、自発的な催眠現象を認識し指摘することが、最も説得力のあるトランス承認になります。上記全てのトランス発現の一般的な指標は、特定の患者に現れる全ての個人的パターンと同様に、この目的に上手く適合しています。その上、エリクソンはトランスの証拠として、脈拍や呼吸の変化と同様に、覚醒時の自発的な身体のリ・オリエンテーションを利用します。トランスへの経験的アプローチにおいて、トランスと覚醒状態間の患者の知覚、運動、そして観念的行動の違いのすべてを、エリクソンは患者に探索させます。

エリクソンは、多くの場合、ダブル・バインドを含めて、トランスを承認するための質問をします。「あなたは目覚めていると実際思っていますね？」という質問は、どんな返答をしても、含意によってトランスを承認することになります。他にも似通ったダブル・バインドの質問に、「トランスに入っていたか知っていますか？」というのがあります。この質問は、簡単なことを求めているように見えます。しかし、「イエス」あるいは「ノー」というどちらの答えであってもトランスを承認します（「イエス」は、意識のあるトランスという意味です。「ノー」は意識のないトランスを意味しています）。通常、患者は自然な時間歪曲を経験するので、エリクソンは、新しい患者がトランスから出てくるとすぐに、何時ですか、と尋ねることでトランスを承認します。質問すると患者の個人的経験から、行動の証拠を引き出すことができるので、質問をすることは、いつでもトランスを承認するための特に役立つアプローチになります。これには、どんなセラピストの信頼できるメッセージよりも、患者の状態を納得させる大きな力があります。

二〇から一へと逆に数えて、トランスから被験者を覚醒させるとき、ときどきエリクソンは、二〇、一九、一八……一二、一一、一〇、一一、一二、一三……二〇、と急に逆に数えて、驚きの反転テクニックを使用します。それで、被験者は、数が逆方向（覚醒）から、順方向（トランス深化）へと変わると、突然、トランスに戻っていると感じて、「ビクッと」したり、あるいは軽いめまいを経験したりします。

エリクソンは、形式的な儀式的テクニックはトランス誘導に必要でないと主張しています。本当に没頭できればどんな会話でも、トランス状態を必ずしも被験者に認識させることなく、人々を夢中にすることができます。そのような場合、エリクソンは、被験者には聞いたり、考えたりする能力があって、同時に意識と無意識レベルで反応することができると考えています。高度な反応注意力の証拠を示している人がいたら、トランスを経験しているという事実をどのように承認すればいいでしょうか？　簡単です！「もしあなたがトランス状態にいるなら、あなたの無意識は右手を持ち上げます」というような質問で、無意識から自主的な反応を求めます。あるいは、「あなたの無意識が、あなたはトランスにいなかったと思うなら、あなたの瞼は重くなって閉じます」と言います。はっきりしていることは、すべての研究者が、そのような質問に対する、エリクソンのアプローチによる肯定の自主的な反応がトランスに入っているという有効な指標だ、というエリクソンの解釈に同意しているわけではないことです。エリクソンがしてほしいと思う方法で、被験者は反応しました。もっと臨床経験やコントロールされた実験室での研究が、そのような問題を解決するために必要です。

本書のデモンストレーションで繰り返し目の当たりにしているように、エリクソンは、散りばめアプローチを使って、できるだけ多くの後催眠暗示を喚起しています。もちろん、どんな後催眠暗示であっても実行されるときには、納得できる方法でトランスを承認します。トランス承認へ向けたアプローチで、エリクソンが最も好んだのは、たぶん腕のカタレプシーを誘導した後に、腕をカタレプシーにしたまま、被験者を目覚めさせるものでした。不恰好な位置にある自分の腕を観察するという異常さによって、特別わかりやすい形で、トランスが承認されます。この本を通して、それぞれの催眠現象が明示されるとき、読者は、エリクソンが自分の暗示すべてを作り上げ、サポートし、その後承認することをいかに注意深くしていたか気づくと思います。特にトランストレーニングの最初の時期には、トランスと催眠現象は、繊細で、はかなく、一過性のものに見えます。したがって、トランスと催眠現象が明示されるようになるときに、トランスと催眠現象を強力に補強して、承認することが必要です。

三．催眠暗示の形式

a．催眠暗示の性質

エリクソンのアプローチは複雑で多面的なように見えるかもしれませんが、エリクソンのアプローチは、暗示に対して、論理的根拠を一つしか持っていません。暗示は、誤って制限された患者の信念システムを回避するようになっています。暗示は、通常の日常的な意識の限界が、あまりにも狭いので回避する必要があります。

私たちのほとんどが、自分たちが持つ知的能力の一〇パーセントも利用していないと、考えられてきました。エリクソンは、確実にこの話を信じています。私たちの意識は、通常あまりに狭く、堅苦しいので、達成できることを制限しています。通常の教育と日常生活によって、一部のことを達成する方法を教えられました。しかし、私たちが持つ大部分の能力とまではいかなくても、ほとんどのことに対して知らないうちに、私たちは先入観を持っていました。

私たちすべてが、興味を感じることに没頭すると、ほかのことすべてが目に入らないことを日常的経験から知っています。私たちは、誰かが呼んでも「聞かない」ことができますし、空腹痛を「感じない」こともできます。しかし、「聞かない」こと、あるいは「感じない」ことを、あからさまに誰かに尋ねると、その人たちは、そんな話は信じられないという様子で、あなたを見るでしょう。私たちの通常の意識は、直接の命令による「聞かない」方法、あるいは「感じない」方法を知りません。しかし、メンタルメカニズムは、普通の生活の日常的な状況が適切なときに、容易に、何も考えずに、「聞かない」とか「感じない」ことをすることができます。

エリクソンの間接暗示の形式はすべて、そのような適切な条件を整える手段です。そして行動レパートリーにあっても、自主的コントロールのために、通常利用できないことを、個人が達成できるようにします（しかし、上記で説明したように、通常の生活状況において行動が求められる場合、何も考えなくても、そして意識しなくても利用できます）。催眠の驚異、そして魅力は、意識の正常範囲の外側にある無意識のメカニズムが通常仲介するこれらの反応を、私たちがコントロールできることです。催眠療法家の技と技術は、大方の行動と学習についての十分な知識、さらに言うと特に各々の患者の個々の経験についての知識を、十分に持っていることにあります。この技と技術によって、セラピストは、所定の治療的なゴールを達成するために必要なすべての反応を引き出すために、暗示を提示することができます。

理論は簡単ですが、通常セラピストが、患者の自我がコントロールしている正常範囲のさらに外側にある反応を引き起こす方法を本当に学ぶまでは、実践は困難です。考慮する必要がある、大きな個人差がそこにあります。セラピストの「威光」あるいは「力」を信じるだけで、一部の患者は直接暗示を簡単に受け入れることができます。そのように信じることで、患者の通常の態度に特有の限界と疑念をぬぐい去ります。患者は単独で色々なことを達成できると思っていません。しかし、自らの信念システムによって、治療という特別な状況で、患者は暗示を達成することができます。

もっと批判的で疑い深い患者は、自分自身の偏狭な、合理的な見方に引っかかって、有害な制限をする信念システムを回避する間接暗示を必要とします。さらに、もっと事実だけを求める患者は、個人的制限があることを認識しますが、セラピストの威光、あるいは力を信じる必要があるとは思っていません。むしろ、その時点で理解する必要がない合理的な間接暗示によって、自分のゴールを達成できる腕前をセラピストが本当に持っていることを望みます。エリクソンが優れていたことは、平均的、あるいは「抵抗する」（「制限された」の方が、良い言い方です）患者への間接暗示を発明したことと実行したことです。私たちは現在、それらの暗示への間接的アプローチの一覧を作るところです。

b. 催眠暗示への間接的アプローチ

ベルネームの第一の弟子の一人であったヴェッテルストランド（Wetterstrand, 1902）は、正確な歴史的見地から、エリクソンの間接アプローチにおける暗示の問題を記述しました。

暗示というよりむしろ被暗示性は、二つの要素から成り立っています。外からの衝撃を受ける能力、そして、観念可塑性能力 ideo-plastic faculty［生理的状況に影響する力を持つ観念］。この二つは互いに完全に独立しているので、区別する必要があります。非常に影響を受けやすく、そして、絶対の信頼を持って暗示された考えを受け入れる患者がいます。しかし、考えは、生理機能にほとんど影響しません。患者は、暗示を認識しません。そして、患者が持っている観念可塑性概念は小さいものなので、患者の病的症状は、ひどい苦難を伴って生じます。対照的に、暗示をすぐには受け入れない患者は、暗示に懐疑的で、その上抵抗します。しかし、私たちは、生理的、病理的プロセスが多くの場合、精神的影響によって、自己暗示によって、たやすく修正されていることに気づきます。

この相違に合わせて、エリクソンの間接的アプローチは、二つの類似したカテゴリーに分けられます。

一．「暗示された考え」の受け入れを促進するために、受け入れセットを構築すること。

二．「観念可塑性能力」を促進するために、患者の連想プロセスと精神的能力を利用すること。

一．受け入れセットを構築すること。あらゆるセラピストは、治療セッションの中で、連想、感受性と創造性の可能性という雰囲気を促進する数えきれないアプローチをしています。ここで、実際のトランスプロセスと催眠反応を促進する中で、エリクソンが卓越した使い方をしていた催眠形式をリストアップします。見出しは受け入れセットを促進する、これらすべての催眠形式の実例と議論に合わせてあります。

イエス・セット
自明の理とトートロジー
興味と個人的な動機づけの材料を使うこと
相互文脈上の合図と暗示
散りばめテクニック
患者の同意を得ること
何気なくて、許容的で肯定的なアプローチ
声のイントネーションの誠実さと熱心さ
暗示を確認して、承認すること
ありうるすべての反応をカバーすること

すべての反応を有効なものとして認めること

期待を構築すること

二．患者の連想プロセスと精神的能力を利用すること。

エリクソンの仕事には、「観念可塑性能力」を促すために、患者自身の連想構造と精神的プロセスを利用するように構成された催眠形式がたくさんあります。

これらの催眠形式すべてが、エリクソンのオリジナルであるというわけではありません。たとえば、患者が明らかに覚醒している間でさえ、すべての感覚様式で幻覚現象を引き起こすために、的確な質問をして催眠現象を喚起することは、ブレイド（Braid, 1846）によって、頻繁に利用された古典的なアプローチです。しかし、治療的なゴールに向けて、患者の通常範囲の意識的な自我支配の外側にある患者自身の連想構造と精神的能力について、研究と利用のために、これらいろいろな催眠形式の反系統的使用法を発明したことは、「暗示」の理論と実践に対するエリクソンのオリジナルな貢献のように見えます。今まで、エリクソンと、率直に知的な議論をしている間でさえ、これらの催眠形式を使用することが、エリクソンの本質の多くの部分を占めていましたので、ロッシはときどき「めまい」を感じ、そしてトランスに少し入っていると感じていました。エリクソンは彼自身、前もって定義した方法で、聞き手の連想プロセスを組み立てて、指示していましたが、有効なのは、自分の「会話」のどれによるものなのか、手段に関して必ずしも明確なわけではありません。エリクソンは、そのような会話を使って、注意を固定して集中させることで、聞き手がトランスに入るので、型通りの誘導プロセスは必要ないと主張します。本書で繰り返し見てきたように、エリクソンが言い表す一つの文章には、さまざまな方法で聞き手の心の綾 mental fabric を捕える催眠形式が、たっぷり詰まっている可能性があります。本書において、これらの間接的な催眠形式の一部のもつれを解いて、発見して、区別することの糸口を開いたのは、私たちの心許ない作業でした。そのリストは以下の通りです。

反対で同格

複数の仕事と連続した暗示

バインドとダブル・バインド

しないこと、知らないこと

- 複合暗示
- 偶発的な暗示
- ありうるすべての種類の反応をカバーすること
- 解離
- 観念運動シグナリング
- 含意
- 暗黙の指示
- 相互文脈上の合図と暗示
- 複数レベルのコミュニケーション（アナロジー、しゃれ、メタファーなど）
- 無制限な形式の暗示
- パントマイムと非言語的暗示
- 逆説的志向
- 部分的な意見と懸垂修飾語
- 質問
- 驚き
- 自明の理
- 気持ちの整理の必要性を利用すること
- 声の場所と声の力
- イエス・セット

これらの催眠形式のすべては、単に暗示の異なる面を分類して説明したものです。催眠形式は、互いに独立して機能する必要がありません。全く同じ暗示には例えば、自明の理（真実なので）、複合暗示（少なくとも二つの繋がったメッセージを含んでいるので）、そして含意（直ちに明らかになることを一つ以上、示唆するので）があります。実際、暗示を定式化するこつは、近接して相互に強化する催眠形式をできるだけ多く利用することです。

エリクソンがトランスを特別な状態と考えている一方で、高い被暗示性 hypersuggestibility は、トランスに必要な特徴ではないと考えていることは重要です。すなわち、患者がトランスを経験していたとしても、それがセラピストの暗示を、患者が受け入れるつもりでいることを意味していません。これは大きな誤解で、過去に多くの研究者を失望させて、落胆させて、科学としての催眠の開発を妨げました。トランスは治療的関係を強め、患者の注意を内部に集中する特別な状態です。トランスだからといって、暗示を承認するとは限りません。エリクソンは、多くの場合、上記のアプローチに頼って、特定のゴールを達成するために、特定の方向に患者の連想プロセスと精神的能力を呼び起こして動かします。いわゆる暗示は、実際には、患者自身の連想、精神的能力と精神的なメカニズムを呼び起こして、利用するプロセスです。

上記の催眠形式をどのように概念化しますか？　明ら

かに、催眠形式はお粗末なコミュニケーション・デバイスです。それらはすべて、語用論というニュー・サイエンスの断片です（記号と記号のユーザの関係）。これらすべてのコミュニケーション・デバイスが、臨床実践において開発されるので、臨床やフィールド実験だけでなく、コントロールされた実験室での研究で、デバイスを確認して、パラメータを研究する切迫した必要性があります。この領域には、将来の研究者を待っている調査の無限の広がりがあるように見えます。疑う余地なく、人間の意識そのものが、新しい方法で発達するちょうどそのとき、分野は広がり続け、そして変化し続けます。

人間の潜在能力を促進すること

本書では、トランス状態での人間の潜在能力と実現されていない能力を調べたり、促進したりするいろいろな手段について、私たちは触れてきました。この意味でのトランスは、今までの経験に妨害されずに、自由に探求する時間、そして自由に学習する時間と考えることができます。エリクソンが、本当に多くの催眠誘導とトランストレーニングに関するユニークなアプローチを開発したのは、この目的のためです。そして催眠誘導とトランストレーニングの中では、少しの間、内なる可能性を明らかにすることができるように、通常の制限を変えることが可能になります。これらの多種多様なアプローチは、決して標準化されることはありません。なぜなら、幸せな人間は、静的ではないし、標準化されていないからです。誰もが発達のプロセスの中で一人の個人となります。催眠における相互作用によって、創造的で驚くべき方法で、セラピストと患者双方が、この発達を反映し促進します。中でも、熟練した催眠療法家は、素晴らしい観察者でもあり、人間性を拘束している足かせを認識することができます。このような催眠療法家は、人間が自由に発達することを促進するための手段が利用できることをいつでも願っています。そして賢明に傍らに寄り添って、その究極の針路を見つめて思案に耽ることでしょう。

文　献 *References*

Assagioli, R. *Psychosynthesis*. New York: Hobbs, Dorman, 1965.

Bakan, P. Hypnotizability, laterality of eye-movements and functional brain asymmetry. *Perceptual and Motor Skills*, 1969, 28, 927-932.

Bateson, G. *Steps to an ecology of mind*. New York: Ballantine, 1972.

Bateson, G. Personal communication. Letter of November 10, 1975.

Barber, T. *Hypnosis: A scientific approach*. New York: Van Nostrand Reinhold, 1969.

Barber, T. Responding to "hypnotic" suggestions: An introspective report. *The American Journal of Clinical Hypnosis*, 1975, 18, 6-22.

Barber, T., and De Moor, W. A Theory of hypnotic induction procedures. *The American Journal of Clinical Hypnosis*, 1972, 15, 112-135.

Barber, T., Spanos, N. and Chaves, J. *Hypnosis, imagination and human potentialities*. New York: Pergamon, 1974.

Baudouin, C. *Suggestion and autosuggestion*. London: Allen and Unwin, 1920.

Bernheim, H. *Suggestive therapeutics: A treatise on the nature and uses of hypnotism*. New York: Putnam, 1895.

Birdwhistell, R. *Introduction to kinesics*. Louisville, Ky.: University of Louisville Press, 1952.

Birdwhistell, R. *Kinesics and context*. Philadelphia: University of Pennsylvania Press, 1971.

Bogen, J. The other side of the brain: An appositional mind. *Bulletin of the Los Angeles Neurological Societies*, 1969, 34, 135-162.

Braid, J. *The power of the mind over the body*. London: Churchill, 1846.

Bramwell, J. *Hypnotism: Its history and practice and theory*. London: Rider, 1921.

Brown, B. *New mind, new body*. New York: Harper & Row, 1974.

Cheek, P., and Le Cron, L. *Clinical hypnotherapy*. New York: Grune and Stratton, 1968.

Deese, J., and Hulse, S. *The psychology of learning*. New York: McGraw-Hill, 1967.

Deikman, A. J. Deautomatization in the mystic experience. In C. T. Tart (Ed.), *Altered states of consciousness*. New York: Doubleday, 1972.

Donaldson, M M. Positive and negative information in matching problems. *British Journal of Psychology*, 1959, 50, 235-262.

Drayton, H. *Human magnetism*. New York: 1899.

Erickson, M. Possible detrimental effects of experimental hypnosis. *Journal of Abnormal and Social Psychology*, 1932, 27, 321-327.

Erickson, M. Automatic drawing in the treatment of an obsessional depression. *Psychoanalytic Quarterly*, 1938, 7, 443-4-6.

Erickson, M. The induction of color blindness by a technique of hypnotic suggestion. *Journal of General Psychology*, 1939, 20, 61-89.

Erickson, M. Hypnotic psychotherapy. *The Medical Clinics of North America*, 1948, 571-583.

Erickson, M. Deep hypnosis and its induction. In L. M. Le Cron (Ed.), *Experimental hypnosis*. New York: Macmillan, 1952, pp. 70-114.

Erickson, M. Pseudo-orientation in time as a hypnotherapeutic procedure. *Journal of Clinical and Experimental Hypnosis*, 1954, 2, 261-283.

Erickson M. Self-exploration in the hypnotic state. *Journal of Clinical and Experimental Hypnosis*, 1955, 3, 49-57.

Erickson, M. Naturalistic techniques of hypnosis. *American Journal of Clinical Hypnosis*, 1958, /, 3-8.

Erickson, M. Further techniques of hypnosis-utilization techniques. *American Journal of Clinical Hypnosis*, 1959, 2, 3-21.

Erickson, M. Historical note on the hand levitation and other ideomotor techniques. *American Journal of Clinical Hypnosis*, 1961, 3, 196-199.

Erickson, M. Pantomime techniques in hypnosis and the implications. *American Journal of Clinical Hypnosis*, 1964, 7, 65-70. (a)

Erickson, M. Initial experiments investigating the nature of hypnosis. *American Journal of Clinical Hypnosis*, 1964, 7, 152-162. (b)

Erickson, M. A hypnotic technique for resistant patients. *American Journal of Clinical Hypnosis*, 1964, /, 8-32. (c)

Erickson, M. A special inquiry with Aldous Huxley into the nature and character of various states of consciousness. *American Journal of Clinical Hypnosis*, 1965, 8, 14-33. (a)

Erickson, M. The use of symptoms as an integral part of therapy. *American Journal of Clinical Hypnosis*, 1965, 8, 57-65. (b)

Erickson, M. Experiential knowledge of hypnotic phenomena employed for hypnotherapy. *American Journal of Clinical Hypnosis*, 1966, 8, 299-309. (a)

Erickson, M. The interspersal hypnotic technique for symptom correction and pain control. *American Journal of Clinical Hypnosis.* 1966, 8, 198-209. (b)

Erickson, M. Further experimental investigation of hypnosis: Hypnotic and non-hypnotic realities, *American Journal of Clinical Hypnosis*, 1967, 10, 87-135.

Erickson, M. A field investigation by hypnosis of sound loci importance in human behavior. *The American Journal of Clinical Hypnosis*, 1973, 16, 92-109.

Erickson, M. and Erickson, E. Concerning the character of post-hypnotic behavior. *Journal of General Psychology*, 1941, 2, 94-133.

Erickson, M. and M., and Rossi, E. Varieties of hypnotic amnesia. *American Journal of Clinical Hypnosis*, 1974, 16, 225-239.

Erickson, M., and Rossi, E. Varieties of Double Bind. *American Journal of Clinical Hypnosis*, 1975, 17, 143-157.

Erickson, M., and Rossi, E. Two level communication and the microdynamics of trance. *American Journal of Clinical Hypnosis*, 1976, 18, 153-171.

Fischer, R. A cartography of ecstatic and meditative states. *Science*, 1971, 174, 897-904.

Fromm, Erica, and Shor, R. *Hypnosis: research developments and perspectives*. New York: Aldine, 1972.

Gazzaniga, M. The split brain in man. *Scientific American*, 1967, 217, 24-29.

Ghiselin, B. (Ed.) *The creative process: A symposium*. Berkeley: Mentor, 1952.

Gill, M., and Brenman, M. *Hypnosis and related states*. New York: International Universities Press, 1959.

Haley, J. *Strategies of psychotherapy*. New York: Grune and Stratton, 1963.

Haley, J. *Uncommon therapy*. New York: Norton, 1973.

Henle, M. On the relation between logic and thinking. *Psychological Review*, 1962, 69. 366-398.

Hilgard, E. *Hypnotic susceptibility*. New York: Harcourt, 1965.

Hilgard, J. *Personality and hypnosis*. Chicago: University of Chicago Press, 1970.

Hilgard, E., and Hilgard, J. Hypnosis in the relief of pain. Los Altos, California: Kaufmann, 1975.

Hull, C. *Hypnosis and suggestibility: An experimental approach*. New York: Appleton-Century, 1933.

Jung, C. *The structure and dynamics of the psyche*. New York: Pantheon, 1960.

Jung, C. *Mysterium conjunctions*. Princeton: Princeton University Press, 1963.

Kinsbourne, M., and Smith, W.L. (Eds.) *Hemispheric disconnection and cerebral function*. Springrield, 111., C. C. Thomas, 1974.

Kroger, W. *Clinical and experimental hypnosis*. Philadelphia: Lippincott, 1963.

Le Cron, L. A hypnotic technique for uncovering unconscious material. *Journal of Clinical and Experimental Hypnosis*, 1954, 2, 76-79.

Luria, A. *The working brain*. New York: Basic Books, 1973.

Masters, W., and Johnson, V. *Human sexual inadequacy*. Boston: Little, Brown, 1970.

Meares, A. A working hypothesis as to the nature of hypnosis. *American Medical Association Archives of Neurology and Psychiatry*, 1957, 77, 549-555.

Morgan, A. H., MacDonald, H. and Hilgard, E. R. EEC Alpha: Lateral asymmetry related to task and hypnotizability. *Psychophysiology*, 1974, 11, 275-286.

Morris, C. Foundations of the theory of signs. In O. Neurath, R. Carnap, and C. Morris (Eds.), I, *International Encyclopedia of Unified Science, Vols. 1, 2*, Chicago: University of Chicago Press, 1938.

Orne, M. The nature of hypnosis: artifact and essence. *The Journal of Abnormal and Social Psychology*, 1959, 58, 277-299.

Pearson, R. Communication and Motivation. Part I. A fable. Part II The brick- A personal experience. *American Journal of Clinical Hypnosis*, 1966, 9, 18-23.

Perles, F. *Gestalt therapy verbatim*. LaFayette, Calif.: Real People Press, 1969.

Ravitz, L. Application of the electrodynamic field theory in biology, psychiatry, medicine and hypnosis. I. General Survey. *American Journal of Clinical Hypnosis*. 959, 1, 135-150.

Ravitz, L. History, Measurement, and applicability of periodic changes in the electromagnetic field in health and disease. *American Archives of New York Science*. 1962, 98, 1144-1201.

Rossi, L. The breakout heuristic: A phenomenology of growth therapy with college students. *Journal of Humanistic Psychology*, 1968, 8, 6-28.

Rossi, E. *Dreams and the growth of personality: Expanding awareness in psychotherapy*. New York: Pergamon, 1972. (a)

Rossi, E. Self-reflection in dreams. *Psychotherapy*. 1972, 9, 290-298. (b)

Rossi, E. The dream-protein hypothesis. *American Journal of Psychiatry*. 1973, 130, 1094-1097. (a)

Rossi, E. Psychological shocks and creative moments in psychotherapy. *American Journal of Clinical Hypnosis*, 1973, 16, 9-22. (b)

Rossi, E. The cerebral hemispheres in analytical psychology. *Journal of*

Analytical Psychology, 1976, In Press.

Sacerdote, P. An analysis of induction procedures in hypnosis. *American Journal of Clinical Hypnosis*, 1970, 12. 236-253.

Sarbin, T., and Coe, W. Hypnosis: *A social-psychological analysis of influence communication*. New York: Holt, 1972.

Scheflen, A. *How behavior means*. New York: Aronson, 1974.

Sheehan, P. Hypnosis and manifestations of "imagination." In E. Promm and R. Shor (Eds.) *Hypnosis: Research Developments and Perspectives*. Chicago: Aldine-Atherton, 1972.

Shevrin, H. Does the average evoked response encode subliminal perception? Yes. A reply to Schwartz and Rem. *Psychophysiology*, 1975, 12, 395-398.

Shor, R. Hypnosis and the concept of the generalized reality-orientation. *American Journal of Psychotherapy*, 1959, 13, 582-602.

Sperry, R. Hemisphere disconnection and unity in conscious awareness. *American Psychologist*, 1968, 23, 723-733.

Spiegel, H. An eye-roll test for hypnotizability. *American Journal of Clinical Hypnosis*, 1972, 15. 25-28.

Sternberg, S. Memory scanning: New findings and current controversies. *Quarterly Journal of Experimental Psychology*, 1975, 22, 1-32.

Switras, J. A comparison of the Eye-Roll test for hypnotizability and the Stanford Hypnotic Susceptibility Scale: Form A. *American Journal of Clinical Hypnosis*, 1974, 17. 54-55.

Tinterow, M. M. *Foundations of hypnosis*. Springfield, 111. : C. C. Thomas, 1970.

Watzlawick, P., Beavin, A., and Jackson, D. *Pragmatics of human communication*. New York: Norton, 1967.

Watzlawick, P., Weakland, J., and Fisch, R. *Change*. New York: Norton, 1974.

Weitzenhoffer, A. *Hypnotism: An objective study in suggestibility*. New York: Wiley, 1953.

Weitzenhoffer, A. *General techniques of hypnotism*. New York: Grune and Stratton, 1957.

Weitzenhoffer, A. Unconscious or co-conscious? Reflections upon certain recent trends in medical hypnosis. *American Journal of Clinical Hypnosis*, 1960, 2, 177-196.

Weitzenhoffer, A. The nature of hypnosis. Parts I and II. *American Journal of Clinical Hypnosis*, 1963, 5. 295-321; 40-72.

Weitzenhoffer, A. Ocular changes associated with passive hypnotic behavior. *American Journal of Clinical Hypnosis*, 1971, 14, 102-121.

Weitzenhoffer, A. and Sjoberg, B. Suggestibility with and without hypnosis. *Journal of Nervous and Mental Diseases*. 1961, 132, 204-220.

Weitzenhoffer, A. When is an "instruction" an "instruction" ? *International Journal of Clinical and Experimental Hypnosis*, 1974, 22, 258-269.

Weitzenhoffer, A. *Personal communication*, 1975.

Wetterstrand, O. *Hypnotism and its application to practical medicine*. New York: Putnam, 1902.

Wheeler, L. Reis, H., Wolff, E., Grupsmith, E., and Mordkoff, A. Eye-roll and hypnotic susceptibility. *International Journal of Clinical and Experimental Hypnosis*, 1974, 22, 329-334.

Whitehead, A., and Russell, B. *Principia mathematica*. Cambridge: Cambridge University Press, 1910.

訳者あとがき

本書は『Hypnotic Realities: The Induction of Clinical Hypnosis and Forms of Indirect Suggestion』(by Milton H. Erickson, Ernest L. Rossi, Sheila I. Rossi; with a foreword by Andre M. Weitzenhoffer, Irvington Publishers, 1976）の全訳です。

本書は、アーネスト・ローレンス・ロッシ博士の夫人であるシーラ博士が被験者になり、エリクソンから七回のセッションを受けた様子と二年後のフォローアップを逐語で記載し、それをエリクソンとロッシが後から説明し、各章の最後に課題と解説を掲載するという形になっています。エリクソンの暗示文は、改行、休止で沈黙の長短が区別されています。このため誘導文がどのようなものであったか録音がなくてもある程度理解できるようになっています。またエリクソンはトランス誘導を促進するために、誘導の場に、第三者を入れましたので、その第三者とのやり取りがどのようなものであったかも理解できます。誘導文は一行ずつ翻訳をしたため、倒置法を使ったような文章になっています。読みやすくすることも考えましたが、できるだけ原文に近くするためにそのままにしました。しかし、一部ですが、どうしても意味を取れないと思われる場所は、文章を前後入れ替えています。

さて「Healing in Hypnosis」によると、ロッシは、「私は一九七二年三月にエリクソンに会いました。次の年に、エリクソンに関する最初の論文「Psychological Shocks and Creative Moments」（16; pp.9-22, 1973）が、アメリカ臨床催眠学会誌に掲載されました」と、初めて会った時期を書いています。〔二人での共同作業というこのパターンで、最初の本、『Hypnotic Realities』ができあがりました。この第一巻では、私自身、測りかねていましたが、私と比較して、エリクソンの意識の深さと広がりに気づいていました。私は、真実を求めて頑張りました。そして、できるだけ、私の視点を入れないようにして、「エリクソンその人」を本に反映しようと思っていました」（〔〕内は訳者による翻訳：以下同）と、本書について説明しています。このように本書は、ロッシとエリクソンが出会った年、すなわちエリクソン七二歳のときから、二年後のフォローアップまでの記録をまとめ、出会いから四年後に出版した最初の共著でしたから、初心者のロッシ博士に、催眠を教えるという形で構成されています。ですから本書の中には、「ユーティライゼーション」、「自明の理」、「しないこと、知らないこと」、「リカピテュレーション」、「イエスセット」など多数の重要な言葉が掲載され説明されています。そして、depotentiate、ratifyなどあまり他の領域の本では見られない言葉が出てきます。depotentiateは意識を「弱める」とき、ratifyは催眠を「承認する」ときに使われています。さらに、エリクソンが治療において使ったアナロジー、しゃれ、メタファー、冗談などに対する記述があり、本書がまさにエリクソン催眠の入門書であることがよくわかります。

ところで、シーラ博士が催眠を受けたエリクソンのオフィスについては、「Healing in Hypnosis」の中に説明があります。以下に出てくる鉄木彫刻については、本書の中では、リビングルームに見に行ったと書いてあります。

「エリクソンのとても小さなオフィス（三・一五×二・九m）は、コーナーに押し込まれた古びて怪しげであっても、しっかりした木製の机によって、占領されていました。そして金属製ファイリング・キャビネットが二つか三つあり、不似合いで座り心地の悪い椅子があちらこちらに置かれていました。自家製の本棚は、二方向の壁をおおっていて、多くの言語の、多くの時代の催眠に関する本が入っていました。セメント・ブロックの壁は、淡い緑に塗られていました。また、さまざまな色調の紫の工芸品が至る所に置いてありました。（略）アメリカ的な黒を基調とした身なりで、明るく落ち着いて見える母クララと父アルバート・エリクソンの肖像画がありました。一つの本棚の上には、何十もの（少なくとも一〇〇個はありそうな）メキシコ・インディアンのセリ族の小さな鉄木彫刻がありました。壁には、外国の学会から、医療と催眠へのエリクソンの貢献を認めて贈られた学位と名誉職の証明書が掛けられていました。将軍の制服姿のジークムント・フロイトの肖像画の模造品が、本箱の一つで半分隠れていました。訪れた専門家がオフィスに入ろうとして、一、二分間、肖像画を見つめると、非日常的な状況で、惨めで年老いて、いじめられたジークムントに気がつくというエリクソン流の冗談でした」。

第一章で示されるように、シーラ博士に対する誘導には、どこにも「深く眠って」というような古典的誘導文は出てきません。一点を見させながら、「自明の理」を最初に話していきます。次に、「内部イメージ」に注意させます。このようにして、一回目の催眠が進行します。二回目の催眠では、「リカピテュレーション」という技法が用いられます。さらにその後の第三章での三回目のセッションでは、「握手誘導」が出てきます。

この握手誘導については、訳者は漠然とした理解しか持ちあわせていませんでした。ですから、本書で詳細を初めて読んだとき、本当に驚きました。それは、エリクソンは患者を見ておらず、背後の壁を見ていたからです。患者は自分を見ているようで、見ていないエリクソンに戸惑ったと思われます。そのため、患者はどう対処して良いかわからず、自然にトランスに入って行ったと思われます。この背後を見るという話は、『NLPヒーローズ・ジャーニー』（春秋社刊）の中では、合気道の「遠山（えんざん）の目付け」として書かれていました。「相手の向こう側に目をやり、周囲に大きく目を向けます」。さらに「これは、パートナーとつながったままで行います」と同書の中で説明されていました。こうした記述を読むことで、催眠テクニックがただ単に言葉でのみ行われるのではなく、細かい仕草全体で行われていることがわかります。

さて、催眠には、言葉だけでなく仕草が重要なことは、握手誘導ではっきりと理解できます。この仕草が果たす役割を示す例を訳者の知る範囲で一つ挙げると、エリクソンのセミナーを記録した『Advanced Technique of Hypnosis and Therapy: Working with Resistance』（1979）というビデオがあります。これは邦訳のある『ミルトン・エリクソンの心理療法セミナー』の一部を解説したビデオです。ジェフリー・ザイグ博士が、セミナーのビデオを見ながら解説しているのですが、この中にも、エリクソンの動作が被験者であるサリーの行為に影響を与えている様子が写っています。ビデオの中で、［「ジェフ、彼女は左手のことを話すよ」と私に言いました。でもこのときは、何カ月もセッションから時間が経っていたので、言われたことにびっくりしました］とザイグ博士は説明しています。［エリクソンは、そんな細かいことを覚えていることはできませんでした。だから、私はエリクソンに「どうしてそれがわかったんですか？」と訊きました。エリクソンは「テープを巻き戻して」と言いました。それでテープを巻き戻しました。私たちは、エリクソンが突然、自分の左腕を動かし始めているのを見ました。エリクソンが手を動かしたとき、それに合わせて、サリーが自分の手を動かそうとしていました。それで彼女は自分の手のことを話したのでした］。このビデオでは、エリクソンの動作に合わせて、被験者が手を動かそうとする様子が捉えられています。そして結局、被験者は手が動かないことに気づきます。

本書でも、ワイツェンホッファーが「自分の考えにある程度、没頭して私が話していたとき、私は、ミルトンの片手が不思議な身振りを反復していることを、周辺視で漠然と理解し始めました。一瞬、私はこれを理解できませんでした。その後、ますます意識していくと、二つのことが、間を置かずに起きました。自然に、私の右手が動いて、テーブルの上にあったコーヒーポットを取り、持ち上げ始めました。これで私は、ミルトンがコーヒーをほしいと思っていたことを理解しました」という例を挙げています。

このように暗示文だけでは催眠の本質が捉えられないことが多くあります。本書ではビデオのように動作を見たり、暗示を聞いたりすることが直接できません。しかし、本という形をとっていることで、極めて精緻な論考が行われています。そして、エリクソンを理解する上で重要な説明が随所に出てきますので、エリクソンのことを知りたいと考える人たちだけでなく、催眠のこと、ひいては人間行動について知りたいと考える人たちにとって、とても有意義な情報源となっています。ですから、本書はエリクソンの催眠を理解する上で、必読書であることは、はっきりとしていますが、訳者がこれまでエリクソン関係の本を訳して来た中でも、特に重要な本であると思われます。この本で、初心者であったロッシ博士が学習した道程を辿りながら、エリクソン催眠を学習し、理解を深めていただくことを切に望んでいます。

最後になりましたが、本書の版権の取得には、極めて困難な事情があり、過去にも出版が企画されながらもできなかったという経緯がありました。今回の出版に際して、金剛出版・立石社長自ら陣頭指揮を執っていただき出版できるようになったこと、また編集の弓手正樹さん、高島徹也さんには訳者の力不足を補う役割を十二分に果たしていただいたことを読者の皆様にご報告します。出版にご尽力いただきました金剛出版に謹んでお礼申し上げます。

二〇一六　横井勝美

訳者
横井 勝美（よこい・かつみ）
1955年生まれ
1981年　愛知学院大学歯学部卒業
1985年　愛知学院大学歯学部歯学専攻科（大学院）修了 歯学博士
愛知県あま市にて横井歯科医院開業

訳書

ミルトン・H・エリクソン／アーネスト・L・ロッシ 著
『ミルトン・エリクソンの催眠の経験』（金剛出版）

ミルトン・H・エリクソン／アーネスト・L・ロッシ 著
『ミルトン・エリクソンの催眠療法ケースブック』（金剛出版）

ロバート・ディルツ ほか 著
『信じるチカラの，信じられない健康効果』（VOICE）

ミルトン・H・エリクソン／アーネスト・L・ロッシ 著
『ミルトン・エリクソンの二月の男』（金剛出版）

ミルトン・H・エリクソン ほか 著
『ミルトン・エリクソンの臨床催眠セミナー』（亀田ブックサービス）

ミルトン・エリクソンの
催眠《さいみん》の現実《げんじつ》
臨床催眠《りんしょうさいみん》と間接暗示《かんせつあんじ》の手引《てび》き

2016年5月30日発行
2019年12月30日二刷

著者
ミルトン・H・エリクソン
アーネスト・L・ロッシ
シーラ・I・ロッシ

訳者
横井勝美

発行者 立石正信
発行所 株式会社 金剛出版
112-0005 東京都文京区水道1丁目5番16号
電話 03-3815-6661　振替 00120-6-34848
印刷　平河工業社
製本　東京美術紙工協業組合
ISBN978-4-7724-1491-3 C3011

ミルトン・エリクソンの 催眠療法ケースブック

［著］＝M・H・エリクソン ほか　［訳］＝横井勝美

●A5判 ●上製 ●524頁 ●定価 **7,200**円＋税
● ISBN978-4-7724-1668-9 C3011

著者二人の逐語録を基に，
エリクソン催眠の基本的なテクニックをあますところなく紹介する。
エリクソンとロッシの共著三部作が完結！

ミルトン・エリクソンの 催眠の経験
変性状態への治療的アプローチ

［著］＝M・H・エリクソン ほか　［訳］＝横井勝美

●A5判 ●上製 ●316頁 ●定価 **5,400**円＋税
● ISBN978-4-7724-1558-3 C3011

エリクソンとロッシ三部作の第二弾！
前著に続いて催眠テクニックの応用の実際から，
催眠療法の創造的なプロセスを達成する方法を深めていく。

ミルトン・エリクソンの 二月の男
彼女は，なぜ水を怖がるようになったのか

［著］＝M・H・エリクソン ほか　［監訳］＝横井勝美

●四六判 ●上製 ●450頁 ●定価 **5,400**円＋税
● ISBN978-4-7724-1295-7 C3011

ミルトン・エリクソン伝説の事例。
彼の臨床が最も充実していた時期のデモケース４セッションが
逐語収録された唯一の記録。